技术创新方法培训丛书

科学技术部

技术创新方法国际比较与案例研究

INTERNATIONAL COMPARATIVE RESEARCH
AND CASES STUDY ON TECHNOLOGY
INNOVATION METHODS

本书编写组　著

科学出版社

北京

内 容 简 介

本书是《技术创新方法培训丛书》之一。

本书共分为四篇,共十三章。第一篇技术创新方法简介,包括第一章导论、第二章技术创新方法概述、第三章技术创新方法 TRIZ 及其分支简介,介绍了技术创新方法的基本概念、起源、分类等情况。第二篇技术创新方法应用,包括第四章技术创新方法国际比较、第五章韩国三星集团技术创新方法应用案例、第六章日本企业创新方法应用案例,介绍了不同国家技术创新方法发展概况和典型应用案例。第三篇技术创新方法研发和推广,包括第七章技术创新方法研发体制比较、第八章技术创新方法扶植政策比较、第九章技术创新方法推进机制比较、第十章创新方法的推广普及,对不同国家技术创新方法的研发体制、扶植政策、推进机制等进行了比较研究。第四篇技术创新方法发展,包括第十一章创新方法的改进、第十二章国际金融危机与中国开展技术创新方法的思考、第十三章结束语,介绍了对 TRIZ 改进的建议及对技术创新方法发展的思考。

本书适用于科研院所研究人员、技术开发人员、管理人员、企业领导、机关干部和大专院校的师生等阅读参考。

图书在版编目(CIP)数据

技术创新方法国际比较与案例研究 / 本书编写组著 . —北京:科学出版社,2011

(技术创新方法培训丛书)

ISBN 978-7-03-030389-9

Ⅰ. 技⋯ Ⅱ. 本⋯ Ⅲ. 技术革新 – 对比研究 – 世界 Ⅳ. F113.2

中国版本图书馆 CIP 数据核字(2011)第 030414 号

责任编辑:李 敏 赵 鹏 / 责任校对:何晨琛
责任印制:钱玉芬 / 封面设计:黄华斌

科 学 出 版 社 出版

北京东黄城根北街 16 号
邮政编码:100717
http://www.sciencep.com

骏 杰 印 刷 厂 印刷
科学出版社发行 各地新华书店经销

*

2011 年 3 月第 一 版 开本:B5(720×1000)
2011 年 3 月第一次印刷 印张:20 1/4 插页:2
印数:1—4 000 字数:394 000

定价:**50.00 元**

(如有印装质量问题,我社负责调换)

总　序

2006 年 2 月，国务院发布了《国家中长期科学和技术发展规划纲要（2006—2020 年)》，纲要中明确提出了建设创新型国家的宏伟战略目标。2007年 10 月，胡锦涛总书记在党的十七大报告中指出："提高自主创新能力，建设创新型国家是国家发展战略的核心，是提高综合国力的关键。"为深入贯彻党的十七大精神，落实科学发展观和《国家中长期科学和技术发展规划纲要（2006—2020 年)》，从源头上推进创新型国家建设，按照温家宝总理在王大珩、叶笃正、刘东生院士《关于加强我国创新方法工作的建议》中"自主创新，方法先行"的批示要求，科学技术部会同国家发展和改革委员会、财政部、教育部和中国科学技术协会，联合启动了创新方法工作。

创新方法是科学思维、科学方法和科学工具的总称，科学思维创新是科学技术取得突破性、革命性进展的先决条件，科学方法创新是实现科学技术跨越式发展的重要基础，而科学工具创新则是开展科学研究和实现发明创造的必要手段。创新方法工作要以思维创新、方法创新和工具创新为主要内容，以机制创新、管理创新和体制创新为主要保障，营造良好的创新环境，建立有利于创新型人才培育的素质教育体系，形成全社会关注创新、学习创新、勇于创新的良好社会氛围，培养掌握科学思维、科学方法和科学工具的创新型人才，培育拥有自主知识产权和持续创新能力的创新型企业，研发具有自主知识产权的科学方法和科学工具，为自主创新战略、建设创新型国家提供强有力的人才、方法和工具支撑。

技术创新方法培训作为创新方法工作面向国民经济和社会发展主战场的重要方面，是传播技术创新方法、推广技术创新工具、增强企业自主创新能力的重要抓手，是提高科技人才创新能力的重要工作。以技术创新方法培训为突破口，传播创新意识和创新方法，推广创新先进手段，培育创新型人才，增强企业自主创新能力，是建设以企业为主体，产、学、研相结合的技术创新体系的关键所在。因此，2007 年 8 月以来，按照"政府引导、企业主体、专家支撑、社会参与、突出重点、试点先行、扎实推进"的原则，科学技术部进行了技术创新方法培训工作的部署，并在地方申报的基础上，在黑龙江、四川、上海、江苏、浙江、内蒙古等省（自治区、直辖市）推动实施了技术创新方法培训地方试点工作。

　　培训教材建设是开展技术创新方法培训的基础性工作。必须开发针对性强、实用性高、适应企业技术创新能力建设需求的权威性的培训教材，为技术创新方法培训工作提供有力的支持。2008 年 2 月，在科学技术部科研条件与财务司、政策法规与体制改革司的协调领导下，中国 21 世纪议程管理中心组织专家启动了《技术创新方法培训丛书》的编写工作。按照《技术创新方法培训教材编制方案》总体框架，系列培训教材分为通用类和专业类两个层面。首批通用类培训丛书主要包括：技术创新方法概论、企业技术创新管理理论与方法、中国技术创新政策、TRIZ 入门及实践、六西格玛管理与企业案例集等。专业类培训丛书则按制造、电子、农业、材料、能源、环保等不同行业领域分类，建设符合行业技术创新活动特点的专业化教材体系。

　　"自主创新，方法先行"。创新方法是一项从源头推进自主创新的开创性、长期性和基础性工作。希望《技术创新方法培训丛书》的出版，为全国不同地区开展技术创新方法师资、科技管理人员、企业家和技术研发人员的培训提供标准化的教学参考书，为探索有中国特色的技术创新方法能力建设体系提供经验借鉴。让我们继续解放思想，转变观念，大胆探索，积极实践，以技术创新方法培训工作为重要载体，扎实有效地推进创新方法工作，为提升我国的自主创新能力、实现建设创新型国家的宏伟目标作出积极的贡献！

科学技术部 副部长

刘燕华

2008 年 9 月

前　言

人类发展和科学技术演变的历程证明，重大的历史跨越和重要的科技进步都与思维创新、方法创新、工具创新密切相关。21世纪初期，是我国经济社会发展的重要战略机遇期，也是我国建设创新型国家，大力发展科技事业的重要战略机遇期。我国建设创新型国家，迫切需要推动自主创新与方法创新。

2008年，科学技术部、国家发展和改革委员会、教育部和中国科学技术协会四部委联合颁布了《关于加强创新方法工作的若干意见》，要求重点面向科研机构、企业和教育系统，抓好科学思维、科学方法和科学工具等层面的创新工作，采取培训先行、试点先行的策略，积极推进技术、管理和体制的创新，积累经验并逐步开展各项工作。

为从源头推进我国的自主创新，推动我国技术创新方法工作向纵深发展，我们收集整理了国内外大量相关资料，在对不同国家技术创新方法推广应用情况比较研究的基础上，对企业技术创新方法应用的重点案例进行了深入分析，研究表明，世界各国推广应用以TRIZ为代表的技术创新方法的经验，对我国推动技术创新方法在企业的普及和有效应用具有十分现实的借鉴意义。

本书是在科学技术部条件与财务司协调领导下，由中国21世纪议程管理中心具体组织完成，并得到了国家创新方法工作专项"技术创新方法培训"项目（项目编号：2007FY140500）的支持。本书的出版是团队合作的成果，天津自然辩证法研究会、北京亿维讯科技有限公司和东南大学等单位的专家承担了本书的编撰工作，中国21世纪议程管理中心潘晓东处长、张巧显研究员和王顺兵博士策划、指导和协调了本书的编写工作。

全书共分四个部分，第一部分介绍了技术创新方法的基本概念、发展阶段、和发展现状，对技术创新方法TRIZ及其分支SIT、USIT等的特点进行了详细的描述。第二部分对国际上技术创新方法的应用情况进行了分析和比较研究，介绍了美国、以色列、日本、俄罗斯及我国技术创新方法推广应用的成效，特别对技术创新方法在韩国三星集团和日本东芝、松下、富士等公司的应用案例进行了详细的剖析。第三部分通过对不同国家的技术创新体系、扶植政策、推进机制等方面的比较研究，介绍了技术创新方法在各国的研发和推广应用情况。第四部分通过对经典案例的分析研究提出 TRIZ 在实际应用中的改进建议，介绍了国际金融危机下我国开展技术创新方法研究的现实意义，以及技术创新方法对我们的启示。本书第一、二、四、七、八、九、十二、十三章由孔晓琴博士等亿维讯公司的相关人员负责编撰完成；第三、五、六、十、十一章由天津自然辩证法研究会刘彦辰教授负责编撰完成。天津自然辩证法研究会张庆华教授和于俊婷老师，天津科技大学张付英教授，江苏省生产力促进中心田介花老师，天津理工大学孙宪义教授，亿维讯公司熊腾飞、万欣、石天华、安惠中、段海波、许东双、林岳博士，以及张武城、王冠殊教授等在资料翻译与整理、案例分析及书稿校对等方面做了大量有益的工作，对本书的完成给予了大力支持和帮助。东南大学黄超副教授和中国 21 世纪议程管理中心张巧显研究员对本书内容进行了统稿和审校。在此，对以上单位和个人表示真诚的谢意！

　　本书涉及多个学科与领域的专业内容，限于我们自身的水平，书中一定存在疏漏和不足之处，恳请广大读者批评指正。

本书编写组

2010 年 12 月

目　录

第三篇　技术创新方法研发和推广

第四篇　技术创新方法发展

第一篇　技术创新方法简介

第一章 导 论

第一节 技术创新方法概述

一、创新方法的概念

在英文中，Innovation 创新一词起源于拉丁语，它的原意有三层含义：更新、创造新的东西、改变。创新作为一种理论，源于美籍奥地利经济学家约瑟夫·熊彼特 1912 年的著作《经济发展理论》。熊彼特在此书中指出：所谓"创新"，就是建立一种新的生产函数，把一种从未有过的关于生产要素和生产条件的"新组合"引入生产体系。熊彼特所说的"创新"、"新组合"或"经济发展"，包括如下五种情况。

（1）引入一种新的产品或提供一种产品的新功能。

（2）采用一种新的生产方式。

（3）开辟一个新的市场。

（4）获得一种原料或半成品的新的供给来源。

（5）实行一种新的企业组织形式。

在上述创新中，创新来源于以企业为主导的生产过程，它造成了革命性变化，在创新的同时，意味着旧组合的毁灭和新组合的形成，这种新的创新组合能够创造出新的价值，从而促进经济的发展。

熊彼特在谈论到创新价值产生的时候，认为创新是新工具和新方法产生的结果，且在其创新理论中将发明和创新分别对待，认为发明在创新之前，发明是新的工具和新的方法的发现，而创新是新工具和新方法的应用。这种将发明和创新分割的观点并未得到后来的完全认同，但突出了新工具和新方法的应用可以实现创新，可以创造新的经济价值，这一点受到了现代创新理论的广泛认同。

从某种意义上说，人类的整个文明进化发展史，就是一部令人振奋不已和引为自豪的人类创造发明史。纵观人类文明进步的历史画卷，每一次进步都是创新的结果，从毕昇发明活字印刷术到激光打印机成为当今普通的办公用具，从贝尔发明电话到光纤成为如今日常通信工具的基本组成部分，人类用自己的聪明才智进行着一个个划时代的创新。可以说无论是在怀旧的照片里，还是在崭新的网页中，我们都随时随处可见伴随着社会发展的日新月异而激动跳跃的永恒之魂，那种让我们惊叹和感到神奇的力量——创新。

但遗憾的是，在人类的漫长发展过程中，人类是在一种本能的、不自觉的、神秘的和低效的状态下进行着创造发明，原因在于人类长期以来并没有认识和掌握创造发明的规律。随着人类的进步，人们已经不再满足于无意识的创新，不再消极等待新的生产函数自然地出现，人们开始对创新进行研究，试图寻找到合适的方法，加速创新的进程，提高创新的效率。特别是在熊彼特的创新理论出现之后，一些著名的创新方法相继诞生，至今，创新方法已经得到了长足的发展，初步形成了创新方法学或创新理论。

人类发展和科学技术演变的历程表明，重大的历史跨越和重要的科技进步都与思维创新、方法创新、工具创新密切相关。创新思维是参与创新的人在创新过程中的思维指导方法，是存在于人的头脑之中无形的思维过程，我们常说的创新意识也是创新思维的一种初级形态。在创新活动开始，人们就需要对创新对象进行认知和分析，此时也是创新思维的开始。在创新过程中，创新思维可以不断引导创新过程的持续发散和熟练，使创新的思维过程成为一种有逻辑的思考，避免了思维的无序和低效。

创新方法是创新过程中的一些具体的创新方式，同样处于整个创新过程之中，但与创新思维不同的是，创新方法具有可选择性。对于不同的创新对象、不同的创新阶段、不同的创新条件等各种不同的情境，可以采用不同的方法。创新方法为人们提供了灵活的分析和解决问题的手段。

创新工具是创新过程中运用的一些产品的总称。由于人的思维能力和本身执行能力的限制，对于创新过程中一些超过能力或者阻碍创新进程的工作需要一些辅助工具完成，如大量的数据运算、存储和搜索。随着创新方法的应用，创新工具也在不断地更新之中。

因此，创新方法是科学思维、科学方法和科学工具的总称。加强创新方法工作，切实做好科学思维、科学方法和科学工具的研究与应用具有重要的意义。首先，科学思维的创新是科学技术取得突破性、革命性进展的先决条件。科学思维不仅是一切科学研究和技术发展的起点，而且始终贯穿于科学研究和技术发展的全过程,是创新的灵魂。其次,科学方法的突破是实现科学技术跨越式发展的重要基础。只有掌握一批具有自主知识产权的关键方法和核心技术,降低对国外方法和技术的依赖,才能真正提高自主创新能力。最后,科学工具的创新是开展科学研究和实现发明创造的必要手段。科学工具是最重要的科技资源之一,一流的科学研究和技术发展往往离不开一流的科学工具。现代科技的重大突破越来越依赖于先进的科学工具,掌握了最先进的科学工具就掌握了科技发展的主动权。

二、创新方法的作用

创新,已经成为世界很多国家重要的国家战略。美国于 2006 年就公布了《美国竞争力计划》,同时欧盟委员会提出了《创建创新性欧洲》的报告,日本和韩国也公布了自身的创新战略。中国于 2006 年正式公布了《国家中长期科学和技术发展规划纲要(2006~2020)》,同时,党和政府明确提出建设创新型国家的战略目标,其中技术创新是国家自主创新能力的重要体现,是增强产业竞争力的关键环节。

在市场竞争激烈、产品生命周期短、技术突飞猛进的今天,不创新,就会灭亡。创新是企业生存的根本、发展的动力、成功的保障。在今天,创新能力已成了国家的核心竞争力,也是企业生存和发展的关键,是企业实现跨越式发展的第一步。

早在 20 世纪,美国著名企业家李·艾柯卡(Lee Iacocca)就提出,"不创新,就死亡"的论断。国外企业的技术和资本优势明显,已经形成了对世界市场特别是高技术市场的高度垄断,然而创新仍然是他们的重要任务。而缺乏技术和资本优势的企业,则面临新的挑战,此时只有提高创新能力,不断提升技术优势,才有可能获得自身发展的机遇和主动权,否则,只会不断拉大与发达国家优势企业的差距,甚至被边缘化。虽然一些企业采用引进国外先进技术的方法,迅速提高了自身生产能力和生存能力,但这种引进不能取代创新。很多事实证明,核心技术是买不来的,技术创新能力也是买不来的。所以,任何企业都必须进行创新。

创新,首先要掌握创新方法。据一项调查研究表明,众多获得诺贝尔奖的科学家,他们成功主要通过三个途径,一是靠科学发现,二是靠科学仪器,三是靠科学方法。科学方法的核心即为创新方法,据统计,大约有三分之一的诺贝尔奖获得者是依靠科学的创新方法实现了技术突破。在熊彼特的创新理论中,将创新的主体定义为企业家,他认为经济活动中最终实现"新组合"的是人。同样,在各种市场创新、管理创新、组织创新和技术创新等不同创新形式中，人都是创新的主体。人在创新过程中起作用的是一种管理和执行的能力，这种能力的增强需要人掌握创新方法，从而决定出创新的"新组合"。

创新思维是创新的灵魂，是创新成功的先决条件，涵盖了创新过程的各个环节。由于人类思维具有惯性，创新成果能否产生取决于思维是否处于正确的创新途径中。传统的创新过程具有很大的不确定性，人的思维方式处于不可控变化之中，此时创新的产生具有随机性，如果不掌握一定的创新思维方法，人就不能有意识地突破思维惯性的影响，也就不能实现创新。

创新方法是创新成功的重要基础。创新过程受到各种创新条件的影响，导致创新具有不确定性，一些创新的结果预先无法预测和估计，更不能保证成功，所以，创新都具有一定的风险性。美国著名管理学家德里克说过，绝大多数创新思想不会产生有意义的结果，这种比例就像青蛙卵一样，每孵化1000个只能成熟一两个。如果创新完全采用传统的试错方法，这种创新成功的概率导致创新成为企业的重大负担。当前，一些新的创新方法已经在企业中得到很好的应用，如影响最大的TRIZ——发明问题解决理论，是有效地提高创新效率的方法。这些方法分析了大量以往创新成功的经验，并进行了系统的归纳总结，为人们分析和解决问题提供了指导。

创新工具是创新成功的必要手段。从事创造活动的人，掌握了创新思维和创新方法，可以更好地从事创新活动。由于创新过程是复杂的过程，而创新方法本身仅为一种方法，包含大量的步骤和技巧，因此要将创新和创新方法有机结合，并将创新方法应用到创新过程中，就需要有效的创新工具。创新工具本身包含了一些创新方法的处理过程，使人可以用较少的时间学习创新的工具，而不是用较长时间学习复杂的创新方法。

三、创新方法的发展

最为原始的创新方法是试错法，试错法通过不停尝试各种条件和组合进行创新，此方法在现在一些创新活动中仍然存在。在很多创新活动中，创新的主体尚未了解到新的创新方法的存在，于是他们仍然以这种古老的创新方法为主要方法，但这种方法的效率很低。后来人们对创新方法进行大量的研究后，总结出一些基于创新思维的方法，包括设问法、联想组合法、类比法等方法，但是在这些方法中，广为应用的并不是很多，其中较为著名的是头脑风暴法。

头脑风暴法是一种集思广益的解决问题的方法，是基于多人之间的相互提问和讨论的方式来解决问题的。这种方法诞生之后，衍生出了多个版本，由于头脑风暴法具有简单易学的特点，而且可操作性强，创新效率比试错法明显提高，所以现在已经成为最普遍应用的创新方法之一。

头脑风暴法在解决一些技术性问题时，创新效率依然较低，这时同一时期诞生的另一种创新方法在历经几十年后开始广泛应用，这就是发明问题解决理论（theory of the solution of inventive problems，TRIZ）。TRIZ 是对大量专利进行研究之后产生的一种系统性创新方法，相对于头脑风暴法而言，TRIZ 体系较为庞大，学习时间较长，同时由于一些历史政治原因，TRIZ 在诞生之后较长时间内并未得到广泛应用。

由于国外一些著名企业不断追求高效的技术创新，传统的以头脑风暴法为主的方法已经不能满足他们的要求，为此需要一种高效的解决复杂问题的方法，于是 TRIZ 最终成为众多企业的首选。虽然 TRIZ 相对较难掌握，但是经过短期的学习和实践应用，却能取得比较好的效果，所以自从 TRIZ 在一些著名企业应用并取得成功之后，目前已经在世界大部分发达国家和部分发展中国家中得到了广泛的应用。

到现在为止，世界各国的创新方法研究和应用水平很不均衡，这种现状一旦延续必将加大发达国家和发展中国家的差距。对于企业而言，发达国家的一些著名企业已经有几十年的时间在应用创新方法，对 TRIZ 等方法的应用也有近二十年的时间，积累了大量的实践经验。

目前我国在创新方面与世界先进国家相距甚远。香港《经济导报》曾刊登学者寒山的文章指出，中国号称"世界工厂"，制造业经济总量占全球的 6%，但研发投入只占全球的 0.3%。在制造技术领域，中国的专利发明数只有美国、日本的三十分之一和韩国的四十分之一。在学术界，我国的科学技术创新也远远落后于发达国家。

第二节 技术创新方法国际比较的现实意义

一、为国家制定扶持政策提供参考

胡锦涛总书记在党的十七大报告中指出："提高自主创新能力，建设创新型国家。这是国家发展战略的核心，是提高综合国力的关键。要坚持走中国特色自主创新道路，把增强自主创新能力贯彻到现代化建设的各个方面。"落实国家政策，是贯彻落实科学发展观的实际行动。

当前我国的创新水平相对还比较落后，一些企业人员对创新方法的掌握程度还很低，这种现象将直接影响我国自主创新能力的提升，影响国家政策的落实。所以，迫切需要在我国推行提高创新能力的政策，包括提高创新方法水平的扶持政策。为了更好地制定相关政策，需要对当前创新方法进行科学系统的调查和研究，了解目前国内创新方法的真实发展现状、出现的问题以及需要提高的薄弱点，另外需要对世界上其他国家的相关政策进行系统的研究，作为我国制定扶持政策的参考。

二、为国家推行创新方法提供参考

自我国提出了建设创新型国家以来，已经制定了一些提高创新能力的相关政策并取得了显著的成效。从应对激烈的国际竞争、增强企业的技术优势和我国科研人员的创新水平的要求来看，当前创新方法的推广仍然处于初期尝试阶段。

我国拥有800多万企业和3800万科技工作者，企业的组织结构复杂，科研人员的素质参差不齐，如何有效推广创新方法确实是一个难题。而创新方法的推广是一个长期过程，不仅需要对现有科研人员连续不断地进行推广普及，而且需要对未来可能从事科研工作的人员进行宣传教育，这就需要制订一套严格、长期的推广方案。由此，有必要对我国的创新现状进行科学系统的调查研究，探索创新方法推广的有效途径和有效方法，深入了解其他国家的推广现状和发展趋势，从而更好地制定相关政策。

三、为创新方法的研究工作提供指导

当前，一些主流的创新方法从出现至今尽管已有几十年的时间，但是在实际应用过程中仍然出现了很多问题。由于企业对产品创新周期和创新水平的要求不断提高，已有的创新方法在原有应用领域的应用效率已经无法满足实际需求，而其他一些领域尚没有很好的创新方法。长期以来，一些国家和企业一直进行着创新方法的研究工作，并且在最近几年内取得了较大的进展。

我国目前主要是引进和推广应用创新方法，由于各国文化不同，思维方式存在较大的差异，导致引进的创新方法在我国推广应用的过程中存在一些水土不服的情况。因此，我国需要在创新方法的发展和应用方法等方面进行大量的研究，研究出适合我国实际发展需求的创新方法。进行技术创新方法国际比较研究，会得到国内外一些创新方法的研究和发展经验，从而更好地为我国创新方法的研究工作提供参考。

四、为创新方法的应用提供指导

创新方法是指导人创新的一种方法和手段，但是创新方法本身并不能进行创新，创新的主体仍然是企业或人本身，对于技术创新而言更多是科研人员，所以需要将创新方法和创新主体有机结合。现有创新方法的应用经验表明，即使创新主体了解了一些创新方法，尚不能从事创新或不能有效地从事创新活动。

创新方法的实际应用需要一定的创新环境，包括国家层面的大环境，更重要的是企业本身的创新文化环境、企业的规模、创新文化的沉积、管理人员的创新意识以及科研人员的创新实践能力等都会影响创新过程和创新成果的产生。目前，已经有一些管理领域的学者针对创新的企业政策进行了初步研究，但对于引入创新方法之后的执行情况和创新方法的合理应用仍然存在认识不足的问题，需要对此进行深入的研究。通过对国际创新方法进行对比研究，可以借鉴其他国家在企业推广和应用创新方法的成功经验，为创新方法在我国企业的应用寻找指导方法。

五、有利于推动自主创新的进程

从国家创新政策的制定到国家创新政策的推行，再到创新方法的研究、推广和应用，都将促进创新方法在企业的应用，促进企业主体和企业内部人员创新能力的提高，提升整个企业在产品创新、方法创新、市场创新、资源配置创新和组织创新等方面的创新水平，从而增强国家整体自主创新能力。开展创新方法国际比较研究，可以有效加快企业创新能力的提升，从而推动国家自主创新的进程。

第三节　本书的主要内容

本书对技术创新方法进行详细的介绍，在此基础上对国际技术创新方法应用、推进等方面进行案例分析和对比，全书分为四篇，具体内容如下：

第一篇，技术创新方法简介。本部分包括第一、二、三章，第一章主要介绍技术创新方法的基本概念及技术创新方法的国际比较的意义；第二章介绍技术创新方法的起源及现状；第三章介绍 TRIZ 方法及其他分支方法。

第二篇，技术创新方法应用。本部分包括第四、五、六章，第四章对技术创新方法的发展和运用进行国际比较；第五章介绍韩国三星集团技术创新方法应用案例；第六章介绍日本企业创新方法应用案例。

第三篇，技术创新方法研发和推广。本部分包括第七、八、九、十章，第七章对技术创新研发体制进行国际比较；第八章对技术创新方法扶植政策进行国际比较；第九章对技术创新方法推进机制进行国际比较；第十章介绍了创新方法的推广普及。

第四篇，技术创新方法发展。本部分包括第十一、十二、十三章。第十一章介绍了创新方法的改进，第十二章对国际金融危机与中国开展技术创新方法进行了思考，第十三章为结束语。

思 考 题

1. 创新方法工作包括哪三个维度或层面的工作？
2. 技术创新方法国际比较研究有哪些现实意义？

第二章 技术创新方法概述

第一节 技术创新方法起源

人类社会发展的历史，是一部劳动的历史，是一部认识世界、改造世界的历史，从某种意义上讲就是一部不断创新和创造的历史，是一部集科学发现、技术发明、工程创造于一体的历史。如果说科技是第一生产力，生产力是社会发展的决定性力量，那么创新、创造就是科技发展的动力源泉，是原生产力。人类文明离不开创新活动与创造实践，创新活动和创造实践推动社会进步，是人类赖以生存和发展的基础。

人们在发明创造的过程中，逐渐总结出科学发现、技术发明、工程创造的活动需要方法和理论的指导，这是一个漫长而艰辛的过程，可以说是贯穿了迄今为止的人类全部发展历史。这一过程可分为如下三个阶段。

（1）由古希腊到19世纪70年代工业革命前，为技术创新方法的孕育阶段；

（2）由19世纪70年代到20世纪30年代信息革命前，为技术创新方法的起源和萌芽阶段；

（3）20世纪30年代信息革命后，为技术创新方法研究和应用的形成和蓬勃发展阶段。

一、技术创新方法的孕育阶段

1978年英国出版的《发明的故事》一书，详尽介绍了古今中外近380种人类创新与创造成果的历史由来。其中，数得上人类"第一发明"的当推弓箭。这是因为人类早期生产方式是以采集为主、狩猎为辅，先民们依靠群体力量进行狩猎以维持生存。为不受野兽伤害，又能有效猎获野兽，人类早期就发明了弓箭等远距离杀伤武器。弓箭等猎具的发明提高了生产效率，剩余的猎物成为家畜，推动人类社会由采集为主、狩猎为辅转入畜牧时代。从此母系社会开始瓦解，进入父系社会。

弓箭的发明使人们产生利用弓弦绕钻杆打孔的想法，从而发明钻具。利用钻具与被钻物的摩擦生热进行取火，这就是"钻木取火"技术。人工取火技术的掌握不仅可以用以烹饪、照明、取暖和驱避野兽等，使人类寿命得以延长，生存质量得到提高，给人类带来生活文明，而且在火烧黏土的制陶过程中逐步掌握高温技术，更是可以用火熔炼金属，制造金属农具，给人类带来生产文明。随着以金属农具为代表的整套农业技术的推广应用，人类社会由畜牧时代进入农业社会。因此钻木取火技术的发明当推是人类历史上的第一次技术革命。

自古希腊时代开始，人们从哲学、神学和美学的角度，对发明创造的本质进行思辨研究，提出种种推测。十六七世纪英国培根和休谟认为人的创造是生活中的实际行为，18 世纪德国康德总结了创造过程的基本机构，并把创造视为认识的基础。谢林认为创造是有意识和无意识活动的统一。

但是马克思第一次把发明创造活动看成是与其他人类活动一样的具体实践活动，是人类改造自然的物质生产活动的一部分，同时也是在历史过程中创造了人类自身的活动。从 19 世纪 70 年代开始，对发明创造的研究逐步从哲学思辨转到具体经验研究的轨道上来。

二、技术创新方法的起源和萌芽阶段

在这一阶段，人们有意识地对创造及其本质和规律进行探索，力图运用自然科学和社会科学的研究方法，对发明创造活动进行具体的经验研究。这个阶段同现代心理学、生理学、精神病学、教育学、社会学等学科平行发展。

1870 年，英国学者高尔顿发表了《遗传的天才》一书，首次运用统计方法对历史上各个领域的近千名杰出人物的家族谱系进行研究，得出人的心智能力是遗传的结论。虽然后来的研究基本上推翻了高尔顿的结论，但他采用的方法为后来研究者继承下来，并公认高尔顿是创造学的始祖。在创造过程研究方面，沃勒斯提出了创造过程四阶段说、精神分析论、联想主义理论、格式塔理论等。在创造机理研究方面，罗杰斯等提出了内驱动力理论、弗洛伊德下意识动机论、破坏补偿理论。

由于采用自然科学领域和社会科学领域常用的调查、测试、统计等实验方法，技术创新方法的起源萌芽阶段也称为文科阶段。

三、技术创新方法研究和应用的形成和蓬勃发展阶段

19 世纪与 20 世纪之交，自然科学发展迅速，发明活动掀起高峰，但不久便转入低谷，迫切需要总结经验，促进发明，于是创造工程学应运而生。

1931 年，美国内布拉斯加大学克劳福特教授总结特性列举法。

1933 年，美国电气工程师奥肯编写发明教育讲义、办培训班。

1936 年，美国通用电气公司工程师史蒂文森等主持开设创造工程学。

1938 年，美国阿历克斯·奥斯本出版《思考的方法》一书，创立了头脑风暴法。

1946 年，苏联海军专利工程师、发明家阿奇舒勒开始从技术发展规律的角度总结技术创新方法，1970 年至 1980 年，形成比较完整的技术创新理论和方法体系——TRIZ。

第二次世界大战后，技术创新方法的研究和应用进入蓬勃发展的阶段，形成了以美国和日本为代表的、侧重于个人心理过程和潜力开发的创造技法学派，和以苏联为代表的、侧重于技术（发明）本身规律性和严密方法学体系的技术创新方法学派。

由于技术创新方法和创造学有助于开发人们的创造力，有助于促进科学技术领域的发现和发明，有助于生产力的进步和发展，有助于促进教育水平的提高和创造性人才的培养，所以从 20 世纪 30 年代形成一门学科以来，在国外就很快得到迅猛发展，据不完全统计，自 20 世纪 30 年代至 1981 年，全世界发表的有关技术创新方法和创造学文献有 62 000 多篇，提出各种各样创造技法和理论有 340 多种，编制创造力测量评估手段有 100 多种，制定有关创造力训练的教学模式 10 余种。近年来，技术创新方法和创造学的发展速度更为惊人，20 世纪有 70 多个国家均开展了这方面的研究。

美国是最早开展创造力开发活动的国家，创造学就形成在美国，早在 1905 年美国专利局官员们就开始研究这些专利获得者的创造发明规律。美国通用电气公司董事长兼经理、世界著名大发明家爱迪生在 1936 年去世后，尽管该公司技术人员逐年增多，但创造力却逐年下降，为此，该公司与 A. R. 史蒂文森合作，为技术人员讲授"创造工程训练课程"，又对刚进厂大学生和新职工进行培训，通过训练，职工创造力提高了三倍。从此以后，在美国和世界各地掀起了一股群众性开展创造力和创造理论研究热潮，并同时出现了众多相关的科研机构、咨询公司和训练中心。

20 世纪 60 年代以后，美国形成了十几个创造学研究中心，截至 1979 年，美国已有 53 所大学和 10 个研究所设立了专门的创造学研究机构，如吉尔福特领导的南加利福尼亚能力研究设计中心，奥斯本和 S. J. 帕内斯领导的布法罗纽约州立大学跨学科"创造力研究中心"。到目前为止，美国几乎所有的著名大学如哈佛大学、麻省理工学院、加利福尼亚大学、布法罗大学、明尼苏达大学等都开设了创造学训练课程，它们有的专门讲授各种创造技法，有的则同各门专业课相结合，运用创造力训练方法，改造原有课程。1973 年麻省理工学院等三所大学成立了"创新中心"，后来又陆续发展到 17 个"创新中心"，开展面向社会的创造教育和创新活动。

除了大学外，美国 IBM 公司、美国无线电公司、道氏化学公司、通用汽车公司等大公司均设立各自创造能力训练部门。截至 1978 年，美国创造力咨询公司至少有 33 家，专为各大公司进行开发创造力训练，提供创造力咨询服务，并出版学术刊物。早在 20 世纪 70 年代，哈佛大学进行了一场近四年的有关教育思想大辩论，最后终于把对人才的创造性培养纳入教育的主要内容。对此，美国教育界评论说，这场辩论虽然发生在哈佛，但却震动着美国乃至全世界学术大厅及高等学府。到 20 世纪 80 年代中期，以创造教育为核心的教育改革在美国几乎已形成共识，在美国教育质量委员会提出的《国家在危险中：迫切需要教育改革》的报告中指出，教育应加强思维能力、自学能力和创造能力的培养，应当把开发创造力作为教育的目的。

在日本，创造学尤其受到重视，许多工作得到政府支持。美国《读者文摘》杂志评论说"日本从资源小国成为经济大国的奇迹，在世界上是绝无仅有的，这是由于日本制定了名为《实用新案》的法律来保护小创造，使得爱好思考问题的人日益增多"。从而在日本国内掀起了"全民皆创"的全民族开发创造力的阵阵热潮。例如，本田科研公司每年拥有 105 万件提案，丰田汽车公司每年有 40 万件提案，而同一时期美国福特公司只有 6 万件。对此，帝人公司总经理更是把创造能力看成是用人的首要标准，他说"用人，第一要有创意，第二他追求创意。只要是有创意的人，马上聘为干部"。号称一年拥有 200 万件设想的松下电气公司，有一个职工一年居然提出了 17 626 个设想。

日本东京电视台于 1981 年 10 月创办了"发明创造"节目，由此进一步引起日本发明设想热，很多人跃跃欲试，希望把自己长久以来隐藏在心中的种种设想发表出来。例如，有个创造性设想是在切菜板上挖一个大孔，以便把切好的碎菜通过孔洞直接推入下面的筐中。这个设想就曾经在电视设想节目中获得过头等奖。在日本，每年 4 月 18 日定为发明节，在这一天里要举行表彰和纪念成绩卓著的发明家活动。"星期日发明学校"最早由东京几位发明家创办，学习的对象有在职职工、企业政界人员，还有家庭主妇。日本非常重视和鼓励小创造发明，正是无数富有实效的小创造、小发明，才使日本成为一个发明大国。例如，日立公司的7万名职员仅1983年申请小发明专利就高达25 000件，据统计，1989年世界各国每百万人专利申请量，第一名是日本2 580件，第二名是德国530件，第三名澳大利亚407件。日本的创造学会每年均不间断地召开全国创造学学术讨论会，并创办了一批专门刊物，如《创造》、《创造的世界》、《创造学研究》、《日本创造学会会刊》，为创造学的研究和发展提供了广阔天地。

前苏联政府重视大学生创造力的开发，如部分大学中开设"科学研究原理"课（42学时），"技术创造原理"课（56课时），以培养学生创造性思维。1985年苏联有437所高校建立了大学生设计局，参加的学生达10万多人。在1976～1980年的第十个五年计划期间，大学生获得创造证书8774份，推广应用的科研项目77 000项，有51 800件毕业设计和毕业论文被专家、教授推荐采用。因此，苏联在20世纪70年代中期专利申请量和批准量均跃居世界第二。

1932年成立的"全苏发明家志愿者协会"、后来改名为"全苏发明家与合理化建议者协会"的群众组织就拥有1300万名会员和10万个基层组织，还有2万个"社会设计局"，专门为那些已有创造构思但缺乏必要技术知识的组织或个人提供技术帮助。

英国比较重视从设计方法入手探讨发明创造技巧。由1962年开始，每隔两三年就召开一次设计方法讨论会，发表大量有关创造学专著及论文、讨论创造性设计的方法和理论，并在许多大学和中学开设设计课程，迪博诺还设计了一整套创造力训练课程。其中，在中小学中开展教学称为CORT的思维技巧课，该课程甚至在美国也得到传播和推广。在一些发展中国家如委内瑞拉，政府设置了"智力开发部"（与国家教育部平级），使用了该思维训练教材进行创造力开发。

第二节　国际技术创新方法现状

创造性思维是一种方法和技法，它能够通过学习和训练得以很好地掌握并在创造实践中灵活运用。目前，国际上已总结出很多的创造性思维的技法，许多方法和技巧已被人们广泛运用，并且取得了很好的效果。因此，我们介绍和研究其中的精华部分，将会取得事半功倍的效果。

一、创造技法分类

迄今为止，在世界范围内，人们总结和发明的创造技法已达 340 多种，随着对创造发明活动的实践和总结，创造技法的质与量还会不断提高。实践证明，人们了解、掌握和运用这些技法，会明显地提高创造力，并有效地从事创造发明。日本创造学家把这些技法分为三大类。

（一）扩散发现技法

主要是寻找问题所在，然后提出设想，主要包括以下几个方面。
（1）自由联想技法：通过类比、相似和相反这三种联想来提出设想。
（2）强制联想技法：把课题和提示强制性地联系起来思索设想。
（3）类比发想技法：把本质上相似的因素当做提示来考虑设想。
（4）特殊联想技法：通过催眠或睡眠，用印象暗示进行设想。
（5）问题发现技法：分析课题并寻求解决问题的关键。
（6）面治技法：通过面治联想问题并寻求设想。
（7）收集情报工具技法：收集数据并加以整理的工具和系统。

（二）综合集中技法

主要是收集情报，或者用于按照顺序来解决问题，主要包括以下几个方面。
（1）一般综合技法：是收集情报的方法，可适用于各种领域。
（2）一般综合技法（卡片式）：在一般综合技法中利用卡片。
（3）技术开发技法：主要用于产品的开发和设计。
（4）销售技法：主要用于销售及广告等领域。
（5）预测技法：主要用于未来预测及技术预测等方面。
（6）计划技法：考虑有效地执行解决问题策略的程序。

（三）创造意识培养技法

为解决各种问题而培养创造意识的方法，主要包括以下几个方面。
（1）集中精神技法：为提出设想而控制大脑集中思维的方法。
（2）协商技法：主要是为解决人际关系的问题和烦恼以维持情绪的稳定状态。
（3）心理剧技法：通过表演戏剧产生心理上的自由感以及创造性行为。

（4）思维变革技法：训练思考活动并灵活变化的技法。

从创造学理论和方法体系来看，现代创造学以美国、日本、前苏联为主分为三大流派，成三足鼎立之势，各有千秋。以美国为代表的欧美派在创造学理论与方法方面重视思维的自由活动，视发明创造为联想、直觉、灵感等的结果，以美国奥斯本的智力激励法和戈登的类比启发法（原型启发法）为典型。日本在创造学理论和方法倾向于思维的实际操作，寄发明创造于材料的收集与处理，如发现法（卡片排列法），以川喜田的 KJ 法和中山正和的 NM 法为代表。前苏联派以阿奇舒勒为典型，在创造学理论与方法方面是以唯物主义的认识论与方法论为基础，把发明创造建立在客观发展规律和有组织的思维活动上，不靠偶然所得（偶然性），而是按一定的程序达到必然结果（必然性），使发明创造成为一门精密的科学。

二、创造发明过程

从便于应用的角度来看，结合创造发明的过程来分析，尽管创造发明的实际过程是非常复杂和千差万别的，但是也存在共性，即任何的创造发明过程都是由三个阶段构成的，即选择课题阶段、解决课题阶段、完成课题阶段。

（一）选择课题阶段

这一阶段的实质是寻求、发现、产生有价值的问题，并以此作为发明的起点。虽然在我们的生活、学习和工作中，身边也存在大量有待解决的问题，但很多的人都是视而不见；或看到了、发现了问题，却没有解决问题的愿望和动机。所以这一阶段的进行首先要靠一个人的创新意识和直觉。只有一个人有了强烈的创新意识和一定的直觉能力，去积极主动地寻求、发现问题并力图解决，才可以说这个人真正地开始了创造发明的进程。

这一阶段，主要解决两个问题：①如何产生尽可能多的课题；②如何从众多的课题中选定有价值的和力所能及解决的课题。例如塑料袋新用途的发明；交流电的发明。

这一阶段应用的创造技法主要有：缺点发现法、程序设问法、希望点列举法、组合法、信息交融法等，如穿绳器的发明、防触电插座的发明，都采用上述方法。由此可见，完善已有事物，发现人们的需要是创造发明的巨大源泉。

（二）解决课题阶段

这一阶段是发明过程的核心，是最富有创造性的阶段。这一阶段的实质是提出解决课题的原理、方法和设想。这一阶段的进行，主要靠创造发明者的信息占有量、创造性思维方法和个性品质，现有的大量创造技法主要集中应用于这个阶段。根据思维的控制特点，可将这些技法大致分为四类。

1. 试错法

试错法即通过不断选择各种解决方案来解决课题。例如，爱迪生在发明灯泡解决灯丝材料的课题时，用的就是试错法。这类技法的最主要特点是思维上的各种猜测，并通过不断实践来排除错误的猜测，找出所需解决方案。但是这种方法对那些需要从几千乃至几十万种方案中筛选出需要的解决方案的高水平课题来说，并非是一种行之有效的方法，过去的很多发明创造的成功主要取决于发明家的机遇与个性品质。

2. 联想、想象、类比法

这类技法的最主要特点是，让思维无拘无束地处于高度自由状态，以产生大量新颖的解决问题的设想，如 NM 法、综摄法、仿生法、戈登法和逆向思考法等属于这类技法。例如，人工牛黄的发明和汽化器的发明即采用该种技法实现。创造发明本身就是做前人所未做、想前人所未想的事，因此，创造发明的课题必无现成答案可供选用。答案在哪并不知道，只有让思维的触角向四面八方充分伸展，才有可能获得答案。但有待发明的事物又不是孤立的，它同已有事物有着千丝万缕的联系，所以，既要放开思路，又要充分借助联想、类比等思维方式或把未知事物同已知事物联系起来，获得解决问题的方案。这类技法是目前最盛行的方法之一，但也有其局限性，一是受创造发明者本身的经验、知识等限制；二是历来难以实行，即脑功能的局限，如记忆问题和联想断路。

3. 分析逻辑推理法

这类技法也是目前最盛行的创造方法之一，如 ZK 法、7×7 法、卡片法等。这类技法的主要特点是通过对收集来的信息进行严密的分析、整理和再加工，达到发现问题、解决问题的目的。例如，应用该技法解决加拿大火山爆发问题、大庆油田问题、智力测定问题、狗吃纸问题。从信息论的角度看，创造发明的过程实质就是对获得的信息进行分割、剪裁、重组的过程。因此，在当今的信息时代，这类技法有着特殊的作用。

4. 程控法

所谓程控法就是控制创造发明者的思维方向，让思维遵循严格的程序或步骤去解决问题。这类技法的最主要特点是发明者可以避免大量无效的思维过程，而快速逼近答案。因此，程控法是一种行之有效的创造发明方法体系。但需要说明的是，程控法是一种解决发明课题的程序，它并不能代替具体的思考。同时，在执行程序的过程中，还可以对程序进行改造，以适应其他类的创造方法，程控法有着坚实的理论和实践基础。

（三）完成课题阶段

这一阶段主要靠的是创造发明者的专业知识和实践能力。大致要经过如下环节：利用专业知识精心设计；修正完善方案；物化为产品（需要懂得生产方面的知识，如设备、材料、生产工艺流程等）。这一阶段应用的技法主要有计划评审法、关联树法等。对创造发明者个人来说，不一定要完全走完这三个阶段，而主要是完成第二阶段，至于第一阶段和第三阶段可以通过与别人合作来完成。

下面我们重点介绍头脑风暴法，在下一章将对另外一种技术创新方法 TRIZ（发明问题解决理论）进行详细讨论。

以奥斯本（A. F. Osborn）为代表的"创造技法"应运而生，发展迅速，衍生多多，20 世纪中叶约 30 年间竟号称达百种，并演化产生"创造工程学"或"创造思维方法"等。但是，在专业性及科学性较强的工程设计创新中，这种由广告专家（奥斯本原从事广告业）首创的方法终究作用有限。以 20 世纪 50~60年代为起始标志，工程设计学界开展了关于"设计方法"及"发明方法"的研究，出现了与较高科学技术知识水平相匹配的方法理论，这些设计方法吸收创造技法，作为辅助性的强化发散思维的工具。这样，设计方法理论显得比创造技法高一个层次。中北欧（德语地区）、英国、美国、苏联、日本等地出现了许多设计或发明方法学说及几个学派。

头脑风暴法是世界上最早付诸实用的创造技法。它由美国创造学家奥斯本于1953 年首先提出，是一种专为团体使用的创造思维培养技法，适用于解决比较单一、目标明确的问题，如果问题涉及面很广，包含因素太多，或者需要仔细推敲研究，如工程技术问题，就不适合用这种方法。

头脑风暴法诞生以后，结合其他的创造技法，各国创造学家又有了发展，先后提出了默写式头脑风暴法、下行头脑风暴法、CBS 法、特尔菲设想法、强制联想法、查阅产品样本法、焦点法、奥斯本设问法等方法。默写式头脑风暴法是德国学者根据德国人惯于沉思的性格特点，提出利用文字形式表达思想，对头脑风暴法加以改进，又称"635"法。这种方法产生的设想比起奥斯本的头脑风暴法较为谨慎，不易于获得离习惯思维较远的高独创性的设想。下行头脑风暴法是戈登于 1982 年改进奥斯本头脑风暴法的议题提出方式而形成的，有助于摆脱习惯思维，提出新设想，但对主持人要求较高且费时较多。CBS 法是日本学者在头脑风暴法基础上提出的，将口头畅谈与书面表达结合起来。

思 考 题

1. 技术创新方法的发展阶段与人类科技进步和发明创造的历史有怎样的关系？

2. 头脑风暴法有哪些特点和优势？

第三章 技术创新方法 TRIZ 及其分支简介

第一节 解决发明问题的理论（TRIZ）简介

TRIZ 是俄文（теории решения изобретательскихзадач）所对应的拉丁文 Teoriya Resheniya Izobreatatelskikh Zadatch 的字头缩写，其英文全称是 theory of the solution of inventive problems，中文可译为"解决发明问题的理论"。

一、TRIZ 的背景介绍

第二次世界大战以后，美国质量优良、技术先进的产品充斥了全世界，但是 20 世纪 70 年代的石油危机，使得美国在许多与石油相关的廉价产品上，输给了欧洲和亚洲的竞争对手。美国的创新技术不再具有优势。20 世纪 90 年代以后美国的工业开始复苏，尤其是汽车工业，这主要得益于这些工业受到了许多日本质量控制方法的影响，这些质量控制方法帮助美国的工业产品提高了质量、降低了成本，并重新赢得了客户。随着美国产品和日本产品质量的差距越来越小，美国就开始寻找新的方法来增加客户满意度、提高产品质量、降低成本、加快产品面市时间，在美国被称为"更快、更好、更便宜"。

但是有太多的设计开发手段去实现这种新的创新思想，如质量功能展开（QFD）是告诉我们要解决什么问题而不是怎么去解决问题。树状图法，要求是有经验的设计师，也许是要某一领域的专家，如果一个材料工程师要找一种防潮材料时，他只会去寻找橡胶材料。于是这样一种超越工程师经验的方法，应该如何去解决呢？利用 TRIZ 工程师就可以在非自己专长的领域去探索设计方法。

Rockwell 汽车分部面临一个大问题：他们在设计高尔夫车的刹车系统时可能要输给日本的竞争对手了，由于 Rockwell 和日本的对手都是汽车行业，他们都在重新设计一种运用更小的零件来组装的刹车系统。专家认为，这种解决方案是在一种被称为"心理惯性"的领域内，这很自然就会让人们用他们的专业经验去解决，而不会超越这种局限。最后利用了 TRIZ 方法，这个问题的解决方案是重新设计两轮车的刹车系统，用较大的零件，但整个产品的零件数量却由十二个降为四个，成本降低 50%。

二、TRIZ 方法的历史

（一）发明问题

人们通常面临两类问题：一类是已有解决方法，一类是没有解决方法。对已有解决方法的问题，人们通常可以通过查找书籍、技术文献或由相关专家提供信息来解决。其解决问题的模式如图 3-1 所示。在这里，首先将特殊的问题转化为一个相似的标准问题，对于这个标准问题就可以用已有的方案来解决，然后再将这个标准的解决方案转变成一个特殊的解决方案。假定要设计一种 100r/min 低速电机的车床，但大多数的交流电机都是高速 3600r/min 的，那么问题只是如何降低电机的速度，解决方案是用齿轮箱或变流器，于是就设计特定尺寸、重量、转速、扭矩的齿轮箱等，来解决问题。

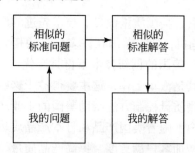

图 3-1　普遍的解决问题模型

另一类问题是没有解决方法的问题，这就被称为发明问题，也许有矛盾对立体的要求。早在 4 世纪时，一位埃及的科学家提出要建立一种启发式科学来解决发明问题。在现代，发明问题的解决被纳入与洞察力和创新能力相关的心理学，通常用到的方法就是头脑风暴、试错法。由于问题非常复杂，那么尝试的次数就要很多，如果解决方法是某一领域的经验的话，则尝试的次数就会少一些，但是如果在某一领域找不到解决方法的话，发明者就要到其他领域去找了，那么这种尝试的数量就很大了，并且要求发明者要掌握心理学知识，如头脑风暴、直觉知识和创造力。紧接着问题就来了，直觉和经验是很难在一个组织中传授给别人的。这就导致了被称为心理惯性的现象，发明被局限在某种经验之中，在新项目的概念设计阶段，不可能产生多种解决方案。这个心理惯性矢量，如图 3-2 所示。

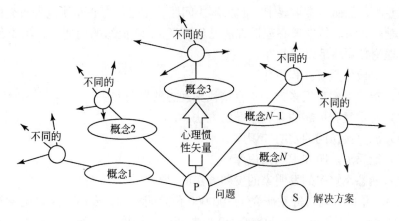

图 3-2　心理惯性的限制影响

如果我们要克服心理惯性，就必须博览科学和技术知识的书籍，经过研究我们发现好的发明方案往往超出了发明家的经验，如图 3-3 所示。

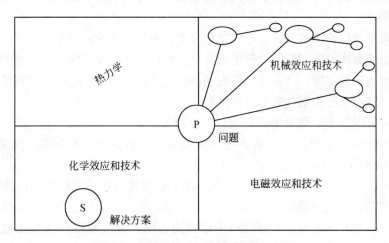

图 3-3　理想的解决方案在你的领域之外

（二）TRIZ 之父——Genrich S. Altshuller

前苏联发明家根里奇·阿奇舒勒首先提出了一种不是建立在心理学基础上，

而是建立在技术系统基础上更好的发明方法 TRIZ。根里奇·阿奇舒勒生于 1926 年，他在 14 岁时就创造了他的第一个发明——潜水呼吸器，20 世纪 40 年代，他凭借其爱好作为一个专利专家供职于苏联海军，他的工作就是帮助发明家应用他们的专利，然而他常被要求一起去解决问题，于是好奇心驱使他去研究标准的解决问题的方法。他发现心理学方法已经不适应 20 世纪的发明了，阿奇舒勒认为发明理论必须满足以下条件。

（1）自成体系统并程序化。

（2）指导人们在很多方法中直接找到理想的发明方法。

（3）可重复和可靠的非心理学的方法。

（4）能直接访问的发明知识库。

（5）能添加发明知识到知识库中。

（6）熟悉足够多的发明家的发明方法的思路。

此后几年中，阿奇舒勒研究了 200 000 份发明专利，专门研究发明家解决发明问题的方法，这其中只有 40 000 份是有发明方法的，其他都是改进。阿奇舒勒更清晰地定义了一个发明问题的解决方法。例如，要增加金属板的强度就要以牺牲重量为代价，一般发明家是在几个特征之间进行折中，但这并不能得到合理的解决方案。在专利的研究中，阿奇舒勒发现许多发明是消除或解决矛盾而不是去找折中方法。

阿奇舒勒以新颖的方式对专利进行分类，而不用传统的分类方法，他把主题词去掉以使解决发明问题的过程展现在世人面前。他也发现同一个原理经常被一次又一次地重复使用，经常使用的发明原理是 40 个，以后的发明家如果掌握这种方法，就可以更快更有效地进行发明。

1960～1970 年，他将解决问题的方法分为五级。

（1）一级：常规设计问题，用专业领域已有的方法进行解决，无须发明，大约有 32% 的方法是在这一级。

（2）二级：对现有系统进行改进，用工业领域以外的方法加以解决，大约有 45% 的方法在这一级。

（3）三级：对现有系统进行根本性改造，用工业领域以外的方法通过集成加以解决，主要是解决矛盾，大约有 18% 的方法在这一级。

（4）四级：利用新的知识对现有的系统功能进行升级换代，这类方法往往在更多的是在科学领域而非技术领域。大约有 4% 的方法在这一级。

（5）五级：以科学发现或独创的发明为基础的全新的系统，这一级方法不到 1%。他也指出了在每一级成功的方法上，在找到每一种解决问题的方法前，都需要大量的知识及更多的相应的解决方法。他的方法总结如表 3-1 所示。

表 3-1 发明方法的级别

级别	发明程度	解决方法/%	知识来源	考虑的问题
1	方法明显	32	个人知识	10
2	小的改进	45	公司知识	100
3	大的改进	18	行业知识	1 000
4	新概念	4	行业以外知识	10 000
5	新发现	1	所有的知识	100 000

例如，用人造金刚石来做刀具时会存在一些肉眼看不见的裂缝，这是由于传统的金刚石切割方法就会导致这些裂缝的产生，这些看不见的裂缝要在使用中才能被发现。那么需要解决的是沿着金刚石的自然裂缝进行分割，而不产生新的破坏的方法。新的方法灵感源自于一种在罐装食品行业中去除辣椒籽的方法，辣椒首先被放在密封容器中，加压至 8 个大气压，辣椒皮在茎干处被压破，接着急速减压，辣椒籽就会从压破的辣椒皮中喷出来。这种方法被用到切割金刚石上就会把它沿着自然裂缝处分割开，如图 3-4 所示。

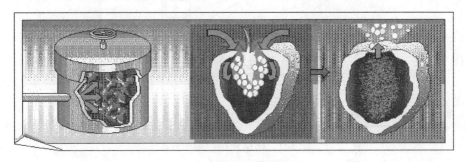

图 3-4 辣椒籽去除的方法

阿奇舒勒从这些专利中抽取了问题、矛盾和解决方法从而创建了 TRIZ。

三、TRIZ——解决发明问题的理论

TRIZ 中有一系列的法则，其中一条法则是增加理想度，它是由所有有利于系统的部分 U_i 之和除以所有对系统有害的部分 H_j 之和。

$$理想度 = \frac{\sum U_i}{\sum H_j}$$

理想的系统都是有利的部分而无有害的部分。对于工程师而言，就意味着要不断追求有利部分的最大值。

为了降低劳动力成本、原材料成本和能源损耗等不利部分，人们传统的方法往往是在有利部分和有害部分之间寻求折中的方法来解决矛盾。遵循提高理想度法则就是要求工程师创造最终理想的产品，保留有利的功能，去除有害的功能。由机械式手表向电子式手表的升级革命就是提高理想度的很好实例。

（一）TRIZ 循序渐进的过程

阿奇舒勒认为一个可行的发明方法论必须是大多数发明家所熟悉的，它解决问题的方法如图 3-5 所示。

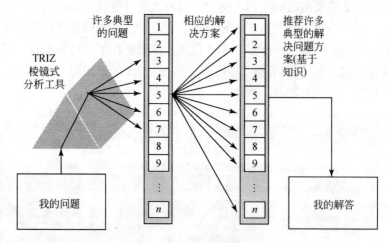

图 3-5　TRIZ 解决问题的方式

1. 第一步确定问题

Boris Zlotin 和 Alla Zusman 是研究 TRIZ 的科学家，他们是阿奇舒勒的学生，开发了一种创新情景调查表来识别已有工程系统的操作环境、资源消耗、有利因素、有害因素、理想情况。

实例：饮料罐是一个装软饮料的技术系统；承担储存作用是其操作环境；资源包括罐体的重量、罐体所承受的内部压力、罐体结构的刚度；有利因素是装饮料；有害因素是原材料消耗、罐体生产、存储空间浪费。理想的情况是，即使码起一人高的饮料罐，也能承受自身和饮料的重量而不破坏。

2. 公式化的问题：TRIZ 棱镜

在客观矛盾下重申问题并识别可能存在的矛盾。是否存在改善了一种技术特性而导致其他技术特性的下降或出现了其他问题，是否会因有技术矛盾存在而进行折中处理。

实例：我们无法控制饮料罐的高度，由于原材料的价格使我们要降低成本，这样罐体的厚度要薄，但是这会引起罐体强度不够。这就是一对客观矛盾，如果我们解决了这对矛盾，我们就会得到一个理想的技术系统。

3. 搜索已有的解决方法

阿奇舒勒研究了超过 1 500 000 世界级的专利，发现了引起冲突的 39 个技术特性能，它们被称作 39 个通用工程参数（表3-2），查找矛盾矩阵的方法是先找欲改善的参数，再找引起了不希望的欲恶化参数。

实例：要使饮料罐的壁厚减小的工程参数是"No. 4 静止物体的长度"，在TRIZ 里，标准工程参数的含义是非常多样的，在这里"长度"可以指任何线性的尺寸，如长度、宽度、高度、直径等。若我们减小壁厚就会引起罐体承载力的减小，这个工程参数就是"No. 14 强度"，那么标准的技术冲突就是：我们要减小"静止物体的长度"就会引起"强度"的降低。

表3-2 39 个工程参数

编号 No.	名称	编号 No.	名称
1	运动物体的重量	11	应力/压强
2	静止物体的重量	12	形状
3	运动物体的长度	13	结构的稳定性
4	静止物体的长度	14	强度
5	运动物体的面积	15	运动物体的耐久性
6	静止物体的面积	16	静止物体的耐久性
7	运动物体的体积	17	温度
8	静止物体的体积	18	物体的明亮度
9	速度	19	运动物体能量的消耗
10	力	20	静止物体能量的消耗

续表

编号 No.	名称	编号 No.	名称
21	功率	31	有害副作用
22	能量的损失	32	可制造性
23	物质的损失	33	可操作性
24	信息的遗漏	34	易维修性
25	时间的损失	35	适应性
26	物质的数量	36	装置的复杂性
27	可靠性	37	控制的复杂性
28	测量精度	38	自动化程度
29	制造精度	39	生产率
30	有害的扩散		

4. 查找类似的解决方法

阿奇舒勒从世界专利中抽取了 40 个发明原理，这些原理可以帮助工程师找到一种更好的发明或专利的解决方法。为了找到相应的发明原理，阿奇舒勒制定了一个矛盾矩阵表，他把 39 个工程参数列在了表的 X 轴和 Y 轴上，X 轴表示不期望的恶化参数，Y 轴表示欲改善的参数，XY 轴相交的单元上列出了推荐的发明原理，也就是提供了解决发明问题的方法。

实例：饮料罐的工程冲突参数是"No. 4 静止物体的长度"和"No. 14 强度"，那么 Y 轴就"No. 4 静止物体的长度"（实质就是指罐体的壁厚），X 轴就是"No. 14 强度"，于是查找出来的发明原理号就是 1，14，35。

发明原理 No. 1 分割原理

a. 将物体分割成许多独立的部分

b. 将物体设计成组合式的（以利组装与拆解）

c. 增加物体分割的程度

实例：

组合式家具，模块化计算机组件，可折叠木尺。

花园里浇水的软管可以接起来以增加长度。

实例：利用发明原理 1c"增加物体分割的程度"，饮料罐的侧壁可以做成波浪形的，这样在不增加壁厚的情况下可以增加其强度，如图 3-6 所示。

发明原理 No. 14 曲面化原理

图 3-6　饮料罐外壁俯视图

a. 以曲线取代直线，以球面取代平面，以球体取代立方体

b. 使用滚轮、球以及螺旋

c. 以旋转运动取代直线的运动方式；利用离心力

实例：

计算机鼠标用一个球体来传输 X 和 Y 两个轴方向的运动。

利用发明原理 No. 14 a.，与罐体焊在一起的唇口原来是垂直于侧壁的，现在变成带一个弧度，如图 3-7 所示。

发明原理 No. 35 状态和参数变化原理

改变物体的集合状态、密度分度、灵活度、温度

采用强度更高的金属合成材料来增强饮料罐的承载能力。在不到一周时间内，该发明人 Jim Kowalik 就为美国软饮料工业提出了超过 20 个有用的解决方案，其中有几个便被采纳了。

图 3-7　饮料罐侧视图

（二）TRIZ 方法的 40 个发明原理

1. 分割原理

a. 将物体分割成许多独立的部分

b. 将物体设计成组合式的（以利组装与拆解）

c. 增加物体分割的程度

实例：

组合式家具，模块化计算机组件，可折叠木尺。

花园里浇水的软管可以接起来以增加长度。

2. 抽出原理

a. 将有负面影响的零件或者属性，从物体中分离出来

b. 将唯一必要的零件或者属性，从物体中萃取出来

实例：

为了在机场驱鸟，使用录音机播放鸟的叫声（声音从鸟身上分离出来）。

3. 局部特性原理

a. 将物体本身、外部环境或作用结构，从相同改成不相同

b. 让物体不同的部位或零件，可以执行不同的功能

c. 物体各部位的零件，要放置于最适合让它操作的地方

实例：

为了在采煤中防止煤尘飞扬，就要在掘进机和储运机上喷水雾，水滴越小抑尘效果越好，但水滴小会影响机械工作，于是就在小水雾层外面裹上大水滴的水雾层；带橡皮的铅笔。

4. 不对称原理

a. 用不对称的形状，来取代对称的形状

b. 如果物体本身已经是不对称（不均匀）的造型，就加大其不对称的程度

实例：

加强轮胎一侧的强度以承受路边的冲击；通过一个对称形的漏斗卸载湿黄沙时，会在漏斗上部形成拱形，造成沙流不规则流动。用一个不对称形的漏斗就可以消除这种拱形。

5. 组合原理

a. 在空间上，属于相邻或相同连续动作的同构型物体，使其合并为一体

b. 在时间上，属于相邻或相同连续动作的同构型物体，使其合并为一体

实例：

在冻土上进行掘进作业，就要在掘进机上加上一个蒸汽喷管以融化冻结的

地面。

6. 多用性原理

让一个物体可以同时拥有多项不同的功能，因此其他的组件便可省去
实例：
可变成床的沙发；工具车上的后排座可以坐、靠背放倒后可躺、折叠起来可以装货。

7. 嵌套原理

a. 一个物体可以放置在另一个物体里面，而这两个物体同时还可以再放置于第三个物体里面，依此类推
b. 一个物体可以穿过另一个物体内的空腔
实例：
望远天线；椅子可以一个个又叠起来以利存放；活动铅笔里存放笔芯。

8. 反重力原理

a. 为了抵消物体本身的重量，可以结合另一个能提供举升力的物体
b. 为了抵消物体本身的重量，可以利用外部环境的空气动力学或流体力学的作用力
实例：
水翼艇；赛车上增加后翼以增大车辆的贴地力。

9. 预先的反作用原理

a. 事先给予物体一个反作用力，以抵消其过度及不适宜的应力
b. 物体在承受张力或要承受张力的情况下，就先施加一个压力
实例：
预应力混凝土楼板或柱子；预应力轴是由几个预先扭了特定角度的管子组成。

10. 预先作用原理

a. 事先对物体完成全部或者部分所需的改变
b. 事先将物体放置于适当的位置，如此一来，才能使其直接从最近而且最方便的位置，开始进入操作

实例：

把刀放在刀鞘中以保护刀锋；橡皮泥很难快速均匀地成形，那就把它放到成形模具中以利快速成形并节省材料

11. 预先防范原理

事先对物体相对可靠度较低的部分，做好在紧急情况时的补救措施
实例：
商品上加上磁条来防盗。

12. 等势原理

改变工作的状况，使物体将不需被举升或降低
实例：
汽车发动机换机油时，工人只要把车开到维护槽上进行维修即可，不必使用任何起重设备。

13. 反向作用原理

a. 当直接的动作会有问题时，我们以相反的动作取代（例如：以冷却取代加热）

b. 使物体或者外在环境可以移动的部分变成固定的，而固定的部分则变成可移动的

c. 使物体的上、下部分颠倒翻转
实例：
研磨物体时需要震动物体。

14. 曲面化原理

a. 以曲线取代直线，以球面取代平面，以球体取代立方体

b. 使用滚轮、球以及螺旋

c. 用以旋转运动取代直线的运动方式
实例：
计算机鼠标用一个球体来传输 X 和 Y 两个轴方向的运动。

15. 动态性原理

a. 为了使整个运行的各个阶段呈现最佳状态，物体的特征或外在环境，必

须设计成能够调整与改变的

b. 假使物体本身是固定的，那就让它变成是可活动的，使物体变成可以替换的

c. 将一个物体，划分成数个能够改变它们之间相对位置的组件

实例：

可以灵活转动灯头的手电筒；圆柱形的运输工具，为减少桶装或容器满载情况，就把容器形状设计成两个铰接半圆柱形，以利装卸。

16. 不足或过量作用原理

如果很难获得百分之百的预期效果，那么就设法取得略大或略小于原先的预期效果。

实例：

用沉浸法油漆一个圆柱体侧壁时，油漆会很均匀，但会产生底面上漆的现象，解决方法是让圆柱体旋转起来进行油漆；要让金属粉末均匀地充满一个容器，就让一系列漏斗排列在一起以达到近似均匀的效果。

17. 多维化原理

a. 将物体的运动，从一维的直线运动，转变成二维的平面运动；而平面的运动，则转变成立体的三维运动，依此类推

b. 利用物件的多层构成

c. 倾斜物体或者把它侧置

实例：

花房朝北的区域加上一个反射镜来加强此区域白天的光照效果。

18. 振动原理

a. 利用振动、摆动

b. 假如振动已经存在，提高其频率至超声波

c. 利用共振（产生共鸣）的频率

d. 利用压电振动，取代机械式的振动

e. 利用超声波振动与电磁场合并使用

实例：

要切除体内的结石而又不伤及皮肤，就可以用超声刀来代替手术刀；通过振动铸模来提高填充效果和零件质量。

19. 周期性动作原理

a. 以周期性的动作（脉冲），取代连续性的动作

b. 假如周期性的动作已经存在，则改变它的频率

c. 利用脉冲间的暂停（每个动作间的空当），增加一些额外的动作

实例：

用冲击扳手去拧松一个锈蚀的螺母时，就要用脉冲力而不是持续力；报警灯使用脉冲方式比其他方式效果更好。

20. 有效持续作用原理

a. 在一个动作的完成过程中，不要中断。该物体里的所有零件，必须以全速不断地运转

b. 移除闲置和中间阶段的动作

c. 以旋转的动作，取代前后的往复运动

实例：

带有切削刃的钻头可以进行正反向的切削。

21. 急速作用原理

以极快的速度，完成有害和危险的操作

实例：

在切断管壁很薄的塑料管时，为防止塑料管变形就要使用极高速运动的切割刀具，在塑料管未变形之前完成切割。

22. 变害为益原理

a. 利用有害的因素（尤其是环境上的），来获得正面的效果

b. 除去一个有害因素的方法，在于将另一个有害的因素，与它一起合并

c. 增加有害动作的程度，而使得它不再是有害的

实例：

在冰冷的天气条件下运输沙子会使其结块，那就用深冷的方法（用液氮）使冰破碎，沙就好传送了；用高频电流加热金属时，只有外层金属被加热，这一现象后来被用作表面热处理。

23. 反馈原理

a. 导入反馈

b. 假如反馈已经存在，则改变反馈的方式

实例：

水箱中的水位偏低就由一个传感器测出并控制电机向水箱泵水；要把冰水混合后的重量控制好，由于冰的重量难以分配准，就要先测冰的重量，然后把冰的重量反馈给水控制设备而得到精确的结果。

24. 中介原理

a. 利用一个中介（媒介）物质，来转变或者执行一个动作
b. 使用一个容易被移除的物体，与原物体做暂时性的接合

实例：

为减少电流通过液体金属的能量损失，就要引入冷却电极和较低熔融温度的金属作为中间物。

25. 自服务原理

a. 物体本身必须能自助和执行补给、修复的作业
b. 利用废弃的材料及能源

实例：

为防止镀层磨损后用磨料来研磨，就在其表面放上研磨材料；对于电焊枪，焊条的进给是通过一个特殊的装置来控制的，为了简化系统，焊条是由通过一个螺线管由焊接电流来控制。

26. 复制原理

a. 利用一个简单而且成本低廉的复制品，来取代原本易损坏的组件或不方便操作的物体
b. 如果可见光的复制方式已经使用，则改以不可见的红外光或紫外光替代
c. 使用物体本身的影像，取代物体本身（或者系统）。而这个影像则可以被缩小或放大来使用

实例：

测量高的物体时，可以用测量其影子的方法。

27. 一次性用品替代原理

在牺牲其他特性（例如使用的寿命）可以被接受的条件下，则使用便宜的物体来取代昂贵的物体

实例：

纸尿布

28. 替换机械系统原理

a. 以光学、声学、热能以及嗅觉的系统，取代机械的系统

b. 使用电场、磁场或者电磁场，来与物体相互作用

c. 取代场的范畴，包含：① 以可变的取代恒定的；② 以随时间变化的，取代恒定不变的；③ 以结构的取代随机的

d. 使用磁场及强磁性的微粒子

实例：

为增加金属和塑料的黏结力，就引入电磁场作用于金属。

29. 气压或液压结构原理

将物体原本实心固体的零件，用气体或液体取代。而这些零件可以用空气或水来加以膨胀，或者使用气垫或液垫

实例：

为增加工业烟囱的效率，在其口部加上一个螺旋形的管路，当风流过管路时形成一堵风墙，以减少阻力。

在运输易碎产品时，要使用充气泡材料。

30. 柔性壳体或薄膜结构原理

a. 用弹性膜或薄膜，取代原本惯用的结构

b. 使用弹性膜或薄膜，将物体本身与其外界环境隔离开来

实例：

为防止水从植物的叶片上蒸发，一种聚乙烯材料喷涂在叶片上，凝固以后就会在叶片上形成一层保护膜，它既透气又防水。

31. 多孔材料原理

a. 使物体呈现多孔状态，或加入具有多孔性的元素（如嵌入、覆盖等）

b. 假如物体本身已是多孔状态，则预先将一些物质填充于孔隙内

实例：

为避免冷却机械时输送冷凝剂的麻烦，那么机械中的一些零件就采用多孔材料，里面充满了冷凝剂，机械启动时冷凝剂蒸发，以达到短时有效的冷却效果。

32. 变换颜色原理

a. 改变一个物体或者其周围环境的颜色

b. 改变一个物体或者其周围环境的透明度

c. 在物体中加入有色的材料以便观察，或者在难以观看到的制程中，使用有色添加剂

d. 如该添加剂已经使用了，则利用荧光追踪剂或追踪原子

实例：

透明绷带可以让人们不打开绷带而检查伤口；轧钢时用水幕来阻止钢铁产生的红外线对工人的伤害，但同时它也阻挡了可见光，为了让工人既能看到轧钢情况又不受伤害，于是就在水中加入颜料让它过滤红外光，而保持可见光的透光性。

33. 同质原理

与主物体会相互作用的其他物体，必须使用与主物体相同（或相似性质）的材料制成

实例：

需要研磨的刀刃曲面是刀刃需要恢复其切削功能的曲面。

34. 自弃与修复原理

a. 当物体已经完成其功能或变成无用时，或者在物体正在运行的期间，物体中的某元素即被去除（抛弃、分解、挥发等）或修正

b. 在物体运行的过程中，其损耗的零件，必须要能被修复

实例：

子弹射出后，弹壳就被抛掉；火箭助推器用完后就抛掉。

35. 状态和参数变换原理

a. 改变系统的物理状态

b. 改变浓度或密度

c. 改变弹性的程度

d. 改变温度或体积

实例：

在脆性材料的连接中，螺钉的表面要用弹性材料并配上两个弹簧。

36. 相变原理

利用相变化所产生的现象（例如：体积的变化、热的释放与吸收等）
实例：
为防止管路膨胀，把它充满水后冷冻起来。

37. 热膨胀原理

a. 改变材料的温度，利用材料的热胀冷缩原理
b. 使用多种不同热膨胀系数的材料
实例：
为方便花房的天窗的开关，窗板就要使双相金属板来防止变形。

38. 强氧化作用原理

转换并提高氧化的程度
① 让周围的空气增加氧的浓度；② 使高浓度氧变成纯氧；③ 使纯氧变成离子化氧；④ 使离子化氧变成臭氧化氧；⑤ 使臭氧化氧变成臭氧；⑥ 使臭氧变成初生态氧
实例：
为让火炬放出更多的热量，就要向火炬充氧。

39. 惰性介质原理

a. 以惰性的环境，来取代一般正常状况的环境
b. 在物体中引入中性的物质或添加剂
c. 在真空中完成整个的操作过程
实例：
为防止棉花在仓库中着火，就向仓库中充惰性气体。

40. 复合材料原理

以复合材料取代单一材料
实例：
为增加强度减轻重量，军用飞机的机翼是用塑料和碳纤维组成的复合材料做的。

四、其他 TRIZ 工具

TRIZ 方法论适用于解决不同问题，上面所介绍的方法相对简单些，但却要求使用者运用工程参数将问题公式化，因此它主要用于解决第二级的问题，更困难的问题就要用到下面更精确的方法。

1. 解决发明问题程序（ARIZ）

对于那些没有明显矛盾问题，就需要一种系统程序来识别解决方案，对于些常规问题只要五到六步就能完成，对于不确定的技术问题，就要用下面所述的方法。

这种解决问题的方法可以覆盖二级到四级的问题。ARIZ 基本步骤包括。如下五步。

（1）问题公式化；

（2）把问题转换为模型；

（3）分析模型；

（4）解决客观矛盾；

（5）计算出理想的解决方法。

2. 物质－场分析

物质－场分析是一种快速分析一个物体作用于另一个物体的工具，物体统称为物质，作用则称为场，通过审视正向或反向作用场是否是不需要的或不充分的作用，则物质－场分析有助于识别作用力的有效性。

3. 预计失效分析（AFD）

AFD 就是运用发明失败分析机制，通过检查导致产品开发失败的因素及对产品开发失败所起的作用，然后去克服它，从而防止在新产品开发中发生不可预计的失败情况。

4. 产品演化（DPE）

DPE 是一种传统的技术，它试图去预测"下一代设备、工艺或技术的具体特征"，通过调查、模拟和趋势分析对研发未来产品提出一个可能的模型。阿奇舒勒研究了成百上千种专利后，确定了八种技术系统随时间演化的图谱，基于这种图谱，人们就可以知道如何去开发而不是去问开发什么，于是 DPE 就成为一张导航图，人们可以利用它来系统化地发明未来技术。

五、TRIZ 的发展趋势

以 TRIZ 为代表的技术创新方法的研究、培训和应用已经逐渐由顶级 TRIZ 专家向高校，再向专业公司、企业用户转移，这一趋势已经在欧洲、美洲、日本、韩国、俄罗斯和中国显现。

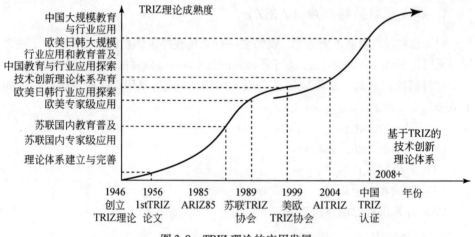

图 3-8　TRIZ 理论的应用发展

TRIZ 理论的发展历程可利用表示技术系统发展进化的 S 曲线来表示（图 3-8）。第一条 S 曲线所代表的从 1946 年到世纪之交的半个多世纪是经典 TRIZ 从产生、发展、到成熟的时期。在这一时期，从阿奇舒勒开始研究隐藏在发明背后的规律的 1946 年，到第一篇 TRIZ 论文发表的 1956 年（ARIZ-56），是 TRIZ 的诞生期；再到 1985 年发明问题解决算法新版本的发布（ARIZ-85），标志着 TRIZ 理论体系的完善，是 TRIZ 的发展期，在这一阶段 TRIZ 从专家的研究应用走向教育普及；从 20 世纪 80 年代末到 90 年代末是 TRIZ 发展的成熟期，在这一时期，前苏联开发出第一个 TRIZ 软件，TRIZ 专家开始研究 TRIZ 与其他理论方法（如价值工程）的结合。1989 年苏联 TRIZ 协会（即后来的国际 TRIZ 协会）成立，1993 年 TRIZ 正式进入美国，1999 年美国阿奇舒勒 TRIZ 研究院和欧洲 TRIZ 协会相继成立，TRIZ 走向世界。

伴随着 TRIZ 在欧美亚的大规模研究与应用的兴起，TRIZ 的发展进入了第二条 S 曲线，在这一新的进化阶段，世界各地的 TRIZ 研究者和应用者广泛吸收产品研发与技术创新的最新成果，试图建立基于 TRIZ 的技术创新理论体系。2004

年，亿维讯公司将 TRIZ 国际认证引入中国，标志着中国人将为 TRIZ 理论的新发展作出贡献。

传统的创新方法大多停留在对创新技法和技巧的介绍，从心理因素方面尽可能激发个人的创造思维能力，而没有注重真正转化为解决问题的能力。它们在一定程度上显得比较抽象，可操作性差，创新效率低下，无法适应当前大量各种各样技术难题的解决和创新需求。

而 TRIZ 理论则成功地揭示了创造发明的内在规律和原理，相对于传统的创新方法，它着力描述清楚并强调系统中存在的矛盾，其目标是完全解决矛盾，而不是采取折中或者妥协的做法，而且它是基于产品或技术系统的发展进化规律去研究整个设计与开发过程，而不再是随机的行为。尤其是它采用了科学的问题求解方法，将特殊的问题归结为 TRIZ 的一般性问题——问题模型，再应用 TRIZ 中的相应工具去寻求解决方案的模型，并在此基础上最终得到针对初始问题的具体解决方案，充分体现了科学的问题求解思想和特征。

相对于传统的创新方法，基于 TRIZ 的计算机辅助创新技术（CAI）的出现体现了 TRIZ 应用与发展的新方向。TRIZ 理论目前及今后的发展方向主要集中在两个方面：TRIZ 本身的完善，以及进一步的拓展研究。

TRIZ 理论是前人知识的总结，如何把它进一步完善，使其逐步从"婴儿期"向"成长期"、"成熟期"发展，如何合理、有效地在实际中推广和应用 TRIZ 理论，解决技术问题，使其受益面更广，已经成为各界 TRIZ 研究者关注的焦点和研究的主要内容之一，具体体现在以下几点。

（1）基于 TRIZ 的计算机辅助创新技术（CAI）的进一步发展，要开发出更加有针对性的、适合不同领域特点、满足特殊用途的系列化软件系统。

（2）进一步拓展 TRIZ 理论的涵盖范围，尤其是把信息技术、生命技术、社会科学等方面的原理和方法纳入到 TRIZ 理论中。

（3）将 TRIZ 理论与其他一些新技术，如 QFD、LEAN 等技术进行有机集成，从而发挥更大的作用。TRIZ 理论主要是解决设计中如何做的问题（How），对设计中做什么的问题（What）未能给出合适的方法。大量的工程实例表明，TRIZ 的出发点是借助于经验发现设计中的矛盾，矛盾发现的过程就是要对问题进行一种定性的描述。其他的设计理论，特别是 QFD 等方法恰恰能解决做什么的问题。所以，将两者有机地结合，发挥各自的优势，将更有助于产品创新的整个过程。TRIZ 与 QFD 都未给出具体的参数设计方法，所以适用于概念设计阶段，而稳健设计则特别适合于详细设计阶段的参数设计。将 QFD、TRIZ 和稳健设计集成在一起，可以作为从产品定义、概念设计到详细设计的强有力支持工具。因此，三者的有机集成已成为设计领域的重要研究方向。

第二节　SIT 简介

SIT 英文全称是 structured inventive thinking（结构化创新思考）。SIT 方法源自上面介绍的 TRIZ，SIT 由阿奇舒勒的学生 Genady Falkowski（格纳季·佛高斯基）在以色列创立。他认为 TRIZ 过于复杂的体系是其推广的障碍，简化工作才是当务之急，其目的是简化 TRIZ 以便使其被更多人接受，并让使用者更细微地注意问题牵涉的事物，为寻求解答不放过任何变化，并且力求广泛适用于各学科。

相对于 TRIZ，SIT 主要的特点可以归结为三个方面。

（1）清楚的问题定义。问题解决者按要求，将给定的问题定义为三个列表：有害参数列表、系统及周边环境物体列表和问题解决目标，从而产生了标准的问题解决目标。

（2）系统化的流程。使用 SIT 解决问题总体分为三个步骤：问题重组、策略选择和概念生成。

（3）精简的工具。SIT 在概念生成阶段仅包含 5 种工具，和 TRIZ 的 40 个发明原理及 76 种标准解法比起来，缩短了找到理想解答的进程。

一、SIT 的问题定义

问题定义是问题解决的第一步，正确地定义问题，是解决问题的前提。使用 TRIZ 解决问题时，问题解决者首先需要定义冲突，将特殊问题转化为一般问题，但 TRIZ 本身并没有提供冲突定义的方法，缺乏一般化的冲突定义流程，新手学习应用困难，最终导致其推广缓慢。

然而在 SIT 体系中，则跳出了冲突定义的要求，问题解决者只需要使用充足条件，即闭世界条件和质变条件来重组问题，将给定的问题定义为三个列表：有害参数列表、系统及周边环境物体列表和问题解决目标，即可以完成问题定义的步骤。充足条件是 SIT 的研究者通过分析大量工程问题的解决实例，而归结出的创造性问题的解方法必须满足的条件，他们还通过科学试验证明了利用充足条件求得创新解的有效性。

二、SIT 问题解决的一般过程

使用 TRIZ 解决问题，缺乏一般化的流程，该如何选择问题解决的步骤，需要问题解决者的经验积累。根据不同的问题类型，选择不同的工具或算法，整个过程中存在的不确定性，造成了新手应用困难，问题解决效率低下。而 SIT 问题的解决方法明确地分为三个步骤：通过充足条件重组问题、策略选择、应用相关的概念刺激技术。SIT 的问题解决流程，如图 3-9 所示。由此可见，相对于TRIZ，SIT 具有系统化、流程化、清晰、明确的特点。

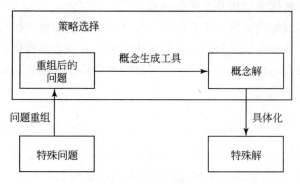

图 3-9　SIT 的问题解决流程

（一）问题重组

问题解决者通过使用充足条件为问题设定解决目标。封闭世界条件作为限制条件，而质变条件则规定了问题解决的目标：不仅要减少有害效应，而且要通过质变条件的指引，将问题中的相关变量建立数学关联，达到质变。在这个阶段，SIT 使用者列出系统物体、系统周边环境物体、造成有害效应的参数。问题解决的任务被定义成为：寻找一种解决方案，该方案仅仅引入或使用了系统内部或周边环境的物体，使得问题特征函数由增函数变为减函数或者常函数。

（二）策略选择

闭世界条件限制了只有系统中已经存在的资源才能对一个物体执行改变，因此大大地缩减了求解方案的搜索范围。在这个阶段，存在两种情形：①通过质变条件，问题解决者可以推导出满足要求的最终物理状态；②问题解决者不能设想出期望的最终物理状态，或者想出的状态与系统中其他基本要求相冲突。

根据这两种情形，充足条件的框架给我们提供了两种思考策略。对于第一种情形，问题解决者首先构建一个概念解，执行某个简单的操作，就可以满足质变条件。然后，选择一个已经存在的物体，执行该操作。例如，TRIZ 问题中的一个典型的材料测试问题，问题解决者首先想出将溶液与容器分离的概念，该概念满足质变条件，然后从系统中选出一个物体来执行这个概念，即材料本身。该情形采用的策略为扩展策略，通过想象一个物体来执行新的操作，而将系统暂时扩展。

对于第二种情形，问题解决者不能构思出一个满足质变条件的最终状态，那么就必须采用其他策略，尝试将系统中的物体做可能的改变，直到某种改变能够满足质变条件。这时候采用的策略为重组策略。问题解决者通过重组，改变了系统中已经存在的物体的结构及系统的组成。

扩展策略可以帮助问题解决者确定一种已经存在的物体来执行新的操作，选择扩展策略后，在概念生成阶段，应该使用功能合并或者多样化；重组策略则可以帮助问题解决者增加系统自由度，选择重组策略后，在概念生成阶段，应该使用分割及系统依赖改变。

（三）概念生成

在概念生成阶段，问题解决者可以选择一种或多种概念生成工具，获得不同的问题解决方案。SIT 提供了 5 种概念生成工具，这些工具来源于 TRIZ 的 40 个发明原理，但是去除了问题针对性过强和很少使用的原理，组合了相似的原理。5 种概念生成工具的含义及操作步骤如下所述。

1. 去除

去除产品中看似最本质和最不可缺少的组件或属性。对于电视机，显示图像是必不可少的功能，利用去除概念，得到没有显示屏幕的电视机，利用功能跟随形式的原理，为产品寻找市场，可以用于不能观看图像，但又不想错过节目的场合，如轿车上。此外该电视机还可以提供给不需要图像的盲人"听"电视，从而降低了盲人购买电视机的成本。

2. 多用性

在产品中添加该产品中已经存在的组件的一个或多个副本，但必须对副本做适当的修改，以满足 SIT 中的质量变化条件。应用这个工具的经典例子就是吉利的双刃剃须刀。通过加入一片刀片，并改变该刀片的角度来撑起胡须，另一片刀片就能将胡子刮得更加干净。

3. 分割

依据时间或空间将产品或其中的某个组件打散后重新排列。分割可以采取几种不同的形式：物理分割，简单将一个产品分成两半；功能性分割，按照组件执行不同的功能将产品分离；保留分割，产品分割的任何一部分都保留了整体的特性。功能性分割是产品创新的源泉。

4. 功能合并

给已经存在的组件安排一种新的要执行的功能，实现一个组件执行多种功能。功能合并的经典例子就是汽车挡风玻璃上的除霜装置，通过分配给它另一个任务——无线电接收器，汽车厂商就可以去掉车体上单独设计的长而不美观的无线天线。

5. 属性依存改变

在产品中创造一种新的属性，或者改变已经存在的属性。比如说一副眼镜，本来镜片的颜色和外部的环境没有关联。如果创造一种属性关联，如通过设计一种镜片，其颜色因太阳光的照射而发生变化，那么顾客就不需要针对夏天专门购买一副太阳镜。

三、SIT 结构介绍

在 SIT 可以分为五个层次，即工具、原理、引导、项目管理和组织创新，我们用洋葱图来分别描述这五个层次（图 3-10）。

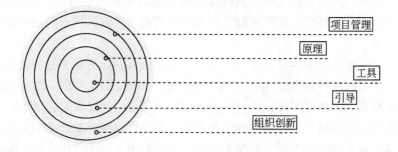

图 3-10　SIT 结构图

在整合五个层次的专门技能后，使得这种方法能够横跨各种各样的问题和活动，支持企业成为一个真正的创新的组织。

综上所述，SIT 和 TRIZ 最显著区别就在于清晰的流程和精简的工具。SIT 能提供一种便捷的创造性思考方法，该方法可以应用到社会的各个层面：问题解决、新产品开发、市场营销等。此外 SIT 体系使用方法简单，而不需要采用知识库或计算机软件，企业学习及推广的成本较低。但 SIT 解决问题的好坏依赖于问题解决人员知识的广度和深度，问题解决者本身的知识结构会影响问题解决的效果。

第三节　创造力模板简介

一、什么是创造力模板

SIT 创始人 Genady Falkowsky 的学生 Jacob Goldenberg 和 Roni Horowitz，也加入了简化 TRIZ 的研究工作中，其中 Goldenberg 就是创造性模板方法的创始人。Roni Horowitz 则归结出 ASIT（advanced systematic inventive thinking，ASIT）。他将 ASIT 定义为一种源于 TRIZ 的创造性的思考方法，在他的专题论文中阐述了如何将 TRIZ 经过四步演变成 ASIT。通过去除掉问题针对性过强的原理，去除掉很少使用的原理，并组合相似的原理，TRIZ 的 40 种发明原理演变成了五种概念生成工具：功能合并、多用性、分割、非对称、移除物体。因为 ASIT 和 SIT 并没有本质的区别，所以这里不再作详细的介绍。

创造力模板方法是经过 Jacob Goldenberg 和 David Mazursky 以及他们的小组成员经过多年的研究，从数年来成功的突破性产品设计中总结出来的一种模板方法，并于 2002 年正式公开发行。这种方法在某种程度上可以作为开发突破性产品设计领域里的专门方法之一，它的运用将会更好地启发创造性、突破性思维。创造力模板方法在概念上和阿奇舒勒努力揭示的创造性解决技术问题背后的逻辑模式相一致。

创造力模板是产品本身所蕴涵的密码，也是观察到产品演变趋势的密码。因此这些模板很可能被用在创造性思维的框架中。在产品前后版本之间变化的背后，是模板明确的操作顺序，这也使得建立一个处方式的开发过程成为可能。

该方法的应用对象是市场中的已有产品，其关注点在于对产品的主要功能和辅助功能的开发和改进。创造性模板方法与其他创新方法如 TRIZ 和头脑风暴法相比，具有目标强、易操作、简约和高效的特点。该方法首先分析已有产品包含的信息，包括固有信息和环境信息，通过在这些信息之间强制建立连接，帮助设计人员在产品改进时提供思路并激发创意，以达到开发市场需求信息还未出现的新产品。根据机械产品功能结构复杂的特点，将产品信息进行分层描述，依据创造性模板法的要求，建立了以内部特征和外部特征为基础的信息模型，通过应用创造性模板方法，产生新产品设计方案，为机械产品设计者进行产品改进设计提供了一条新途径。

二、创造性模板方法

创造性模板方法主要有四个模板：属性依存模板、替换模板、去除模板、组件控制模板。

（一）属性依存模板

属性依存模板就是在产品的不相关的两个属性之间建立关联。属性依存将两个之前无关的变量联系在一起，这种链接表现为一种阶跃函数，即在需要的某点处，在两个不相关的变量之间创建相关。

其目的就是为两个独立的变量创造一个新的链接体，从而形成新的产品。如图 3-11 所示，描述两个独立变量的图形有一个非 0 的斜率（$Y \neq$ 常数），其图形从一条直线（变量间没有相关关系）变化到一个阶跃函数。数学上，这个函数是个分段函数：$Y_1 = $ 常数，$Y_1 = Y(X)$。

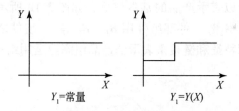

图 3-11　变量相关图

为了便于寻找变量之间的联系，使用矩阵来分析产品，预测产品的发展。如表 3-3 所示预测矩阵的列由内部变量 X 组成，表示自变量；行由内部变量 X 和外部变量 Y 共同组成，Y 表示因变量。

表 3-3　预测矩阵

	X_1	X_2	X_3	X_4
X_1	×	0	0	0
X_2	0	×	0	1
X_3	0	0	×	0
X_4	0	1	0	×
Y_1	0	0	0	0

矩阵中的每个方格，称之为矩阵单元。将上面预测矩阵中的矩阵单元做了标记：行变量与列变量相同的方框，都不予讨论，并打上"×"；当两个变量之间已经存在属性依存时，给这种模型标记为1；两个变量之间没有属性依存时，标记为0。

对于标记是0模式的矩阵单元，可以尝试在它相对应的变量之间产生新的联系，进行属性依存。

预测矩阵可以新产品进行创新储备，甚至在实际的市场步骤前，为新产品的生成以及新产品推向市场制订计划策略。这种"从容不迫"的准备为设计者提供了选择行动的模式，从而可能及时地领先于竞争对手。

（二）替换模板

替换模板是将产品中的一个固有组件从组态中移走，但是被移走组件和其他组件之间的链接仍然保留，这样产生了一个悬挂的链接，然后标记出与被移除的组件具有相似特征和功能的外部组件列表，将适合的外部组件与失去组件的功能相链接，产生了新的方案。

产品组态图来可以表示产品的基本信息，如图3-12所示产品组件用圆圈表示（如内部组件 A_1、A_2 等，外部组件用 B_1、B_2 等），组件之间的连接用箭头来表示，这样得到了用特征和链接来表示的产品组态。运用组态图来表示替换模板如图3-13所示。

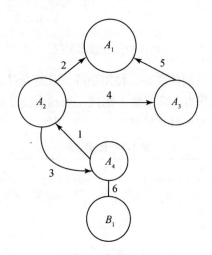

图3-12　产品组态图

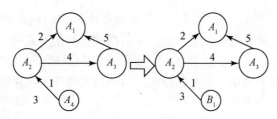

图 3-13 替换模板

（三）去除模板

如图 3-14 所示，去除模板就是将产品中一个组件同时还有它的所产品功能链接一起从系统中去除，从而创造出一个新的产品，瞄准一个新的市场。

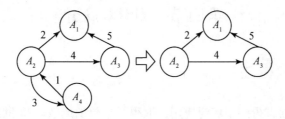

图 3-14 去除模板

（四）组件控制模板

组件控制模板的基础是识别外部组件和产品组态之间的负面链接。首先选择产品的外部组件，然后寻找被选组件和产品组件之间存在的问题，通过建立新的链接来消除。该模板的特点在于产品的一个内部组件和它的环境中的外部组件之间建立了新的链接，如图 3-15 所示。

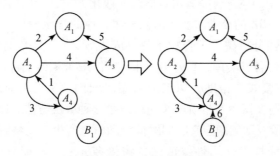

图 3-15 组件控制模板

TRIZ 和创造力模板方法之间的主要区别在于提出的模式或者模板的数量及其简约上。阿奇舒勒开发了许多模板，我们发现能够揭示成功新产品创新的主要模板数量仅仅为 5 个。这个数字反映了受限范围的原理，更加容易处理。另外，阿奇舒勒把他的努力集中在解决问题上，而创造力模板则关注市场环境中的新产品和服务。

在构思的背景中，稀缺理论认为几乎每一次寻求想法的发展过程，都可能产生某些普遍的主题。创造力模板方法主张创造性行为的相当大部分被这些抽象理论、基本方案所指导，甚至当创造性过程包括一个自由产生想法的过程的时候，我们仍然可以用创造力模板来定义。这些模板作为"吸引物"，或者是自组织系统（如大脑），是新想法形成期间要努力遵循的途径。

第四节　USIT 简介

一、USIT 概述

SIT 方法在西方得到了广泛应用，取得了卓越的成效。20 世纪 90 年代以来，数以百计的利用 SIT 解决技术、广告、市场推广及新产品开发的课程和研讨会在以色列及其他国家相继举行。1995 年福特公司引进了 SIT，Ed Sickafus 将原本的 SIT 方法修改为 USIT（unified structured inventive thinking）即统一结构化创新思考。1999 年，USIT 被日本引进，中川彻将 USIT 做了进一步的扩展。与 SIT 相比，USIT 概念生成阶段的五个引导工具做了修改，根据对象—功能—属性分别应用了相应的工具进行针对性的创新思考。五个概念生成工具分别为：属性次元方法、复杂对象方法、功能分配方法、概念合并方法和概念一般化方法。与 SIT 方法不同，USIT 中的概念合并方法、概念一般化方法，专门用来打破思维定势。

Filkovsky 从 TRIZ 的小人法发展出粒子法，他的学生罗尼·霍罗威茨又发展出闭世界法和定性分析图，配合粒子法，成为 SIT，并且与戈登伯格一起传授 SIT。而后 SIT 方法传到美国，1995 年福特公司 Sickafus 博士将 SIT 进行结构化形成 USIT 模式，该模式能帮助公司工程师短时间内（3 天培训期）接受和掌握 TRIZ，为实际问题在概念产生阶段快速地产生多种解决方法。USIT 将 TRIZ 设计过程分为 3 个阶段，即问题定义、问题分析和概念产生，它将解决方法概念的产生简化为只有 4 种技术（属性维度法、物体多元法、功能分配法和功能转换法），而不需要采用知识库或计算机软件。Sickafus 的 USIT 的流程如图 3-16

所示。

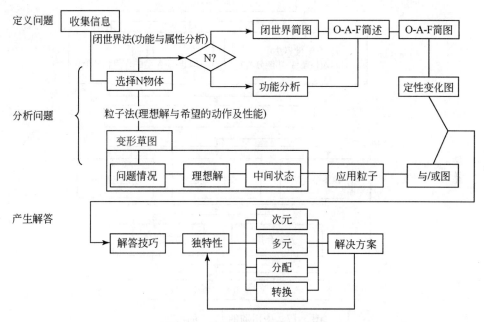

图 3-16 Sickafus 的 USIT 的流程

其后，日本学者中川彻将 TRIZ 矛盾矩阵的创新原理、76 发明标准解与技术演进规则这三项 TRIZ 技巧整理在 USIT 的五项解答技巧内（独特性、次元、多元，分配、转换），并且将五项技巧与时间、空间矛盾的概念重新归类为五项技巧，试图借助 USIT 较简单清楚的流程来帮助 TRIZ 用户。

中川彻重新归类成五项技巧后，提出改变后的流程图如图 3-17 所示，仍是三个阶段。

物体、属性、功能是 USIT 方法的基本概念，USIT 方法使用这三项概念来辨认需要创新的问题里的一切事物。

物体必须实际存在，占有空间才能称作物体。在 USIT 方法里，需要创新的问题被视做一个待改善的系统，由许多物体组成。每一个物体都有许多属性，属性是附属于物体的特征，如热能、形状、重量、强度，属性只是特征的类别而不包括量值。能影响属性量值的动作是功能，如支撑动作，此动作改变被支撑物体的位置，位置就是物体的属性。

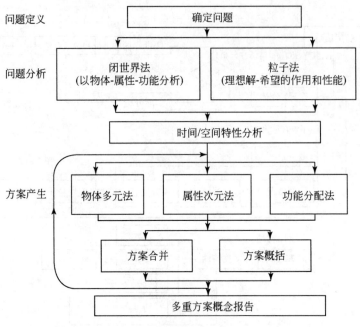

图 3-17   中川彻的 USIT 的流程

二、USIT 方法定义问题阶段

在定义问题阶段，用户要收集信息与描述问题。用户所收集的信息应该要找出问题的目标需求或应排除的效应，问题的根本原因，以及组成问题的物体，并且要舍去过滤器的信息。描述问题要使用 USIT 的基本概念：物体、属性、功能，最好能有一张简图。

目标需求或者应排除的效应就是问题里有某一个物体附属的属性应该到达某种状态或数量，或者不该是某种状态或数量。目标需求或者应排除的效应可能有不止一个，又相互关联，使用者必须选定其中一个作为解决目标，等第一个解决后再解决其他。如果第一个问题解决会衍生许多新的问题，仍然只选定其中一个来解决。

使用者在成功定义问题以前，往往只能看到问题表面的症状。例如，有一个问题叙述如下：染料从热气中通过，染料颜色会变黑，需要避免变黑。这个叙述里，没有找出颜色变黑的根本原因，没有成功地定义问题，只是症状。染料颜色改变有许多可能的根本原因，例如，①热气的热能进入染料、染料的衬底或衬底与染料间的化学键三者其一，结果使染料改变颜色；②染料被加热后，与周围空气反应，结果使染料改变颜色；③染料的衬底被加热后，某些成分渗透到染料里，互相反应，结果使染料改变颜色；④紫外光会缓慢使染料变色，而热能使过程加速；⑤热气里的分子与染料反应，或者渗透进染料的衬底或衬底与染料间，在里层反映，结果看似染料变色；⑥入射光缺少某些波长，使染料颜色改变；⑦染料的分子或原子产生电子激发态，结果使染料改变颜色。使用者收集资料必须看穿症状，找出根本原因，舍去不相干的信息。

科技限制条件（如材料、尺寸、蓝图和公差等）、商业限制条件（如专利、供货商、竞争产品和截止期限等）、行政管理限制条件（如预算、交货期限、上级批准等）在此阶段应该特别找出来，暂时舍去。这些限制条件与寻找解答不相关，被 USIT 方法称为过滤器，使用者应该等创新解答完成后才使用过滤器挑选最适合的创新概念解答。因为不符合过滤器的解决概念可能在第三阶段：产生解答里被修改成可行，或者衍生其他可行解答。又或者，现在不符合过滤器的概念，往后会可行。

定义问题阶段结束所产生的问题描述，就是使用者对问题的定义，该定义应该是简单明了，所以尽量减少描述内包含的物体。

描述问题所用的词汇，应该要一般化，尽量将带有科技背景的词汇换成仍保留物体功能而意义更广泛的普通词汇。例如，在问题只考虑三相变化时，冰块可以用固体代替。在搬移压榨机的问题里，压榨机没有发挥功能，只有重量属性发挥作用，压榨机可以用带有重量的物体来代替。使用一般化的普通词汇更能集中焦点概念，也有助于使用者去联想与问题本质相似的现成解决概念。

描述问题能附带简图，将其与简单明了的问题描述互相参照，会让使用者更清楚问题，不过没有简图也可以。简图就是以最简单的图形表达问题核心，近似漫画，不必与实际尺寸相近。

三、USIT 方法分析问题阶段

在分析问题阶段，可以采用闭世界法或粒子法两者之一，能都用则最好。

（一）闭世界法

闭世界法使用物体、属性、功能的概念来分析问题的现有系统。首先，产生闭世界图来厘清系统的现有设计，其设计如何由组成系统的物体个别发挥功能来达成主要功能。其次产生物体—属性—功能描述及物体—属性—功能图来厘清物体的个别属性是如何影响问题的目标需求或应排除的效应。最后，产生定性变化图表达目标需求属性与其他的物体属性或功能之间的数学关系的趋势，来厘清属性或功能之间影响，尝试提供新观点。

闭世界图是使用物体、属性、功能的概念来辨认问题的现有系统后，找出组成现有系统的所有物体，画出图形来表达物体互相以功能连接，厘清组成系统的物体如何个别发挥功能来达成主要功能。虽然在定义问题时使用一般化的词汇来描述问题，在辨认问题的现有系统来准备画出闭世界图时，为了厘清系统的现有设计，仍先保留现有系统里物体的原本名称。因为首要目的是先找出组成既有系统的所有物体。闭世界图的架构范例如图 3-18 所示，有许多层，第一层只有一个，往下如同树枝状展开。

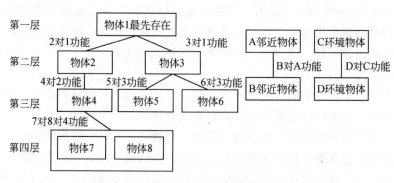

图 3-18　闭世界图的架构案例

（二）画闭世界图的规则

（1）物体画成方块，而功能画成连接物体的线。

（2）画在第一层的物体 1 一定是达成问题系统主要功能的物体，所以第一层只会有一个物体，此主要功能也就是问题的目标需求或应排除的效应。同一系统如果有数个不同的问题，因为每个问题的目标需求或应排除的效应不同，应该选择不同的物体为第一层的物体 1。举例来说，一支圆珠笔如果有书写忽细忽粗的问题，需要墨水流出量保持固定，该问题中发挥主要功能的是墨水，墨水该放在第一层物体 1。然而问题如果是圆珠笔的笔帽太松常掉，需要笔帽扣紧笔，笔帽该放在第一层物体 1。实际上，笔帽的功能在于保护笔尖，如果问题叙述换成笔尖需要避免碰撞，放在第一层物体 1 该是笔尖的钢珠。

（3）画在下层的物体是动作在上层物体之属性的物体，也就是提供功能给上层物体的物体，如第二层物体功能作用在第一层的物体 1，第三层功能作用在第二层，层数没有限制。下层物体与上层物体应该有实体碰触。

（4）在第一层以外的其他层，如范例中第二、三、四层，不限制有多少个物体。

（5）如果某几个物体必须在一起发挥功能，称为联合物体，在图形中要被画成框在一起，如范例中物体 7 与物体 8。

（6）如果系统中某些物体的功能无关于系统达成主要功能，称为邻近物体，不画在阶层中，只画在右边，如范例中物体 A 与 B。仍以圆珠笔为例，一支圆珠笔如果有书写忽细忽粗的问题，需要墨水流出量保持固定，然而笔帽的功能无关书写，笔帽就是邻近物体。

（7）如果系统达成主要功能时某物体一定存在，该物体却又不是组成系统的物体，不受系统设计者的控制，称为环境物体，不画在阶层中，只画在右边，如范例中物体 C 与 D。仍以圆珠笔为例，一支圆珠笔如果有书写忽细忽粗的问题，需要墨水流出量保持固定，然而笔书写必定在纸张，或某物可以沾墨水的表面上，系统设计者不能控制被笔书写的物体，纸张就是环境物体。

（8）每一个物体在闭世界图中只能出现一次，而且只能属于一个上层物体，虽然常见到一个物体同时有两个以上功能分别作用在不同物体，但在闭世界图中仍必须选择其中一个最重要的功能的受作用物体作为上层物体。

即使是同一问题，闭世界图画出来的结果也不是唯一的。同一问题系统由哪几项物体组成，不同人可能会有不同见解；同一物体的名称可能选择不同词汇；物体间的功能也可能有不同见解；描述同一功能可能选择不同词汇。然而，不同的闭世界图很难说有优劣之分，因为都可以用来产生解答概念。尤其不同闭世界图采用某些不同而又相似的词汇时很难说有优劣之分，因为语言中本就有同义异辞。

物体—属性—功能描述及物体—属性—功能图使用物体、属性、功能的概念来分析记录物体的属性间的功能联结，按照用户对根本原因收集的信息，厘清物体的个别属性是如何影响问题的目标需求或应排除的效应。功能的定义是能影响属性量值的动作，USIT 的物体—属性—功能描述认为任一功能都是由两个属性共同对第三属性量值发挥影响。物体、属性、功能都可以重复出现。用户对根本原因收集的信息可以按照此一观点整理成格式如表 3-4 所示。

物体—属性—功能描述完成后可以画成物体—属性—功能图，格式如表 3-5 所示。

每一个丁字形代表一个物体—属性—功能描述，横笔的两端是合并而产生功能的两个属性，一竖的结尾指向被功能影响量值的属性。

表3-4　物体—属性—功能描述格式

合并				功能	物体	被影响属性
物体	属性	物体	属性	（"to ___"）		
物体1	属性	物体1	属性1	功能1	物体1	属性1
物体2	属性	物体2	属性2	功能2	物体2	属性2

　　闭世界法的最后一步是定性变化图，简称 $Q\text{-}C$ 图。$Q\text{-}C$ 图在 $X\text{-}Y$ 平面上，以目标需求属性作为 Y 轴，其他的物体属性或功能为 X 轴，表达目标需求属性与其他的物体属性或功能之间的数学关系的趋势，来厘清属性或功能之间影响，尝试提供新观点，如表3-5所示。

表3-5　物体—属性—功能图格式

属性	属性1	属性2	属性3	属性4	属性5	属性6	功能
物体							
物体1							
							功能1
物体2							功能2
物体3							功能3
							功能4

　　属性或功能间的数学关系原本不一定是线性关系，可能是任何类型的数学关系，画在 $X\text{-}Y$ 平面上不一定是直线。$Q\text{-}C$ 图只需要画出关系式的趋势，也就是只要画出是相互矛盾［图3-19（a）］、同增同减关系［图3-19（b）］或无关系［图3-19（c）］三种类型其中之一就可以。$Q\text{-}C$ 图的 $X\text{-}Y$ 轴都没有刻度，只标示趋势。

　　问题中的属性与功能众多，借助 $Q\text{-}C$ 图可以提醒用户留意所有属性与功能间的趋势，避免遗漏。图3-19中虚线是想象在问题解决后目标需求与 X 轴的属性或功能的趋势，一并标示可以提示使用者问题解决后的理想状况。

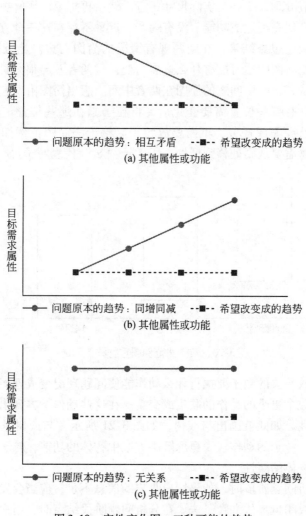

图 3-19　定性变化图：三种可能的趋势

（三）粒子法

粒子法是阿奇舒勒的小人法的改良版，先想象问题解决后最理想的样子，再想象从问题现有的情况如何一步步进展到问题解决后最理想的样子。每一步步骤都需要将粒子的动作拆解成适当的概念动作，然后想象粒子完成动作应有的特性。

粒子法先画问题现有情况的简图。如同定义问题阶段描述问题用的简图，粒子法的简图近似漫画，不必与实际尺寸相近。然后再想象问题解决后最理想的样子，使用者应该从完美达成功能、没有耗费、近乎不存在这三个方向去想象，然后以画简图来表达想象结果，在问题现有情况的简图右边。比较两个简图的差别，思考左图变右图中途可能有什么进展与变化，两者差异很大时，要思考可能经过哪些中间状态，画中间态的简图在两者中间。想出简图由现有的情况到最理想的样子之间，有哪些位置需要变化后，将粒子画在那些位置。在最理想的样子，粒子应该已经完成任务，不需要放粒子。粒子法简图范例如图 3-20 所示，此问题是某重物需要从高处移到低处，用叉号"×"代表粒子。

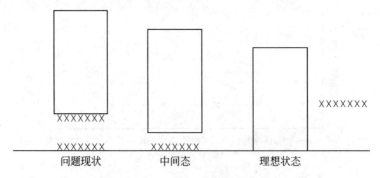

图 3-20　粒子法范例图重物移低问题

接着思考放上去的粒子要执行什么动作能使问题现况变成理想状态。然后将此动作分解为数个更小的动作的联集或交集。在这些动作下方列出粒子执行这些动作应有的特性。如此就画出与或树，如图 3-21 所示，与或树越宽越深，代表得到越多结果。粒子的动作代表概念解决方案中物体的功能，粒子的特性代表概念解决方案中物体的属性。

在进行分析问题阶段时，如果用户收集的信息不足，应当会发觉还需要哪些信息，才能完成闭世界法和粒子法。在分析问题阶段结束时，用户所收集的问题信息应该已经转化成闭世界法和粒子法的记载形式，从而得到某些能解决问题的灵感，或者某些还有所欠缺的灵感。灵感可能出现在闭世界图、物体—属性—功能描述、物体—属性—功能图、定性变化图任何一个步骤中，这些特别设计过的格式能集中使用者的注意力，所以解答随时可能产生，未必等到第三阶段才有解答。

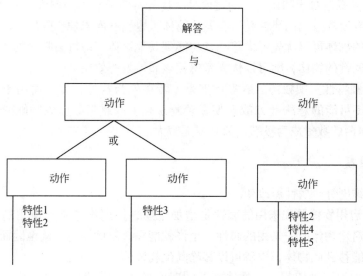

图 3-21　与或树的架构范例

四、USIT 方法产生解答阶段

在产生解答阶段，使用者运用 USIT 提供的五个解答技巧，配合分析问题得到的灵感去寻找解答。虽然在第二阶段可能已经寻找到解答，或者在第三阶段用某一项技巧很快找到解答，但 USIT 方法建议继续运用技巧寻找更多解答直到找不到为止，也许会有更好的解答。USIT 提供的五个技巧是独特性、维度、物体数、改变功能分布和转化，Sickafus 建议优先使用独特性。

1. 独特性

独特性针对问题时间或空间的特征，或者其他特有的特征关系；另外，独特性还包含一项关于物体属性的建议，以及三项独特的解答计谋。

（1）寻找问题的时间特征可以从时间、先后顺序、周期性、速率；找寻空间特征可以从空间、先后顺序、周期性、形状。以上字眼，或是这些字眼的类似字、隐喻都是找寻特征的方向。找到以后可以针对时间相关性或空间相关性引入、增加、减少、移除、改变、控制。

（2）其他特有的特征关系是某些问题独有的特征，如水的密度在温度4℃时最大，是水独有的特征，其他液体没有。

（3）独特性对于物体属性的建议是：优先寻找只有单一属性有效用的物体，或者寻找有发挥效用的属性是否在其他物体上也具有而未发挥效用。只有单一属性有效用的物体可以优先考虑移动其功能到其他物体，即可去除该物体。具有未发挥效用属性的物体，则可以优先考虑使该属性发挥效用。

（4）独特性三项独特的解答计谋是：转害处为益处；故意使用矛盾而产生原本应该不可能的想法（如故意使系统复杂化、故意想象应该坚硬的东西为柔软）；让东西的数量成为极端，如0或无穷大。

2. 维度

利用维度针对属性做改变。

（1）启用物体原先未用的属性是增加维度，停用物体原先使用的属性是减少维度。启用物体原先未用的属性，也许就能发挥新的功能，甚至因而能把其他物体的功能移到此物体，也就可以移除其他物体而简化系统。

（2）对时间做切割，让物体在不同时间发挥不同功能，也是增加维度，同样可能简化系统。

（3）以属性取代属性也是维度技巧，也就是停用物体的一个属性而启用另一个属性来取代功能，例如用时间属性取代空间属性，或者用线性属性取代角度属性。

3. 物体数

物体数针对物体的数目做改变。将物体复制许多个，或是分割成许多个，或是变成零个或无穷多个，再来想能以什么方式执行原先功能。

（1）原先物体的属性可以重新分配在复制过后的众多物体或分割过后的众多物体上。

（2）原先物体的功能也可以重新分配，还可以分配发挥功能的时间。

4. 改变功能分布

改变功能分布针对功能的来源物体作改变。分布是将功能集中到少数物体或者重新分配到许多物体。达成的方法包括在以下情况让同样的物体发挥多种功能。

（1）不同/相同时间；

（2）空间中不同/相同点；

（3）同一物体的不同/相同位置。

5. 转化

转化针对属性—功能—属性的相互影响作用，而功能就是能影响属性量值的动作。解决问题的解答都可以想象成一条功能—属性的链。形式是"属性"、"功能"、"属性"，…，"功能""属性"。问题的必定由某个属性开始，当做链中第一个属性，问题的目标需求就是这条链最后的属性。用户先决定使用什么作为链中的功能，再选择可以连接这些功能的属性，完成整条链。

中川彻重新归类成五项技巧是：物体改变方法、属性维度方法、功能分配、方案组合和方案概括，并且替五项技巧做出次法则，如表 3-6 所示。中川彻、Kosha 和 Mihara 又将 TRIZ 矛盾矩阵的创新法则、76 发明标准解与技术演进规则对这些技巧对应归类。从 TRIZ 法则本身已有的范例，借助中川彻等的对应归类，可以更清楚地理解 USIT 技巧的意义。

表3-6　USIT 产生解答的技巧

1. 物体多元法	2. 属性维度法	3. 功能分配法	4. 方案组合法	5. 方案概括
a. 消除	a. 撤销有害的	a. 再分配到一个不同的物体	a. 功能组合	a. 联想思维概括/列举方案
b. 增到 2，3，…，无穷大	b. 激活有用的	b. 分离复合功能并且分别分配它们	b. 空间组合	
c. 分成 1/2，1/3，…，1/无穷大	c. 增强有用的或抑制有害的	c. 联合多重功能	c. 时间组合	b. 构建等级系统的方案
d. 联合	d. 引入一个空间属性或在空间变化	d. 引入一个新的作用	d. 结构组合	
e. 引进或修改		e. 在空间改变功能，利用空间-相关的功能	e. 在原则水平的组合	
f. 从环境引进	e. 引入一个时间属性或时间变化	f. 在时间改变功能	f. 在超系统水平的组合	
g. 从固体到粉末/液体/气体		g. 探测/测量功能		
		h. 增强适应/协调/控制		
		i. 一项不同的物理原则		

第五节　USIT 方法的特色与优缺点

USIT 不能取代其他的问题解决方法，它只是扩大使用者解析工具的额外技巧。USIT 提供的解答是概念解答，可作为创造的起点。有时候，科技人员面对的问题是要替换掉某个大系统的一小部分，必须找到符合原本限制而提供相同功能的解答，所以，USIT 方法针对功能做分析，而且认定问题系统的整体功能就是要完成目标需求或排除应排除的效应两类功能。

USIT 比起 TRIZ 的物理矛盾、技术矛盾与物质—场这三项分析技巧，USIT 在第二阶段的问题分析可以容纳更多分析信息，用户会更细微地注意到系统里的每一物体、属性与功能。物体—属性—功能描述、物体—属性—功能图及定性变化图都是特别设计过的格式，按照这些格式去容纳分析信息，有助于用户发觉系统中哪些物体—属性—功能需要变化，以及这些变化应该是什么变化才能达成目标。然而使用者完成 USIT 问题分析后，使用者不会立即发觉上述变化，USIT 只是从旁辅助，使用者能不能想到，凭借的是灵感。TRIZ 矛盾矩阵力求能够立即给予使用者 40 发明法则其中几项，使用者从发明法则立刻知道该有什么变化，只是还不知发生在系统的哪里，这是与 USIT 不同的。

USIT 方法的闭世界图画出来的结果不是唯一的，即使是同一问题。同一问题系统由哪几项物体组成，不同人对此会有不同见解。同一物体的名称可能选择不同词汇。物体间的功能也可能有不同见解。描述同一功能可能选择不同词汇。然而，不同的闭世界图很难说有优劣之分，因为都可以用来产生解答概念。尤其是不同闭世界图采用某些不同而又相似的词汇时就更难说有优劣之分了，因为语言中本就有同义异辞现象存在。词汇是 USIT 方法被不同人使用而得到不同结果的关键因素。定义问题也可能使用不同词汇。

Sickafus 在著作序言提出 USIT 方法具有足够的普适性，可以应用在各领域的科技问题。USIT 的五个解答技巧都不包含技术知识，力求广泛适用于各学门。五个解答技巧只是指出系统内的物体、属性、功能可以有哪些变化，应该是什么变化才能达成目标从问题分析去决定，而且这些变化必须由使用者凭借自身知识技术来落实。

思 考 题

1. TRIZ 方法在未来的发展趋势会怎么样？
2. 你认为对 TRIZ 方法所做的改进和完善主要是从哪几个方面进行的？

第二篇　技术创新方法应用

|第四章| 技术创新方法国际比较

第一节 美国技术创新方法发展概况

一、历史回顾

美国是一个政治、经济和科技大国，这一地位在很大程度上是由于美国多年来通过保持其技术经济优势、增强国际竞争力而获得的。最近几年来，面对全球竞争格局的变化，特别是印度在经济领域所表现出的活力以及技术进步，美国政府部门、国会、产业界、研究机构感到必须加强美国的创新才能应对全球竞争的挑战，并对如何加强美国创新能力提出了许多政策建议，这些建议正在影响美国的创新战略和创新政策。

美国创新战略的总方向是，加强人才培养，提高学生的数学和科学知识；改善科技研究的基础设施；立足于美国在知识创新领域的优势，在科学方面继续支持基础研究，保证美国在主要的科学领域居于领先地位，并在部分领域保持明显的领导地位。在技术领域，联邦政府同私营部门共同合作以建立强有力的国防、医疗卫生和环境保护的产业。

两个多世纪前，同技术先进、经济发达的宗主国英国进行的战争使美国政府认识到，迅速提高制造业技术水平不但是经济发展的需要，也是国家安全独立的需要。在联邦政府正式成立两年后的 1791 年，时任财长的汉密尔顿在著名的关于《制造业的报告》（*Report on Manufactures*）中呼吁通过关税政策支持美国本土企业，以建立与欧洲的经济均势，并实现产业自主。到 20 世纪初，美国已经成为世界经济大国（人均 GNI 在 1913 年超过英国），在大规模生产行业，美国企业的生产率全球领先，并且在制造业领域尤为突出。

美国在产业领域中的优势在很大程度上是由要素条件、企业组织创新和公共政策所决定的。首先，美国拥有丰富的资源，同时具有巨大规模的国内市场；其次，美国企业在生产组织上的创新，主要是采用泰勒的科学管理方法和福特的大规模生产方式；另外还有一个不容否认的事实是，美国自 1860 年内战以来一直实行的高关税，使美国国内的巨大市场得到保护，欧洲企业难以进入，支持了美国本国企业的快速发展。这一时期，美国在非电动机械、钢铁、汽车等行业有较强的竞争力，但这些产业都不是以有组织的科学研究为基础的。欧洲国家特别是德国的化学工业长期领先于美国，其原因之一就是这些国家在生物和化学领域的基础研究超过美国。美国在第二次世界大战后才在基础研究方面开始赶上欧洲，一个标志是，在美国累计获得诺贝尔物理学奖和化学奖的获奖人数，在 20 世纪40 年代超过法国，20 世纪 60 年代超过英国、德国（Nelson，1996～2000）。自20 世纪中叶始，美国已经无可争议地成为全球创新能力最强的国家。

美国竞争力理事会是成立于 1986 年的一个非政府论坛性组织，其成员由 20余名大企业 CEO、名牌大学校长和其他实业界领袖人物组成，目的是评估美国的国家竞争力，并就促进经济增长与提高美国人民生活水平提出行动建议。

该组织于 2004 年在一份题为《创新美国》的调查报告中得出这样一个结论：创新是决定美国在 21 世纪成功与否的最为重要的因素。其所提出的"国家创新动力"把"创新"定义为发明与长远眼光的结合点，并由此带来的社会与经济价值。该报告中对创新得以成功提出了 4 个决定因素，分别是创新供应、创新需求、政策环境和国家基础设施。

美国资料表明，美国并未提出技术创新白皮书，也没有特别强调要提倡创新方法，但在美国相关创新教育政策以及教育主管机关之外的单位或谈话中，则可以发现创新的概念和做法已是自然而然地融入其中，如在大多数的评鉴中，创新是必然的指标。

一直以来，美国政府和产业界都把创新视为立国之本，将其作为美国在全球竞争中建立国家竞争力的根本源泉。在 20 世纪，特别是第二次世界大战以后，美国建立和完善了政府、企业、大学各司其职，产品市场、资本市场和企业家市场良性互动的国家创新体系。在冷战时期，美国通过联邦政府在国防、空间、能源、环境、健康方面的持续投资，保证了国防技术的领先，并带动了相关产业的发展。在 20 世纪末的 20 年中，美国为应对日本崛起对其全球经济领先地位发起的挑战而调整了科技政策，通过鼓励政府研究商业化、鼓励合作研究、鼓励民用技术的开发和扩散，实行了产业升级，增强了经济竞争力。在 21 世纪，特别是"9·11"事件后，美国联邦政府不但增加了国防投入，而且增加了国防研究开发的投入。政府、企业界和大学对新时期美国如何通过促进科技发展保持国际竞争力和保障国家安全进行了深入的讨论和对话，并逐渐形成了一些共识。反映这种共识的一个有代表意义的事件，就是美国总统布什在 2006 年提出的"国家竞争力行动计划"。

冷战时期，美国的经济科技地位受到来自前苏联、欧洲和日本等地区和国家的巨大挑战。随着国际形势的缓和及知识经济时代的来临，美国抓住机遇，率先建立了比较完善的国家创新体系，维持了其经济、科技大国的地位。

二、发展现状及取得的成效

苏联解体后，随着一些前苏联 TRIZ 专家移民美国，TRIZ 理论进入美国，TRIZ 在美国诸多知名公司开始推广并取得了一定成果。

TRIZ 在美国的很多跨国企业得到了广泛的应用，如全球知名的 Intel 公司，就在美国、以色列、马来西亚、哥斯达黎加、爱尔兰等地设立了专门的系统创新研发团队和科技办公室，这个创新团队是专注于 TRIZ 的研究和开发工作的。在 2008 年日本举办的第四届 TRIZ 年会上，来自 Intel 以色列分公司 TRIZ 系统创新团队的领导人，总工程师 Amir Roggel 和大家分享了题为《TRIZ 能否在大型和中型企业中起到作用，Intel 的见证》的报告。在 Amir 的分享中，我们看到了 TRIZ 创新在 Intel 全球研发团队中取得的成果。

TRIZ 在 Intel 的各个部门都得到了广泛的应用，从 1996 年开始，TRIZ 作为一项创新理论就开始在 Intel 的创新中心进行应用，并取得了不错的成果。例如 1996 年，两个应用 TRIZ 的科技研发项目"Sputnik"和"Bubbles"获得成功。1998 年，TRIZ 被引入 Intel 的 Assembly Technology Development 和 Flash Business；2002 年，Intel 在其 Assembly/Test 部门成功地举办了第一个 TRIZ 学习班；2003 年成功举办了 Fab/Sort 工厂的 TRIZ 理论学习班；2004 年，TRIZ 理论传到了 Intel 的更多部门，并得到了广泛的应用；2005 年，学习 TRIZ 的热情更是高涨，Intel 成功地举办了 2 级和 3 级国际认证学习班，部分工程师和研发人员获得了 MATRIZ 2 级和 3 级的国际认证；2006 年，MATRIZ 1 级和 2 级的国际认证课程和考试在 Intel 内部得到了推广。

TRIZ 理论作为研发工程师的工具，在研发过程中起到了相当重要的作用，TRIZ 理论为 Intel 的研发团队不仅节省了研发时间，更节约了大量的研发费用。

TRIZ 理论在波音公司的发展举例如下。2000 年，450 名波音工程师，接受了 25 名前苏联 TRIZ 专家为期两个星期的培训，解决了困扰波音 767 加油机研发团队长达三年的技术难题，2001 年波音公司战胜空中客车公司，赢得 15 亿美元空中加油机的订单。

　　TRIZ 为波音的创新文化增添了新的元素，来自波音众多分部各个领域的500 多名技术人员参加过 TRIZ 培训，参加过培训的许多人都表示需要"更进一步"的培训，以便有信心和能力将 TRIZ 用于平时遇到的问题。就像鱼儿离不开水一样，有些参加过培训的人员已经把 TRIZ 当做不可或缺的重要工具，他们会深入地自学 TRIZ，因为当充分应用或在某个层面上应用 TRIZ 时，他们会获得满意的结论和/或思想，进而提出可行解决方案。

　　由于迄今为止在波音接受 TRIZ 培训的人员很有限，因此 TRIZ 在庞大的波音公司中远未达到普及的程度，然而，就是这些并不算多的人员，已经为波音节省了大量的研发费用，并吸引了众多的合作项目。

　　目前波音正在进行广泛的内部宣传，向员工们推广 TRIZ。波音借助内部刊物《前沿》杂志等、电子邮件和"波音电视台"访谈节目，向全体员工介绍使用 TRIZ 的一些关键益处，以及迄今为止波音的受益情况。《商业 2.0》、《哈佛商业评论》、Oracle《利润》杂志及其他刊物中的 TRIZ 相关文章，让许多人了解到不仅仅是波音的 TRIZ 倡导者在推行 TRIZ。

　　除此之外，TRIZ 在 GE 集团航空、家电、医疗和全球研发等部门都得到了应用；TRIZ 和创新方法在美国陆军也有多项应用成果。

第二节　以色列技术创新方法发展概况

一、历史回顾

　　以色列是一个有着3000 多年悠久历史的国家，是犹太教、伊斯兰教和基督教的发源地。以色列国土面积狭小，自然资源贫乏，但却依靠科技进步走上了富国强民之路，被世人誉为第二次世界大战后的"世界奇迹"，国家经济不仅取得惊人成就，而且在一些科技领域，例如光纤、印刷电路板、电子光学检测系统、热成像夜视仪、电子光学机器人和电子光学制造系统等领域，达到世界领先水平。以色列之所以能够取得如此的成就，是由于以色列自20 世纪60 年代就开始实施了一系列特殊的科学技术创新方法政策，正是这些科技政策促进了以色列科技的大发展，并最终使以色列走上了依靠科技进步富国强民之路，使得以色列在很大领域处于世界领先地位。一个技术领先的国家和科技创新是分不开的，科技的创新和国家的支持是紧密相连的，TRIZ 理论作为一项重要的发明问题解决理论，在以色列的科技创新中起着不可代替的作用，也是其科技创新理论发展的重点之一。下面就简单回顾一下以色列在科学技术创新方法发展上的一些里程碑。

1949年，以色列建立了中央级的管理机构"科学委员会"，负责制定科技政策，宏观设计研究规划，并把促进军事研究、加强国防建设作为主要目标之一。1959年以色列政府以全国研究与开发委员会代替了科学委员会。在1960年以前，以色列政府对研究与开发的总政策是：统一调控，集中管理，全面布局，以基础研究为主。1960年以后，在经济形势变化、产业结构逐步调整的情况下，对研究与开发工作提出了新的要求，为此以色列政府在多出成果、早出成果的思路下，重点推动应用科学研究。

自1970年代以来，世界经历了一场由于科学迅速发展所带动的技术革命，引起了计算机、机器人、生物技术、激光、电子通信、光学电子和新材料等方面的快速进步。在这些新兴工业里，创新方法的发展显得尤为重要，竞争优势更多地建立在科学技术而非自然资源上。基于这种背景，20世纪70年代初以色列政府开始逐步改革了科技管理过分集中于中央的局面，把管理权下放到各个部，由各部根据自己的实际，制定出可行的政策与目标。在这一思想的支配下，大部分原先由政府资助的研究机构转由有关各部的首席科学家直接领导，各部相继成立了本部门的科技领导机构、首席科学家办公室。由于首席科学家都是本部门最优秀的专家和学者，他们所制订的方案具有创新性、前沿性和科学性，首席科学家办公室不只是一个行政管理部门，也是科技精英的荟萃之地。以色列政府把研究与开发的专项资金分配到各首席科学家办公室，由首席科学家办公室确定详细的标准，并负责具体发放工作。在确定资助对象时，首席科学家办公室所遵循的基本原则是受援企业必须符合以下四个条件：具有发展技术的创新性；具有管理、生产和营销以及新产品的促销策略；能够推出在国际市场上具有竞争力的高附加值产品；具有引进新技术及扩展科技人才的作用。对于入选项目，首席科学家办公室一般可以提供的资助为研究开发成本的50%，对某些特殊项目的资助可高达研究开发成本的66%。

1984年政府又颁布《工业研究与开发鼓励法》，将科技兴国战略用法律的形式固定下来。工业贸易部工业研究与开发委员会负责实施《工业研究与开发鼓励法》，工业贸易部首席科学家兼任该委员会主席。《工业研究与开发鼓励法》规定，如果受资助的项目开发成功，那么头三年应将收益的3%偿还政府，第二个三年每年偿还收益的4%，第七年开始每年偿还收益的5%，直到将通货膨胀率计算在内的全部政府资助款偿还清为止。工业贸易部在促进高科技产业发展方面起了很重要的作用，它扶持了27个技术温箱、工业研究组织的9个研究所和以色列发明协会。

以色列除了在政策上支持技术创新方法的研究外，其中 TRIZ 理论的发展也是其高科技产业发展方面取得成功不可缺少的一个关键因素。在 20 世纪 70 年代，以色列也开始注重发明问题解决理论 TRIZ 的研究，作为一个典型的依靠创新为动力的国家，以色列在创新理论与实践方面都有独特之处。在系统研究前苏联发明家和研究人员创立的 TRIZ 的基础上，以色列科学家提出了"系统性发明思维理论（SIT）"，并在实践中对其不断验证和完善，加以推广应用，这一理论对世界的发明与创新方法学研究产生了一定影响。同时以色列的科学家在经典 TRIZ 理论的基础上，不断地发展和完善，提出了系统进化存在很多趋势的理论，如理想化趋势（idealization）、动态化趋势（dynamization）、协调化趋势（coordination）、集成化趋势（integration）、专门化趋势（specialization）。基于系统的进化定律能确定系统的未来及系统应该满足这些要求的合适功能，也包含了新的系统进化的基本方向，是对传统 TRIZ 理论的重要发展。

二、发展现状

以色列从建国至今，逐步建立了以"政府—高校—企业"为主干的科学技术研究体系。政府主管的研究机构在国家的研究与开发工作中占很大比重，政府对研究与开发也投入大量的资金。据统计，以色列的研究与开发费用的 70% 来自政府财政部门，其余来自各种形式的基金会、企业本身的投资及国外犹太社团的捐助。根据联合国教科文组织 1995 年的统计资料，以色列在民用研究与开发上的投入占 GDP 的 2.3%，比例低于日本、瑞士，但高于法国、美国、英国、丹麦、加拿大和意大利。

通过多年的努力，以色列通过制定相关的政策和法规，积极营造出一个良好的创新环境，建立起促进自主创新活动开展的机制，使得科研人员的创造活动不仅能够得到政府和企业的支持，而且其成果能够较快、较好地转化为生产力，取得实际应用成效。以色列建国以来，一直非常重视对新技术成果的推广和转化活动。以色列农业部早在 40 多年前就已在全国建立起十大农业技术和新品种推广站，帮助农民掌握新技术、使用新品种，至今仍然运作良好。科技部在全国建有 10 个研发中心，着重对生物技术和纳米等新技术进行研发和推广工作。各大公司，如以色列飞机工业公司、TEVA 制药公司等，都拥有实力雄厚的研发队伍和研究中心，直接将研发技术成果转化到生产应用之中。

在以色列所有的综合性研究型大学里，不仅有数目众多的高技术公司，而且专门建立校属研究成果推广中心，并且运作得非常成功。例如，魏兹曼研究院负责研究成果推广的技术转让公司，可以称得上是高校技术推广成功的典范，一个只有 2500 人（包括硕士、博士研究生）的研究院，仅因技术转让得到的收入，在 2004 年就已经超过 1 亿美元，名列世界第二。

TRIZ 理论在以色列也得到了很好的发展。SIT（systematic inventive thinking，SIT）模式原由移民到以色列的 TRIZ 专家 Filkosky 在 1980 年左右创立，目的是简化 TRIZ 以便使其能够被更多人接受。1995 年福特公司 Sickafus 博士将 SIT 模式进行结构化形成 USIT（unified structured inventive thinking，USIT）模式，该模式能帮助公司工程师短时间内（3 天培训期）接受和掌握 TRIZ，在概念产生阶段快速地为实际问题产生多种解决方案。USIT 将 TRIZ 设计过程分为 3 个阶段：问题定义、问题分析和概念产生，它将产生概念性解决方案的过程简化为只有 4 种技术（属性维度化、对象复数化、功能分布法和功能变换法），而不需要采用知识库或计算机软件。但 USIT 解决问题的好坏依赖于问题解决人员知识的广度和深度。

三、取得的成效

作为计算机外围设备的重要组成之一，键盘已经随处可见，目前常见的键盘有如下几种：普通 PC 的键盘是一个刚性整体，体积比较大，不方便携带；美国海军陆战队配备的一种可以折叠的键盘，便于行军中携带；还有一些 PDA 产品，将键盘输入功能设置在其柔性的外包装套上，展开后就成了一个比较大的键盘；现在的液晶触摸屏也可以作为输入设备代替键盘。2005 年，以色列一家公司推出一种虚拟激光键盘，它能将全尺寸键盘的影像投影到桌子平面上，用户在桌子平面上就可以像使用物理键盘一样直接输入文本。

上面提到的几种输入设备基本上代表了过去几十年来键盘的主要发展历程。简单分析一下，可以发现键盘的演变脉络，即从一体化的刚性键盘到折叠式键盘，到柔性的键盘，到液晶键盘，再到激光键盘。如果我们将键盘核心技术的这种演变过程抽象出来，会发现它是按照从刚性到铰链式，再到完全柔性，到气体、液体，一直到场的发展路线，这正是 TRIZ 理论里的进化趋势。

激光键盘只是以色列使用 TRIZ 取得成功的实例之一，我们可以预见，在不久的将来，TRIZ 理论会在以色列取得更加广泛的应用，并且会给以色列带来更多的经济效益。

第三节 日本技术创新方法发展概况

一、历史回顾

日本是一个善于学习的民族，古代日本就通过向中国等当时的发达国家派遣留学生获得了科技和经济的快速发展，在日本战国时期，日本通过与西方列强的贸易引入了那个时代的先进武器——火枪。

1868 年明治维新后，日本建立了强有力的中央集权政府，经过"版籍奉还"和"废藩置县"，废除了长达数百年的幕藩体制。通过推行富国强兵、殖产兴业和文明开化三大政策，明治政府自上而下地实行了一系列发展资本主义经济的措施，初步建成了近代国家。虽然改革没有完全摒弃经济中的封建残余，但是使得既"破旧"又"立新"的日本从此走上了资本主义道路。

明治维新后，日本逐步形成了天皇专制主义的国家体制和天皇制官僚军事机构的专制政治体制，其显著特点就是带有浓厚的对外侵略扩张的军事特性。日本这种近代以来形成的国家性质和特点，决定了其科学技术体制带有明显的殖民地和军事特点。在第二次世界大战前为战争作准备的相当长时间内及战争期间，军国主义思想充塞了人们头脑，一切都服从于、服务于战争的需要，科学技术的发展亦不例外。因此，到第二次世界大战结束时，日本科学技术的发展完全陷入了误区。

第二次世界大战之后，作为战败国的日本在美国的帮助下，立即采取措施恢复科技的正常发展。首先，将几乎所有重工业部门停止运转，对其进行改造，废除战时产业统制诸法令，从而使钢铁、造船、汽车、人造石油等重工业部门大多数关闭或压缩，将原属陆、海军部的 404 个军工厂、505 个重化工厂置于占领军监控之下，进行强制性改造。其次，将许多用于为战争服务的研究机构进行改组，更换其研究项目和内容。例如，将原来的中央航空研究院合并到铁道技术研究院内，解散东京大学的航空研究所，改组为自然科学研究所等。最后，解散有关科研领导机构，清除其中的法西斯军国主义分子，1945 年 9 月，占领当局解散了作为领导全国科技工作的中枢机构——技术院。总之，在战后初期过渡时期，通过占领当局的强制性命令和日本政府的努力，旧的日本科技体制在组织、人事、各项法制机构等方面都彻底崩溃，新的科技体制逐步确立起来。从此，日本科学技术走上了健康发展的道路。

进入 20 世纪 80 年代以后，日本政府开始对其技术创新政策进行重大调整，即走向科学技术立国时期。1980 年，日本产业结构审议会发表了《80 年代的通商产业政策》，把提高创造性的自主技术开发能力作为今后的基本政策，这是日本第一次在官方文件上明确提出了"技术立国"政策。1995 年，日本政府通过了《科学技术基本法》，明确提出了以科学技术创造立国的技术创新政策，自此可以说，日本已经结束模仿欧美技术的时代，进入了真正意义上的技术创新阶段。

二、发展现状

从 1996 年日本开始不断有杂志介绍 TRIZ 的理论方法及应用实例，1997 年夏季日本正式引入 TRIZ，东京大学成立了 TRIZ 研究团体；1997 年起，日本著名的思想库——三菱研究院开始向企业提供 TRIZ 培训和软件产品；1998 年，日本大阪学院大学建立了日本 TRIZ 网站；日本三洋管理研究所成立了日本 TRIZ 研究小组，向企业、大学和研究机构提供 TRIZ 培训和咨询。

2005 年 2 月 1 日由日本民间自发成立了日本 TRIZ 理论研讨会，该会每年举办会议，目前已经成为亚洲地区最具代表性和影响力的 TRIZ 理论研讨活动，每年都会吸引众多不同国家和地区相关领域的专家出席。

目前日本国内 TRIZ 理论的应用已经非常广泛，应用 TRIZ 理论的日本知名企业有很多，包括理光、日立、松下、柯尼卡、富士、日产汽车、三菱等。对 TRIZ 进行研究的日本大学也有很多，包括日本大阪学院大学、山口大学、新潟大学等，这些大学从应用 TRIZ 理论进行教学、TRIZ 理论发展以及 TRIZ 理论与 Lean/6Sigma 在问题求解和激发潜在创造性上的价值对比等角度进行了广泛的研究，并将研究成果在日本 TRIZ 理论研讨会上进行交流。

三、取得的成效

TRIZ 理论在日本迅速发展，许多企业应用 TRIZ 理论解决了许多关于产品设计和完善的技术问题，节省了大量科研经费，这些企业包括理光、日立、松下、柯尼卡、富士、日产汽车、三菱等。例如，理光（RICOH）公司应用 TRIZ 理论解决了新款双面打印机的设计改善问题；日立（HITACHI）公司应用 TRIZ 理论解决了磁记录媒介问题；松下（Matsushita）公司从 2003 年开始尝试进行 TRIZ 理论的学习和应用，从 2004 年便开始组织 TRIZ 理论相关的培训，直至 2006 年逐步展开了基于 TRIZ 理论的实践应用和培训。截至 2007 年年底，日本公司应用 TRIZ 理论的项目已经累计达到 151 项，应用 TRIZ 理论的优秀专利达到 61.8%，明显高于没有使用 TRIZ 平均 48.2% 的比率。

如今我们可以看到，日本实际上已经在消费类电子产品（游戏机、MP3、DVD 等）、半导体、制造业工艺、办公设备和电信设备等领域雄居第一。20 世纪 80 年代末 90 年代初，世界上十大微型芯片公司六家是日本公司；世界十大电子公司中，有五家是日本公司。

目前，在电子技术、生物技术、新材料技术、新能源技术和宇航技术五大高技术领域，日本在前两项技术上已居世界领先地位。基础材料领域也是日本的天下。日本神户炼钢厂、住友金属公司和三菱金属公司联合开发了钛钨硬质合金，这是美国制造机动型控制雷达、制造战斗机和潜艇所必需的材料，因此美国必须向日本购买。

第四节　俄罗斯技术创新方法发展概况

俄罗斯是一个善于发现和创新的民族，从基辅罗斯的成立开始，俄罗斯民族就在政治、经济、文化、技术等领域不断地创新。其中技术创新方法多种多样，比较系统的创新方法研究可追溯到 18 世纪的莱蒙诺索夫（1711 ~ 1765），提出了创新的 15 个要点。19 世纪俄罗斯研究创新理论方法的代表人物为恩格列梅耶尔（1855 ~ 1939），他指出创新的三个步骤：创新的愿望、创新的知识、创新的技巧。到了 20 世纪 40 年代，一位名叫阿奇舒勒（Genrich S. Altshuller，也译为根里奇·阿利赫舒列尔，1926. 10. 15 ~ 1998. 9. 24）的先生研发出了新的创新方法——TRIZ（发明问题解决理论），该理论可以帮助人们提升创造能力、拓展革新思维。经过半个多世纪的发展，TRIZ 理论和方法已经发展成为一套解决新产品开发实际问题的成熟理论和方法体系，如今已在全世界广泛应用，解决了成千上万个新产品开发中的难题，成为企业的制胜法宝。

一、历史回顾

18 世纪俄罗斯技术创新方法系统研究的代表人物为莱蒙诺索夫（1711 ~ 1765），他提出了创新方法的 15 个要点。

19 世纪俄罗斯对创新方法研究的代表人物为恩格列梅耶尔（1855 ~ 1939），他曾是一位工程师、哲学家，1881 年毕业于莫斯科帝国科学技术学院，创办了

"技术"杂志，并担任编辑，从事与创新相关的工作。他于 1909 年任教于车辆制造系，曾撰写过与车辆相关书籍，并与儿子完成了从巴黎到莫斯科的驾车行驶，恩格列梅耶尔的一系列活动在很大程度上促进了俄罗斯汽车制造、电子技术、专利学、技术教育的发展。在创新方面，恩格列梅耶尔提倡用哲学的思维思考技术创新，撰写了《创新理论》，该书于 1910 年出版。这本著作研究的是创新理论，指出创新的三个步骤：创新的愿望、创新的知识、创新的技巧。恩格列梅耶尔认为"创新与哲学是一个不可分割的整体：一方面，技术中包含着哲学基础，另一方面，哲学帮助我们学习技术"。2007 年，时隔近 100 年后，恩格列梅耶尔的著作《创新理论》被再版发行。

20 世纪俄罗斯研究创新方法的代表人物是根里奇·阿奇舒勒，他于 1926 年 10 月 15 日出生于苏联的塔什罕干（今乌兹别克斯坦首都）。阿奇舒勒从 20 世纪 40 年代开始研究、发展 TRIZ 理论，他在阿塞拜疆的首都巴库居住了很多年，1990 年以后他移居卡累利亚的彼得罗扎沃茨克，使得在当地及其他同盟共和国较早地开始应用 TRIZ。

1956 年，阿奇舒勒和沙佩罗合写的文章《发明创造心理学》在《心理学问题》杂志上发表了，书中直接抨击了当时以顿悟为核心的创新思想。1969 年，阿奇舒勒出版了他的新作《发明大全》，在这本书中，他给读者提供了 40 个创新原理——第一套解决复杂问题的完整法则。1970 年他创办了巴库青年发明家学校，即后来世界上第一个专门从事 TRIZ 教学的阿塞拜疆发明创造社会大学，组建了前苏联第一所发明创造学校，并在多个城市创办科技发明社会大学。在 20 世纪 80 年代，此类学校的数量超过 500 个。此外，自 1970 年起，阿奇舒勒开始为中小学生讲授 TRIZ 理论，1970～1986 年，在《少先队真理报》开辟了发明创造专栏。在向 10～17 岁的学生普及 TRIZ 知识的 12 年中，阿奇舒勒研究分析了收到的 50 多万封有关发明问题求解的信件，这在世界上是绝无仅有的。

1974 年，中央科学电影制片厂专门摄制了反映阿奇舒勒在阿塞拜疆创造发明社会学院授课情景的影片《创新算法》。文章、书籍、学校和各种方式的结合，使 TRIZ 得以在前苏联广泛传播，使俄罗斯和白俄罗斯以及前苏联其他的加盟共和国成为最早应用 TRIZ 的国家。1989 年苏联 TRIZ 协会成立，由阿奇舒勒出任主席。

在前苏联，有 500 多所学校教授这种独特的解决问题的技术，从向职业工程师教授开始，逐渐发展到大学生、高中生甚至发展到对五六年级以上的学生讲授课程。通过学习、掌握、运用 TRIZ，每个人都有可能成为善于创新的发明家。从 20 世纪 60 年代末开始，苏联建立了各种形式的发明创造学校，成立了全国性和地方性的发明家组织，在这些组织和学校里，可以试验解决发明课题的新技巧，并使它更加有效。现在，在俄罗斯的 80 座城市里，大约有 100 所这样的学院及学校在工作着，每年都有几千名科学工作者、工程师和大学生们，在学习TRIZ 理论。这些院校中，最著名的就是 1970 年阿奇舒勒在阿塞拜疆创办的世界上第一所发明创造大学，该大学的任务是训练学生具备解决各种发明创造性课题的能力，培养具有各种发明创造才能的人才。

二、发展现状

苏联 TRIZ 协会如今已经演变为国际 TRIZ 协会（英文为 International TRIZ Association，俄文缩写为 MATRIZ），承担起了研究、发展、推广 TRIZ 理论的重任：MATRIZ 协会每年会召开 TRIZ 峰会，研讨 TRIZ 理论的新发展；每两年召开一次 MATRIZ 大会，选举优秀的 TRIZ 人士领导 MATRIZ 工作；创办了电子杂志和书刊杂志，公布 TRIZ 理论的最新进展并进行 TRIZ 理论的推广应用；制定了TRIZ 认证级别及考核规则。MATRIZ 的宗旨为：将发明问题解决理论（TRIZ）作为强有力的创新工具不断发展。MATRIZ 社会团体旗下有 52 个 TRIZ 协会成员，其成员有 17 个俄罗斯地方性 TRIZ 组织（莫斯科、圣彼得堡、卡累利阿、新西伯利亚、克拉斯诺亚尔斯克、阿穆尔共青城等）及一些国外的 TRIZ 组织（乌克兰、白俄罗斯、美国、以色列、拉脱维亚、法国、爱沙尼亚、韩国、秘鲁、中国、欧洲 TRIZ 协会）。MATRIZ 会员在 MATRIZ 协会的带领下，遵循 MATRIZ 协会的宗旨，积极参与全球 TRIZ 活动，不断推广 TRIZ。

1990 年苏联解体后，TRIZ 也逐渐走向世界，被世界各国所了解和应用。1993 年 TRIZ 正式进入美国，1999 年美国阿奇舒勒 TRIZ 研究院和欧洲 TRIZ 协会相继成立，伴随着 TRIZ 在欧美和亚洲的大规模研究和应用的兴起，TRIZ 理论也进入新的发展阶段。1999～2004 年，欧美、日、韩从专家级研究性应用发展到大规模行业应用并走向教育普及，广泛吸收产品研发与创新的最新成果，试图建立基于 TRIZ 的技术创新理论体系。2004 年 TRIZ 国际认证进入中国，一些研究者和公司开始进行在中国教育与行业应用 TRIZ 的探索。如今的 TRIZ 理论完全是在世界范围内进行发展，俄罗斯、美国、日本、韩国、德国、以色列、中国、澳大利亚等国家对 TRIZ 都有广泛的应用，很多世界著名的大企业把 TRIZ 作为了自己的制胜法宝，如美国波音、宝洁、英特尔公司，韩国三星、LG 公司，德国西门子等。

苏联解体后，对 TRIZ 理论的研究仍在继续进行，其应用前景也更加广阔。

在俄罗斯对 TRIZ 的研究热情不减，阿奇舒勒从尝试建立发明创造方法入手创立的包括 TRIZ-TRTS（技术系统发展理论）、RTV（发展创新思维）、TRTL（创造性人格发展理论）在内的一整套强势思考理论在世界各国被应用于在各个领域解决人类活动的创造发明问题。据统计，在全世界有数万人在直接或间接地应用该理论，而作为发明问题求解理论鼻祖的阿奇舒勒家族在普及和传播 TRIZ 理论方面也开展了许多有益的活动和成功的尝试。

三、取得的成效

TRIZ 理论一问世，即显示出其独有的生命力。文章、书籍、学校和各种方式的结合，使 TRIZ 得以在前苏联广泛传播，使俄罗斯和白俄罗斯以及前苏联其他的加盟共和国成为最早应用 TRIZ 理论的国家。

1. 出版 TRIZ 理论的相关书籍

阿奇舒勒一生中出版了大量有关 TRIZ 理论的书籍，撰写了数十篇发明问题求解理论方面的文章，他的若干书籍和多篇文章被译成多种外国文字。出版的主要 TRIZ 书籍包括：

（1）G. S. Altshuller 所著《如何学会发明创造》，1961；

（2）G. S. Altshuller 所著《创新原理》，1964：

（3）G. S. Altshuller 所著《创新算法》，莫斯科：1969（第一版），1973（第二版）；

（4）G. S. Altshuller 所著《创新是精确的科学》，1979；

（5）G. S. Altshuller 与 A. B. Selutsky 合著《伊卡尔的翅膀》，1980；

（6）G. S. Altshuller 以笔名 G. Altov 所著《看发明家诞生了》；

（7）G. S. Altshuller 与 B. L. Zlotin 等合著《职业—探索新事物》，1985；

（8）G. S. Altshuller 所著《寻找创意》；

（9）G. S. Altshuller 与 B. L. Zlotin 和 A. B. Zusman 合著《寻找新创意：从发端到技术》（发明问题求解的理论和实践），1989；

（10）G. S. Altshuller 与 I. M. Vertkin 合著《怎样成为天才：创造性个体的生活战略》，1994。

2. 建立阿奇舒勒官方资料库

根里奇·阿奇舒勒官方资料库的创建者是他的三位家庭成员：瓦连京娜·茹

拉芙列娃（妻子）、拉丽莎·科马尔切娃（阿奇舒勒官方资料库执行经理）和尤娜·科马尔切娃拉（外孙女）。阿奇舒勒官方资料库是在阿奇舒勒本人近 50 年积累的档案文献的基础上创建起来的，包括独一无二的原始资料、已发表和尚未发表的专著、科学时事的索引卡片，以及与同行、评论家和一些机构之间的往来书信等。

2007 年，资料库向俄罗斯众多城市的图书馆捐赠了约 500 本书籍，其中包括阿奇舒勒的个人藏书，资料库还向彼得罗扎沃斯克市乡土博物馆转交了阿奇舒勒个人用品、书籍和照片等作为其馆藏与展品。

2003 年 10 月 15 日是阿奇舒勒的生日，这天，他的官方数据库网站正式开通，其使命是遵照阿奇舒勒本人的遗愿促进 TRIZ（发明问题解决理论）的自由传播。网站的访问者来自 115 个国家，六年来，访问量超过 40 万人次，一年内在服务器上直接访问根里奇·阿奇舒勒的电子书《TRIZ 导论，基本概念和方法》的点击数就 1 万多次，四年内的总点击数超过 8 万次。

如今，TRIZ 理论在世界各国的应用也比较广泛，并有增强的趋势。如韩国三星集团在 20 世纪 90 年代曾因美国公司垄断 IT 业上游专利而陷入困境，1997 年亚洲金融危机之时，三星集团身处险境，面临企业何去何从之选择。此时，三星公司适时引入 TRIZ 理论开展企业技术创新工作，有效地解决了各种技术难题、对产品未来进行预测、建立企业专利开发和保护战略，4 年中建立创新项目上百个，一跃发展成为行业的"领跑者"。TRIZ 帮助三星度过了一次又一次的危机，助其在同行企业中立于不败之地，至今三星公司已经有很多的工程师具备TRIZ 应用能力，少数专家还获得国际 TRIZ 三级认证。韩国另外一家钢铁公司POSCO，也是运用 TRIZ 振兴自己的很好范例。

第五节　中国技术创新方法发展概况

一、历史回顾

中国的创新方法可以追溯到封建社会早期。如《四书》十九章提出：博学之，审问之，慎思之，明辨之，笃行之。正是一种创新过程中分析问题和解决问题的基本要求，但有关早期创新方法的研究比较模糊，一般融入其他的科学之中。在清末，胡适等受国外科学思想的影响，开始推广一些科学方法，其中包含有一定的创新思想，如他提出的"大胆的假设、小心的求证"可以说是一种突破思维惯性的方法，但是这些方法在当初一般称为科学方法或学术方法，并且一般提升到哲学层次。这些方法的应用也是非常广泛，除学术之上，还应用在社会和人生问题中，胡适还在他的许多文章中提到实验主义等假设和实验方法，从而推动中国科学方法的发展。自此，很多的中国学者都对科学的方法进行了研究和丰富，其中包括康有为、陈独秀和鲁迅等。此时，马克思思想也开始进入中国，中国出现了一些以马克思思想为基础的思维方法，其中，以毛泽东为首的一批无产阶级革命家总结和发展了一些思维方法，如著名的唯物辩证思维方法，反对主观和唯心主义、教条主义、形式主义、本位主义和极端主义等思想。这些思想在现在看来，仍然是很好的创新思维方法，同时也成为现代创新方法的发展来源。

在改革开放之后，国外大量的科学思想引入中国，同时，国外一些流行的创新方法也开始被引入中国。特别在 20 世纪 90 年代中期，随着国外一些咨询机构在中国建立业务关系，国外大量先进创新方法进入中国，其中包括著名的头脑风暴法、菲尔德法、5W 法和 28 原则等。这些方法进入中国之后，一些方法就开始融入一些企业之中，由于这些方法简单、实用，有的方法特别适合某些领域，如在工业创意和市场营销行业，常常用到头脑风暴法，因此，这些方法在中国有较好的应用效果。

发明问题解决理论 TRIZ，最早是由一批研究人员引入到中国的。根据已有的资料显示，1985 年出版的《发明程序大纲》是最早出版的与 TRIZ 相关的书籍，此大纲仅简要介绍了 TRIZ 的基本框架。该书部分作者魏相等在 1987 年出版了阿奇舒勒的译著 *Creativity as an Exact Science*，中文名称为《创造是精密的科学》，之后，吴光威等在 1990 年出版了同一本译著，并取名为《创造是一门精密的科学》，但以上书籍出版之后，并未受到更多人的重视。所以，在此期间国内对 TRIZ 的研究应用并未出现更多的成果。

直至 1999 年，天津大学机械工程学院徐燕申教授、日本大阪大学牛占文博士后、天津大学林岳博士等在中国发表了首篇介绍 TRIZ 的论文《发明创造的科学方法论——TRIZ》，自此，在中国开始了广泛的 TRIZ 研究。同年，林岳等又在全国第六届工业设计学术研讨会上发表了第一篇有关 TRIZ 的会议论文《基于 TRIZ 的计算机辅助产品创新》。2000 年，林岳完成了首篇以 TRIZ 为核心的博士论文，《基于 TRIZ 的计算机辅助机械产品创新方案设计》，2001 年，浙江大学潘云鹤教授、河北工业大学檀润华教授也先后开始发表有关 TRIZ 的研究成果。2002 年之后，有更多的高校开始研究 TRIZ，2002 年，研究推广以 TRIZ 为主的创新方法和软件开发的亿维讯公司成立，TRIZ 从高校研究开始走向了企业研究。同年，以 TRIZ 理论为核心的计算机辅助创新软件 Pro/Innovator 及创新能力拓展平台 CBT/NOVA 诞生，软件的诞生更加方便了 TRIZ 的应用，加速了 TRIZ 的推广。2004 年，诞生了国内首个与 TRIZ 相关的专利《问题分析系统》（专利号 ZL 200410049602）。2005 年，中兴通讯引入 TRIZ，成为在国内最早应用 TRIZ 的企业之一，仅首次尝试性引入 TRIZ，中兴通讯就在 21 个技术难题上取得了进展，且 8 个项目申请了相关专利，之后，越来越多的企业开始在实际工程问题中引入 TRIZ。2008 年，首个国家级创新方法研究和推广组织创新方法研究会宣布成立。

二、发展现状

在学术研究方面，国内河北工业大学、东北林业大学、四川大学、西南交通大学等是较早进行 TRIZ 理论和方法研究的机构，已经形成博士生、硕士生创新方法研究培养体系，开设《TRIZ 理论和方法》系列课程。目前开展创新方法研究与教学工作的学校还有清华大学、北京航空航天大学、北京理工大学、北京化工大学、北京联合大学、厦门理工学院、浙江大学、武汉大学、西安交通大学、天津大学、华东大学、电子科技大学、中国石油大学、郑州大学、山东建筑大学、黑龙江科技学院等。这些学校对 TRIZ 理论的引入和普及作出了较大的贡献，特别是一些高校已经在大学课程中加入了 TRIZ 理论的普及教育，这将大大促进 TRIZ 理论的传播。

自 TRIZ 引入中国以来，据不完全统计，到现在为止已经出版的 TRIZ 相关中文书籍 20 余种，包含有 TRIZ 内容的书籍更多达近百种，发表的 TRIZ 相关的期刊论文近千篇，其中以 TRIZ 为专题的期刊论文近 300 篇、学位论文近 40 篇、会议论文近 50 篇。同时，与 TRIZ 相关的软件已开发了的七款，其中亿维讯公司开发了六款软件，包括研发知识创新平台 Pro/Innovator、计算机辅助创新设计工具 Pro/Innovator Desktop、技术创新知识库查询工具 Pro/SolutionsKB、系统进化预测工具 Pro/Evolvor、矛盾问题求解工具 Pro/Techniques 和创新能力拓展平台 CBT/TRIZ，另有河北工业大学开发的计算机辅助创新设计系统 Invention Tool。至今中国进行 TRIZ 相关研究的机构有高校近 30 个、企业 2 个以及多个政府相关机构。另外，在中国 TRIZ 理论已经在众多企业得到了广泛的推广。

三、取得的成效

西南交通大学、天津大学、北京工业大学机电学院、北方工业大学、北京理工大学、北京工商大学、北京联合大学、北京化工大学机电工程学院、浙江大学机械学院等都开展了大学生 TRIZ 理论教学和实践、研究生创新教学和课题研究，且取得了良好的效果。

亿维讯公司全力推动创新理论与方法学在国内的推广，贯彻落实国家提出的建设创新型国家的重大战略，已经和正在为国内多家研究所、企业进行系统化创新体系建设的实施服务，这些客户包括国防工业中的航空、航天、船舶、核工业、军用电子、兵器，以及华为、中兴等众多知名企业。对 2004 ~ 2009 年亿维讯公司在企业和研究院所进行的部分项目进行统计后发现，在此期间对 16 家企业和单位进行了培训和咨询服务，共计产生 34 项专利，之后对于项目实施中客户所带课题进行统计，发现其中一家客户的学员共提出了 30 个项目问题，通过亿维讯公司的培训和咨询，共计产生了 123 个解决方案，其中包括可以申请国际专利的方案。

现在，TRIZ 理论正在改写中国企业的研发现状，帮助企业摆脱研发困局，实现中国经济从"中国制造"走向"中国创造"。

第六节　其他国家技术创新方法概况

一、历史回顾

创新方法的发展由来已久，伴随着经济发展，世界上很多国家在不断发展科学技术，在科学技术创新的过程，大大推动创新方法的研究进展。

1. 德国

1973 年的民主德国是最早开始介绍 TRIZ 的国家，民主德国首次翻译出版了阿奇舒勒的著作。一批 TRIZ 的热衷推动者在德国相继开办了公司，出版各种书籍和发表文章，其中一些人还开办了学校，现在比较著名的 TRIZ 专家有 Pavel Livotov、Dietmar Zobel 和 Michael A. Orloff 等。在德国统一后，20 世纪 90 年代初，一些大学在讲授与机械工程有关的设计课程时，对 TRIZ 会有所介绍。根据文献资料显示，最早在产品研发过程中采用 TRIZ 的是西门子公司（在 1996 年开始），而当 1997 年美国宇航局把计算机辅助创新软件包 TechOptimizer 评为当年最具创新产品而授予金奖时，TRIZ 在欧洲，包括在德国，才引起公众注意。自那以后，理工科大学在设计课程或创新管理的课程中都讲授 TRIZ，应用 TRIZ 的企业越来越多。

2. 法国

出生在前苏联的 Avraam Seredinski 先生，毕业于俄罗斯的圣彼得堡，在 20 世纪 80 年代就开始接触 TRIZ 理论。在他的努力下，在 1989 年 TRIZ 开始在法国应用，同时这位学者也成为获得国际 TRIZ 协会认证的第一人。此后，他成立了法国 TRIZ 协会，此协会汇集了法国国内一些 TRIZ 的爱好者。同时，TRIZ 相关的理论书籍也被翻译成法语，如《哇，发明家诞生了》、《创新 40 法：TRIZ 创造性解决发明问题的诀窍》等。

3. 比利时

Darrell Mann 是将 TRIZ 引入比利时的主要学者，这位 TRIZ 大师在 2000 年 1 月 1 日成立了 CREAX 公司，设计了一系列辅助 TRIZ 应用软件并建立了网站，同时对 TRIZ 理论也进行了发展并出版了一些新的创新成果，如 Matrix2003。

4. 韩国

韩国在 1997 年就开始引入 TRIZ，是亚洲国家中较早引入 TRIZ 的国家之一。值得一提的，这次引入是由企业自行引入，即三星公司将 TRIZ 引入到实际工程中。在随后几年，三星公司成立了自己的 TRIZ 研究院，在公司内部及韩国进行 TRIZ 推广。

5. 泰国

泰国在 2000 年左右引入了 TRIZ，当时，仅有一些与 TRIZ 相关的文章发表在技术促进联合会（泰国—日本）的会刊上。在 2002 年和 2004 年，此联合会分别翻译出版了两本 TRIZ 书籍，正式将 TRIZ 理论引入泰国。2005～2008 年，日本 SANNO 公司的专家向泰国上百企业介绍了 TRIZ，同时在 2006～2007 年，一些泰国人员也去 SANNO 公司进行学习访问。

6. 越南

越南国立大学的一些教授，以及阿奇舒勒的一些学生在越南传播 TRIZ。

7. 南非

南非比勒陀利亚大学的工程和建筑环境及 IT 技术学院设立有技术创新研究所，从事 TRIZ 的研究。Ross 等在 *TRIZ Journal* 发表文章，他们的研究成果是使得 TRIZ 在使用上变得更加便捷。

二、发展现状

现在引入 TRIZ 的国家和地区有俄罗斯、白俄罗斯、美国、日本、以色列、德国、法国、英国、加拿大、新加坡、韩国、泰国、中国台湾、越南、印度、荷兰、比利时、瑞典、澳大利亚、南非等，基本覆盖了世界上发达国家和一些发展中国家，这说明 TRIZ 已经成为世界上一种重要的创新方法。

世界上很多国家都成立了专门从事 TRIZ 理论和软件研究及推广的公司，如比利时的 CREAX 开发了基于 TRIZ 的创新软件，已经在世界多个国家进行代理销售，其中包括中国。以色列的系统创新思考（systematic inventive thinking, SIT）公司在全球的多个国家设立网站，如德国、以色列、荷兰和瑞典。而荷兰的 xTRIZ 公司在国内进行 TRIZ 推广。

在这些国家，TRIZ 相关的书籍销售非常旺盛，如在南非，有十余本 TRIZ 相关的经典书籍，其中部分为阿奇舒勒的原著。

TRIZ 理论也在这些国家得到了发展。如德国一些研究者做了进一步的发展，形成了若干种基于 TRIZ 理论的创新方法论，即 WOIS 理论、PI 理论、MIS 理论，其中 WOIS 理论被认为是对 TRIZ 理论作了最大程度扩充的一种德国的创新理论。而在比利时，Darrell Mann 等推出了 Matrix2003，可以看做是对阿奇舒勒经典理论的极大挑战。

三、取得的成效

TRIZ 在世界上的传播带来了广泛的影响。如在泰国，随着 TRIZ 的发展壮大，一些工程师开始谈论 TRIZ，他们参加由泰国 TRIZ 研究会举办的一些讨论，一些企业也开始应用 TRIZ 解决他们的问题，如 Siam Cement Group 公司常举行 TRIZ 交流，一些人员还参加了国际研讨会。

在其他地区，接受 TRIZ 培训的人员非常多。截至 2006 年，在中国台湾，已有超过 20 个大学（系所）在教授 TRIZ 创新课程，企业界也有超过 1000 人受过 TRIZ 创新课程的训练。

德国西门子公司在一次系列培训中至少有 163 人参与了培训，其中 41 人参加了基础 TRIZ 培训，8 人参加了高级培训。据调查资料显示，德国所有名列世界 500 强的大企业都采用了 TRIZ，像西门子、奔驰、宝马、大众、博世等著名公司都有专门机构及专人负责 TRIZ 培训和应用，涉及的行业非常广泛。在 CAI 软件研发方面，德国自 1998 年推出基于 TRIZ 的 CAI 软件 TriSolver 1.0B 以来，经历了 TriSolver 2.0-2.2 和 TriSolver4. net，于 2007 年推出了 TriSIDEAS。

越南在 1999 年的时候，就已经举行了 143 期课程，7000 人员参加，这些 TRIZ 培训使众多企业接受了 TRIZ。

在法国 TRIZ 协会的努力下，法国的一些著名公司都了解了 TRIZ，如 Bourjois/Chanel, EdF, Faurecia, Framatome, Grosfillex, Johnson Contrôle, MGI Coutier, Perrotin Automation, PSA Peugeot Citroen, Peugeot Motocycles, Renault, RVI, Snecma, SNFR, Somfy 等。另据法国 TRIZ 协会的调查，法国在几年前已有二三百家企业开始应用 TRIZ。

TRIZ 在韩国三星公司的利用则取得了令人惊叹的成功。仅 2003 年，三星电子采用 TRIZ 理论指导项目研发而节约的成本就高达 1.5 亿美元，同时，他们通过在 67 个研发项目中运用 TRIZ 理论成功申请了 52 项专利，这不能不说是电子设计领域的一个奇迹。

TRIZ 在世界的传播特别是在企业的应用带来了丰硕的成果。2003 年，"非典型肺炎"肆虐中国及全球的许多国家，新加坡的 TRIZ 研究人员就利用 40 条发明创新原理，提出了防止"非典型肺炎"的一系列方法，其中许多措施被新加坡政府采用，收到了非常好的效果。中国台湾自 1994 年引进 TRIZ 理论后，TRIZ 在该地区蓬勃发展，台湾业界也有不少成功运用 TRIZ 的案例，如英业达利用 TRIZ 改善笔记本计算机的设计，中国台湾电力公司以 TRIZ 改善输电地下电缆运转容量，光联科技以此改善液晶显示器的破裂现象，中华汽车则在 Telematics 平台的开发中运用 TRIZ。另外，像汽车、运动休闲服、玩具产品等的创新设计，也都有不少成功利用 TRIZ 的实例。

思 考 题

1. 俄国 18 世纪、19 世纪、20 世纪具有代表性的创新方法分别是什么？
2. 发明问题解决理论 TRIZ 的创始人是谁？简述其生平。
3. 以色列在技术创新方面都取得了哪些成绩？
4. 中国是什么时候开始进行创新方法研究的？

第五章 韩国三星集团技术创新方法应用案例

在众多应用 TRIZ 的各国企业中，韩国三星集团无疑是发展与成效惊人的代表企业之一。三星集团于 1998 年首度引进 TRIZ，经多年努力，包括聘请俄国 TRIZ 专家顾问到公司指导、成立 TRIZ 发展协会、发展企业内教育及训练课程等后，TRIZ 研究，已取得相当丰硕的成果。三星集团不仅运用 TRIZ 突破了 DVD 技术瓶颈、预测出显示科技的发展方向，抢先一步取得了技术领先地位及专利。2003 年，三星集团更是利用 TRIZ 指导研发贡献达 15 亿美元，取得 1600 项专利，当年在美国申请的专利数排名世界第五位。随着三星集团持续推动 TRIZ 的应用，2007 年在美国申请的专利数量已排名世界第二位。

一个在 1997 年亚洲金融危机濒临倒闭的企业，到 2006 年三星集团的市值却超过 1 千亿。其中的原因是什么呢？虽然有各种各样的说法，但是三星电子公司总裁尹钟龙先生认为引进并推广使用 TRIZ 起到了重要的作用。下面对三星公司运用 TRIZ 方法的几个案例进行分析。

第一节 案例研究 1：降低 CD/DVD 激光头生产成本

一、市场和项目背景

自 2000 年以来，DVD 播放器市场以每年 40％ 的惊人的增长率迅猛扩张，但是生产商也面临着竞争加剧和利润缩减的挑战，44 家生产商共同竞争市场份额，包括中国也加入了这场混战。三星公司为了巩固公司在这个领域的领先地位，设计了有突破性的方案，在降低成本的同时保持并改善产品整体可靠性和功能。此项案例研究记录了"终极试验"系列的第四项 SELLINO 项目的过程和成果，通过产品的创新设计实现了成本的降低。

二、构思策略概述

SELLINO 小组应用创新软件的问题分析平台与知识搜寻功能，依照一个系统化的最佳流程来进行这个项目的研究。这个流程不仅引入了 TRIZ 的理念和方法，也融入了价值工程的概念，帮助研发人员快速地分析并解决问题。具体步骤如下。

（1）应用功能模型分析辨认出有用的功能和有害的功能；

（2）建立数个简化系统的构思；

（3）由专门的创意资料库刺激创造性思维；

（4）通过查询企业内部和外部专业知识发展概念；

（5）排序并选择最佳对策；

（6）最后就技术的可行性，发明前已知的工艺，知识产权限制条件和竞争性开展研究。

在项目的总结报告里，项目小组详细记录了整个项目的流程、设计变更的思考以及用来选择最佳对策的判断公式等各种细节。

三、研发流程

参考现有设计的概念图（图 5-1）后，项目小组找出产品中所有和光学读取能力相关的组件，并且判断各种组件之间的相互作用对整个系统的利弊。透过辅助创新软件的引导，系统和这些信息会以图表与量化的方式进行展现，功能分析模型如图 5-2 所示。

接下来，项目小组运用辅助创新软件的功能分析模型，分析整个系统。辅助创新软件的这个功能分析模型应用了价值工程的方法，帮助小组成员把注意力集中在系统中成本高而且弊多于利的区域，同时描述并标示出技术上的矛盾和功能的限制。

CD 或是 DVD 装置都是依靠光学读写头用激光读取数据，但是用以读取 CD 和 DVD 数据的激光波长并不相同，分别是 780nm 和 650nm。除此之外，CD 光盘片和 DVD 光盘片的厚度也相差一倍之多。因此，传统的可同时读取两种盘片的装置都内含两种不同的光学读写系统，透过辅助创新软件的分析，小组成员很快就发现系统中的薄弱环节就在这里。

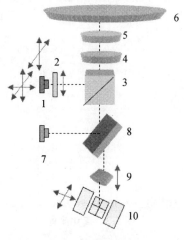

图 5-1　概念图

1. CD 激光二极管（CDLD）；2. 格状构造（GT）；3. 立体光束分离器（CBS）；
4. 校准镜头（CL）；5. 物镜（OL）；6. 光盘；7. DVD 激光二极管（DVD LD）；
8. DVD 光束分离板（DVD BSP）；9. 像散透镜（ASL）；10. 光电检测（PD）

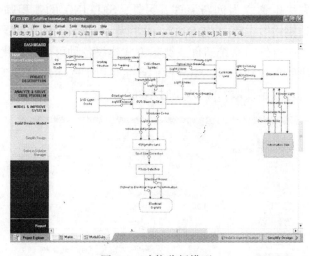

图 5-2　功能分析模型

另外，再透过简化设计流程（图 5-3），引导工程师优先去除"有问题"的组件，并将该组件原本提供的功能重新设计在其他组件上。通过这个转换，可以很快地建立多个可替代原本设计的构思。他们所获得的最具创意的方案有：移除了一组读写头、光分离组件和几个透镜，并用新的单一组件取代它们。

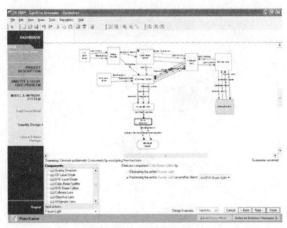

图5-3　简化流程

　　虽然有了好的构思，但同时这个小组也面临了新的挑战，要如何找到单一组件来替代那些被移除的组件呢？他们首先求助于辅助创新软件提供的各个知识库，看看是否可以运用外部知识产生突破性的点子。

　　其中，创新原理数据库（图5-4）收录了以往解决类似技术问题时的各种概念方法，这些方法也称之为创新原理。另外，SELLINO 的工程师们也同时参考了系统简化设计模式数据库（图5-5），这些范本是经过整理和概念化专利文献后提炼出来的，它可针对系统组件或测量方式建议各种可能的替代方案。这些原理和范本可以协助工程师思考，引导他们产生足以消除矛盾的创新方案，如以一组光学读取头同时满足读取 CD/DVD 时不同的需求。

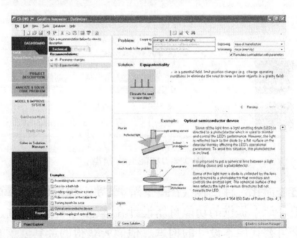

图5-4　创新原理数据库

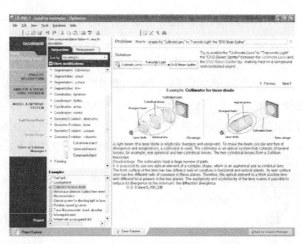

图 5-5　系统简化设计模式数据库

另外，为了确认概念是否可行，SELLINO 小组准备详细地搜寻先前的技术、企业内部的知识库和专利里面积累的各种专业知识。透过辅助创新软件的语义索引和自然语言搜索引擎，小组成员很快就找到了克服这个技术矛盾的相关解决方法，他们查询了系统"两种不同的波长如何发光"、"如何把 CD 和 DVD 激光头结合到一起"。经过搜寻后，辅助创新软件不仅会整理符合要求的概念清单（图 5-6），还会把文件中符合问题叙述的段落以高亮度显示。这个过程小组只花了数个小时，就已经搜索了数百万篇的专利和三星电子公司内部累积了数年的知识库，找到了需要的知识。

图 5-6　概念清单

除此之外，这个小组还应用了辅助创新软件的文件摘要功能（图 5-7），加速了判断文件和概念的关联度，以及萃取相关概念的速度。另外，通过辅助创新软件实施排序与问题管理并成为对策的管理员，值得加以考虑的对策很快就可以被整理并编辑出来。这些对策会依照时间、成本、可靠性或其他的因素加以评估，评估得到最佳对策之后还可以做更深入的专利信息检查和科学网站搜寻，再一次确保产品有足够的技术先进性、可靠性、合法性、市场接受性和竞争力，辅助创新软件的知识库和搜索引擎快速地帮助他们完成了这些工作。

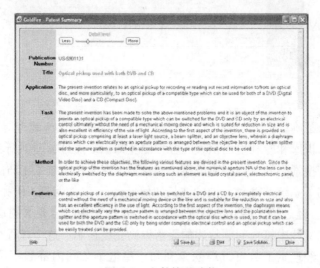

图 5-7　文件摘要功能

最后，该小组设计出了一个双波长的激光二极管，不仅消除了光分离器的需求，同时也可省去两个透镜组件，完全取代了旧的设计。

四、项目成果概述

SELLINO 项目小组得到的创新光学组件设计，不仅减少了 CD/DVD 装置的成本和复杂度，同时也增加了可靠性。在这个项目中，工程师们通过辅助创新软件的支持，为三星公司带来了以下收获：

（1）产生了 13 个专利，其中 4 个是在美国申请的专利（图 5-8）。

（2）将两个激光二极管合二为一，透镜的数量由 6 个减为 4 个，组件的数量减少 38%，因此降低了成本（图 5-9）。

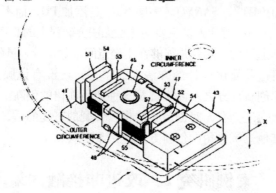

图 5-8 专利说明书

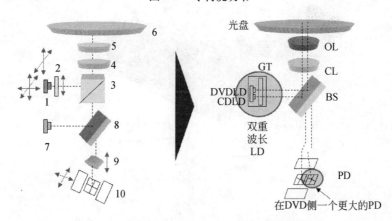

图 5-9 简化前后的 CD/DVD 激光头系统概念图

(1~10 的含义见图 5-1)

（3）由于焊接点由 38 个减少到 26 个，产品的可靠性增加了 33%。

（4）由于调节点由 13 个减少到 8 个，生产率提高了 38%。

（5）这项创新使每台 CD-DVD 播放器省下了 3.7 美元的成本。

五、案例分析

这个项目，如果按照每年七百万台的销售量来计算，六年就为三星公司节省上亿美元的成本，由此看来创新的效益还是相当可观的。

通过过去的经验可知，肯定有更多的人关注这项创新，但是为什么不是其他公司发明的呢？经过分析得出，主要是三星公司的设计人员受益于 TRIZ 理想化理念的引导，即没有某些元件也可以实现某种功能，而简化设计就是实现理想化的途径。

由于 SONY（HOE）与 SANYO（多层 BS）是添加 PD，而不是统一两个不同波长光程的方式。他们的设计人员主要问题是无法突破强大的心理惯性。不知读者是否看出，TRIZ 所起到的作用就是能够在不经意间消除设计人员的思维定势。

可能有人觉得这种简化设计的方法太简单了，还没有说服力。工程师要知道，现在企业技术创新百分之八九十都是这种产品简化的创新。如果一个案例可能还说明不了什么，还会有人对创新方法报以怀疑的态度的话，那么，我们接下来还将继续分析其他三星公司的创新方法应用案例。

第二节　案例研究 2：改进非接触式复印设备

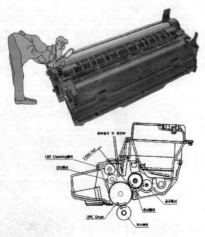

图 5-10　非接触式复印设备全貌

一、问题情境描述

在全新的非接触式复印工艺（图 5-10）中，人们使用了具有正负电位的高电压脉冲。这些脉冲将负电荷墨粉颗粒从显影辊移动到有机感光导体鼓，然后有部分颗粒返回。

其中有一些颗粒（占很少的比例）错误地得到正电荷，这些颗粒被称为错误带电的墨粉。

在复印过程中，墨粉在感光鼓、显影辊和圈闭罩之间的封闭空间内发生分散。由于这个现象，墨粉颗粒通过感光鼓与圈闭罩之间的间隙落到纸张上。因此，复印的总体质量会受影响，如图 5-11 所示。

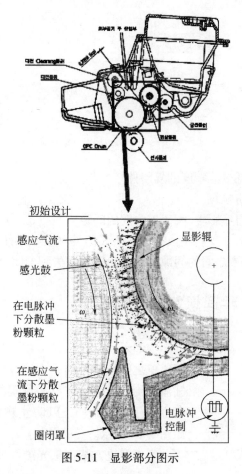

图 5-11　显影部分图示

主要问题是：如何防止墨粉颗粒从圈闭罩外落到纸上，进而提高复印质量。

因此，这个项目的目标是：需要对复印机粉盒进行最小的改动，以防止颗粒落到墨粉盒外，同时保持墨粉盒的初始设计和工作原则。

二、阐述问题模型

技术矛盾1：如果感光鼓与显影辊/圈闭罩之间没有间隙（它们相互接触），则可消除墨粉散失现象，但复印清晰度和图像质量会恶化，如图5-12所示。

技术矛盾2：如果感光鼓与显影辊/圈闭罩之间存在间隙（它们没有接触），则可提高复印清晰度和图像质量，但墨粉颗粒会在感光鼓与圈闭罩之间落到纸上，如图5-13所示。

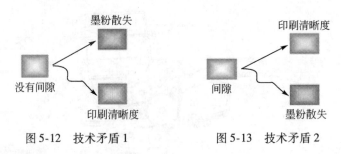

图5-12　技术矛盾1　　　　　图5-13　技术矛盾2

主要功能是提供更清晰度的复印件

作用对象：墨粉颗粒

工具：感光鼓与显影辊/圈闭罩之间的间隙

为了解决此问题，我们应该找到某个X组件（变成系统），通过它们保留感光鼓与显影辊/圈闭罩之间的间隙，并避免墨粉散失到圈闭罩外面。

三、制订一种理想解决方案

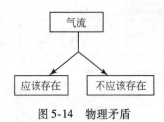

图5-14　物理矛盾

物理矛盾：在工作区中，即感光鼓、显影辊和圈闭罩之间的间隙内，应该存在气流场，因为这个气流是旋转的感光鼓与显影辊感应产生的，同时又不应该存在气流场，以防止颗粒落到圈闭罩外面，如图5-14所示。

理想解决方案：感光鼓与圈闭罩之间的间隙空

间（工作区）自身在复印过程中，消除感应气流引起的墨粉颗粒散失现象，同时保留感应气流以执行所需功能。

四、制订具体解决方案

具体解决方案实例：为了解决上述物理矛盾，建议在圈闭罩表面上安装一个弧形屏蔽，这个屏蔽将充当为一个防散失部件，它位于显影辊的下面，并与感光鼓上的光敏介质相隔一段预定的距离。另外还使用一个控制器来调节施加到防散失部件上的电压，以使墨粉返回到光敏介质上。根据库仑定律，如果墨粉颗粒所带电荷与感光鼓电荷同性，则它们将受到电场的排斥，在此电场的作用下，它们不会从粉盒离开，如图 5-15 所示。

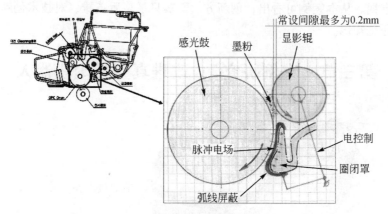

图 5-15　解决方案示意图

五、项目总结与分析

这个项目历时三个月，利用 TRIZ 产生了 25 个解决方案，申请五项专利，其中三项在产品中应用。

此技术问题的解决应用了物理效应，就是库仑定律为解决带电粒子定向移动问题起到关键性的作用。虽然最终的解决方案是在原有组件的基础上增添了新的组件，没有实现解决方案的理想化，但是也没有对粉盒结构做大的改变，已经达到了预期的目标。

六、知识回顾

库仑定律：真空中两个静止的点电荷之间的作用力与这两个电荷所带电量的乘积成正比，和它们距离的平方成反比，作用力的方向沿着这两个点电荷的连线，同号电荷相斥，异号电荷相吸。

七、案例分析

由此案例可知，创新方法虽然重要，但必须要有知识作基础。而这些基础的知识往往被工程师忘记和忽略，知识与问题如何产生链接应引起读者与相关人员的高度重视。从本案例可看出，创新方法其实只是幕后英雄，对技术创新起主要作用的还是知识。

第三节　案例研究3：改进真空吸尘机器人

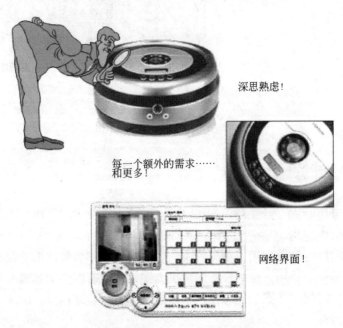

深思熟虑！

每一个额外的需求……
和更多！

网络界面！

图 5-16　真空吸尘机器人的全貌

一、问题情境描述

这个问题涉及开发一个全新的真空洗尘机器人（图5-16）。机器人可以充当智能真空吸尘器，从而在无须人工参与的情况下清洁房间的待清洁面。真空洗尘机器人结构如图5-17所示。

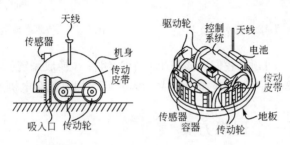

图5-17　真空洗尘机器人组成结构

此机器人电池充电后大约可使用50~60分钟。当工作期间电池电量不足时，机器人将会自动关闭，并返回到充电座重新充电。充电完毕，它会回到原来的位置继续进行清洁。

主要问题在于，为了提高机器人的清洁能力，消费者尝试使用更大功率的动力来增加吸力，但却缩短了清洁的时间，并需要更加频繁地为电池充电。

因此，这个项目的目标是：需要对现有真空吸尘器进行最小的改动，以提供更高的真空清洁能力，同时不增大电池的容量和吸尘电机的功率。

二、阐述问题模型

技术矛盾1：如果吸尘器的吸尘功率强，则灰尘可以从待清洁面上很好地清除，但电池电量会由于耗电量的增大而快速用完，并且吸尘工作时间会缩短，如图5-18所示。

技术矛盾2：如果吸尘器的吸尘功率弱，则电池的工作时间可延长，但灰尘不能从待清洁面上清除，如图5-19所示。

主要目标是提供更好的吸尘能力

作用对象：灰尘和污物

工具：吸气口的气流

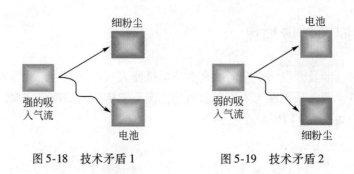

图 5-18　技术矛盾 1　　　　　　图 5-19　技术矛盾 2

为了解决这个问题，我们应该找出某个 X 组件（换成系统），在吸气口处提供强大的气流，同时不增加耗电量，并不因此而增加电池和电机的容量。

三、制订一个理想方案

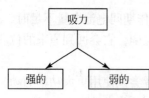

图 5-20　物理矛盾

物理矛盾：吸气口处的吸力应该足够大，以便去除灰尘，同时又应该足够小，以便减小耗电量，如图 5-20 所示。

技术矛盾理想化最终结果：通过对吸尘器进行最小的改动，让其自身提供强的吸力并作用在吸口处的灰尘上，同时使电池保持足够长的工作时间。

物理矛盾理想化最终结果：通过对吸气口进行最小的改动，让气流在吸气口与待清洁面的相互作用操作区中，自身提供强的吸力并作用在吸气口处的灰尘上，同时使电池保持足够长的工作时间，如表 5-1 所示。

表 5-1　资源分析

物质—场资源		物质	场
内部系统	作用对象	灰尘	重力、机械黏附、静电黏附
外部资源	工具	气流	负静压、动压、黏性、摩擦力
	超系统	吸入空气与吸气口、排出空气与排气口、电池、轮、传感器、控制系统、天线、机器人的其他组件	电、磁场、滚动摩擦、滑动摩擦、惯性力
	环境	周围空气、地砖、地毯、家具、墙壁、障碍物	大气压力、重力、地磁场
	副作用对象	排出空气	静态及动态正压

四、制订具体的解决方案

机器人清洁借助空气搅动

具体解决方案的实例：怎样利用整个真空吸尘器的物质—场资源接近理想化最终结果？有人提议使用过滤后的气流重新进入工作区，使用的技术方案图解为图 5-21 所示。

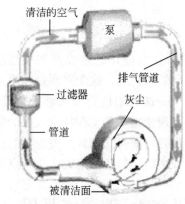

图 5-21　真空吸尘的图解

该方案有一个吸气口和一种搅动方法，通过吸气口从被清洁面吸入灰尘，包括采用了一种空气循环机构用来过滤空气中尘土。这些污浊的空气通过吸气口吸入并被过滤，过滤后的空气回流到排气管道里，排气管上有个空气喷射口，用于帮助从待清洁面上去除灰尘。空气喷射口位于吸气口附近，并被一个密封件包围。通过对吸尘器机壳接近待清洁面部分进行密封，防止灰尘凭借空气气流散发到外面。侧视与仰视剖面图分别见图 5-22 和 5-23 所示。

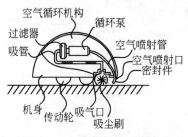

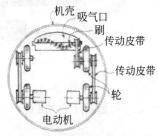

图 5-22　真空机器人吸尘器的
　　　　　侧视剖面图

图 5-23　真空机器人吸尘器的
　　　　　仰视剖面图

五、项目总结与分析

这个项目历时五个月，利用 TRIZ 产生了 30 个解决方案，申请了 14 项专利，其中三项在产品中应用。

因为合理地利用资源实现了提高吸尘器洁净能力的目标，既没有加大泵的功率，却实现了增大吸尘功率的功能。

六、案例分析

TRIZ 比较重视资源的分析与应用，这也是实现理想化的一个途径。以往，在我们设计中常常忽视对资源的利用，这个案例是利用资源解决问题的典型。

我们想借此案例分析谈一谈利用创新方法辅助创新不是很成功的主要原因是：创新理念的缺失。创新理念是一名工程技术人员的指导思想，创新理念不仅指导解决问题流程，还为最终方案确立起到至关重要的作用。而对创新理念的灌输与培育恰恰是一些创新方法培训师所忽略的，这一点也应引起读者的重视。

第四节　案例研究 4：改善液晶显示屏的观看视角

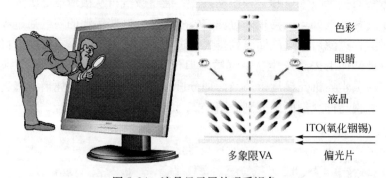

图 5-24　液晶显示屏的观看视角

一、问题情景描述

LCD PVA 是液晶显示屏采用垂直取向构型的简称，一种图像垂直调整技术。在没有电场的情况下，具有负介电各向异性的液晶材料发生垂直配向，因此在交叉偏振光镜下可获得全黑状态。当施加电场时，两个模式 ITO（氧化铟锡）电极之间产生散射场。结果，由于自动形成具有补偿膜的多象限结构就可以获得最大的视角，如图 5-25 所示。

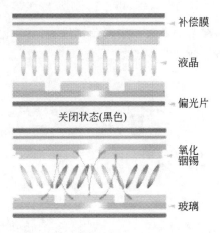

图 5-25　开启状态（白色）

然而利用 VA 法获得的视角小于平面转换法（IPS）（分别为 170 和 175 度）。因此，显示画面的总体质量不高，如图 5-26 所示。

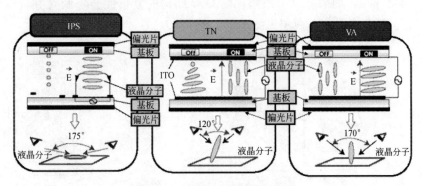

图 5-26　不同构型的视角示意图

主要问题：怎样增大垂直取向构型显示屏的视角，进而提高显示画面的质量？为了接受这个单象限（像素）结果，应该将其至少分成两个子象限（子像素）以改善侧面可视度，并且子象限应该有不同的电压。然而，这样的分割大大增加了 LCD 结构的复杂性。

因此，这个项目的目标是：需要对液晶显示屏进行最小的改动，以增加视角并且保持 LCD 的初始设计和 PVA 工作原则。

二、阐述问题模型

技术矛盾 1：如果有多个象限，则视角可增大，但 LCD 结构的复杂性会增加，并且其设计会恶化，视图见图 5-27、图 5-28。

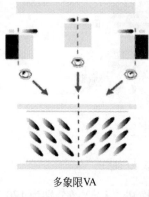

图 5-27　多象限 VA 示图

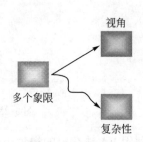

图 5-28　技术矛盾 1

技术矛盾 2：如果有单个象限，则 LCD 结构的复杂性会降低（并且设计可改善），但视角会恶化，视图见图 5-29、图 5-30。

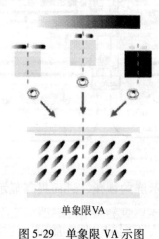

图 5-29　单象限 VA 示图

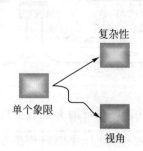

图 5-30　技术矛盾 2

主要的功能是提供更大的视角

作用对象：通过象限的光通量

工具：象限

为了解决这个问题，我们应该找到某个 X 组件（变成系统）以提供具有更大视角的多象限结构，并消除 LCD 结构的复杂性。

三、制订一种理想解决方案

物理矛盾：在两个偏光片之间的象限问题区域内，长方形的液晶分子应该相对于象限的轴线具有可变倾角，以提供更大的视角，同时液晶分子又应该具有不同的角度，以便使用完全相同的电压并提供简单的 LCD 结构，如图 5-31 所示。

理想化方案：偏光片之间的象限内空间（工作区域）自动在光转换过程中以可变倾角排列液晶分子，并且仅施加相同电压以提供简单的 LCD 结构。

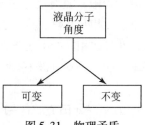

图 5-31　物理矛盾

四、制订具体解决方案

采用非均匀电场结构

具体解决方案的实例：为了解决指出的物理矛盾，液晶显示屏的像素结构采用非均匀电场和施加相同的电压，如图 5-32 所示。

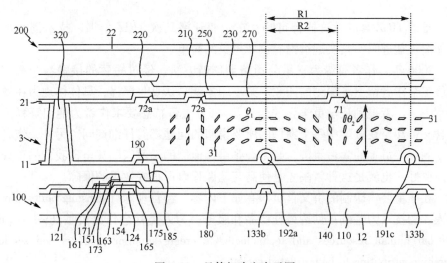

图 5-32　具体解决方案示图

随着分支电极 191a~192a 距离加大，电场强度在 LC 第 3 层里不断下降。

由于液晶分子 31 的倾角取决于电场强度，因此，距离分支电极 191a~192a 较近的液晶分子 31 具有较大的倾角 θ_1，而距离分支电极 191a~192a 较远的液晶分子 31 具有较小的倾角 θ_2。而距离分支电极 191a~192a 等距离处的液晶分子 31，也就是穿过切口 71~72 的垂直平面上的液晶分子 31，具有最大的倾角。

因而，每个子区上的液晶分子 31 倾角不断变化，以致每个子区上的液晶层 3 区域（象限）具有无限多个子象限，并且这些子象限具有不同的倾角。子象限的光学性质相互补偿，从而提高了侧向可视度。这样，通过空间分离解决了物理矛盾，并且在相同的电压下，每个象限内部的倾角都是相同的，而不同象限内的倾角是不同的。分支电极 191a~192a 的形状和排列以及切口 71~72 都是可以修改的。

五、项目总结与分析

这个项目历时三个月，利用 TRIZ 产生了 18 个解决方案，申请 6 项专利，其中 3 项在产品中应用。

解决物理矛盾（兼容性）问题的重要手段就是分离，不同象限的倾角差异满足了不同视角的可视度。如果能够智能化控制象限的倾角，是否会提高液晶屏的分辨率呢？当然读者可以对这个问题做进一步的思考。

第五节　三星公司的文化

难道 TRIZ 真的就这样神奇吗？在企业开展几次 TRIZ 培训，技术创新水平就能突飞猛进吗？其实远远没有读者想象的简单。

2006 年，作者有缘为三星公司培训创新方法。经过短暂的接触与交流，三星员工给作者留下了深刻的印象。第一印象就是认真与严谨，具体体现为在教学大纲中，作者提到让学员学会"悟道"，韩方主管特意要求作者为他们解释悟道的含义；甚至在教学中每个案例的所要说明的问题都要仔细询问。另外，作者还感受到三星员工的学习氛围。毫不夸张讲，他们的学习氛围甚至比我们的正规院校还要好，也就是这种氛围才是使高互动课程取得很好效果的保障。

在三星公司印制的讲义首页印有如下内容。经营理念（samsung philosophy）：以人才和技术为基础；创造最佳产品和服务；为人类社会作出贡献（we will devote our human resources and technologies to create superior products and services thereby contributing to better global society）。

核心价值（samsung values）：人才第一（people）；最高志向（excellence）；引领变革（change）；正道经营（integrity）；追求共赢（co-prosperity）。

经营原则（samsung business principles）：原则1 遵守法律及企业伦理（we comply with laws and standards）；原则2 保持廉洁的组织文化（we maintain a clean organizational culture）；原则3 尊重顾客、股东和员工（we respect customers, shareholders and employees）；原则4 重视环保、安全和健康（we care for the environment, health and safety）；原则5 履行跨国企业的社会责任（we are a socially responsible corporate citizen）。

这说明，三星公司要求员工在公司的每一天，都要对公司的理念身体力行，让企业文化根植于每位员工的心中。通过此次研究，作者又有机会重新认识三星，并进一步了解了三星公司的企业文化，在这里与读者分享。

三星公司的领导者在世界范围内寻找最聪明的人才，人才是三星公司各领域取得最出色成绩的资源。由此带来的成果就是，三星集团所有的产品——从内存芯片到连接世界网络的手机，都可以用以丰富人们的生活，创造更美好的人类社会。

三星在世纪之交迅速崛起，发展成为韩国规模最大、最有影响力的企业，以至于有媒体戏称，韩国人一生无法避免三件事：死亡、税收和三星。李健熙是缔造这一切的幕后英雄。在他1987年就任集团总裁以来的20年时间里，三星集团的销售额增加了八九倍，净利润增加了53倍，总市值增加74倍。

三星的崛起是因为自己的产品超越了竞争对手，其根本原因是三星一直在诸多技术领域内广泛学艺，而后成功地拓展整合为三星的核心技术。三星始终坚持不引进成套技术，而是通过多种渠道获取非成套技术，并派出工程师到世界多个国家的先进企业中去学习技术，三星神话的本质是产品的成功。李健熙锐意改革，孤注一掷地投资于研发，孤注一掷地投资于品牌，孤注一掷地抓住了从"模拟"到"数字"变革的浪潮。下一节将回顾三星集团引进 TRIZ 的历程。

第六节 三星集团引进 TRIZ 的历程
与执行 TRIZ 的流程

一、三星集团引进 TRIZ 的历程（1998～2004年）

三星集团引进 TRIZ 的历程如表3-2所示。

表 5-2　三星集团引进 TRIZ 的历程

年份	重要事件	影响与成效
1998	三星集团首次引进 TRIZ；首次在集团下各公司（三星电子，三星影视界，三星综合技术院，三星电机）举办 TRIZ 研讨会议；安装 TRIZ 软件 TechOptimazer	三星电子邀请 Royzen 参与 TRIZ 研讨会并提出解决硬盘噪声问题的计划案。但最终并未被接受
1999	三星视界与俄国专家 Vasilli Leniachine、Chechurine 订定合约	与 Chechurine 订定将 TRIZ 由俄文翻译为英文的合约
2000	三星综合技术院与俄国专家尼古拉 Khomenko、尼古拉 Shpakovsky 订定合约	Khomenko 与 Shpakovsky 分别为三星综合技术院进行 TRIZ 教育工作
2001	成立 TRIZ 促进部门；开始每月 TRIZ 研究会议；三星电子与俄国专家 Krevsky 及 Chernayk 订定合约；三星综合技术院与埃琳娜签约；介绍 TRIZ 创新大师教育及认证计划；关于半导体及分割复印二项目成功诞生	埃琳娜与三星综合技术院其他专家为三星开发 TRIZ 在线工程软件；8 位三星电子工程师取得创新大师认证；该年度取得 12 项专利；2 项目贡献超过 1000 万美元
2002	邀请另两位俄国专家；举办首届 TRIZ 嘉年华会（十月）	22 位工程师取得创新大师认证；该年度取得 24 项专利；23 个 R&D 成功项目；减少成本两亿四千万元美金
2003	1. 三星 TRIZ 协会成立；员工 TRIZ 教育程序发展完成；建置 TRIZ 入口网站及内部网络；三星电机与俄国专家基尼签约	该年度取得 52 项专利；50 个专案；20 位工程师取得创新大师认证
2004		该年度取得约 1600 项专利；仅三星电子该年度便取得 52 项专利、50 项专案；由 TRIZ 所产生的贡献达 15 亿美元；24 位工程师取得创新大师认证

二、三星公司实际执行 TRIZ 的流程

如图 5-33 所示，在决定应用 TRIZ 后，不得不做的两项主要工作就是 TRIZ 项目与培训。这两项工作需要有循序渐进的过程，以确保引进 TRIZ 的成功。

在三星公司引进 TRIZ 的过程中，也不是像我们看到的历程、流程那样顺畅，其中也出现过水土不服：与聘请的外籍 TRIZ 专家有文化上差异，协调管理上出现了诸多问题；语言沟通上自然也存在障碍；TRIZ 专家年龄较大，虽有部分行业经验但在与企业衔接上难免仍有困难。另外，TRIZ 本身存在的局限也曾困扰着他们。

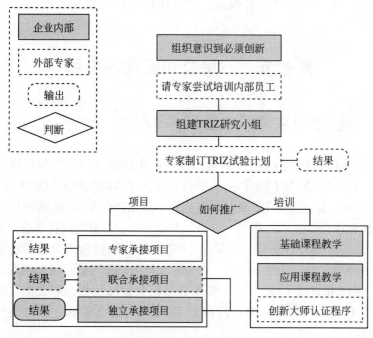

图 5-33　执行流程图

TRIZ 具有系统化的思考和创新流程，虽然能有效地帮助产生创新方案，然而也有其本身的局限。基什尼奥夫 TRIZ 学校创办人兹罗亭与苏士文指出，经典TRIZ 主要有以下几点弱势。

（1）非精确性：许多成功运用 TRIZ 工具的分析技巧无法转换成文字形式、流程及建议。

（2）TRIZ 知识的资料数量有限（作者注：也存在陈旧、过时的问题），不易于应用及学习。

（3）TRIZ 工具都为独立发展，导致各种工具无法形成完整的系统。

（4）TRIZ 的各种工具无法支持问题解决的所有阶段。

这一点让作者感慨万分。在国内，一些相关组织与个人普遍存在"护犊"的现象。谁要是讲 TRIZ 存在的问题，就会有许多人站出来制止与攻击，讲真话好像触犯了这些人的利益。在这个方面，我们应该向国外专家、学者好好地学习，学会如何辩证地看待问题。只有正视存在的问题，才能想方设法去解决这些问题。只有这样，创新方法才能在我们的土地上生根与发展。三星公司在引进与应用创新方法过程中，也发现了 TRIZ 存在的一些其他问题，他们采取的是积极面对的态度，没有回避更没有保留，并对存在的问题提出了他们自己的改进方案。

第七节 三星公司成功的奥秘

一、三星公司在继承中发展 TRIZ

尽管在 ARIZ 的概述中说："通常，改进解决问题流程会致使解决其他问题更加困难……"在当前的 TRIZ 会议中有许多关于 TRIZ 解决问题流程的争论；如何改进 ARIZ，如何使 ARIZ 更简单和实用，以及如何把 TRIZ 解决问题的流程与其他方法相结合，如六西格玛、价值工程等。三星人也尝试在本身经验的基础上建立自己的 TRIZ 设计流程。三星的 TRIZ 设计流程分为五个阶段：定义、分析、生成、评估和验证（图 5-34）。定义阶段利用创新情景问卷去阐明问题的情况；利用 ARIZ 和其他 TRIZ 工具主要是在分析与生成阶段；那么稍后的评估阶段要借助于 CAI 工具。虽然验证阶段与 TRIZ 没有什么关联，但也是实际应用TRIZ 的要点。

另外，三星公司 TRIZ 研究小组还开发出一套简单、有效的程序来定义技术矛盾，在韩国三星它们被称之为诱导技术矛盾（induced technical contradiction），即使是在项目之初极度不明确的阶段里，这套程序已经被证实是简单、有效的。完全可以帮助研发人员去分析各种有价值的问题模型，组合并创造各种具有突破性的概念（表 5-3）。

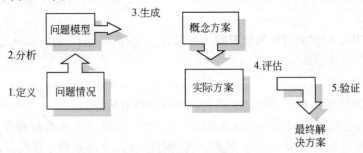

图 5-34 TRIZ 设计流程

三星公司对待创新"工具"所采用的这种在继承中发展的策略，值得我们认真地思考与学习。在引进"工具"中发现问题就应该敢于面对，敢于排除众议，敢于挑战权威，也就是这种精神造就出成功的三星。

表5-3 建构技术矛盾全部步骤

建构技术矛盾的全部步骤	
步骤1	需求分析 （needs analysis）
步骤2	原型系统标准化 （benchmarking prototype systems）
步骤3	建构出原型系统模型 （formulating prototype system model）
步骤4	确定有害功能的原因/结果 （determining cause/effect of undesirable function（s））
步骤5	为克服"单独有害功能"而选择转变行动 （choosing transition action to fix up'single undesirable function'）
步骤6	确定转变行动的结果到系统/超系统 （formulating effects of transition actions to system/super-system）
步骤7	确定诱导技术矛盾 （formulating induced technical contradictions）
步骤8	评估诱导技术矛盾的重要性 （evaluating importance of induced technical contradiction）

二、三星公司成功应用 TRIZ 关键因素总结

1. 目标明确

三星公司在引进 TRIZ 初期便已有明确的任务与目标。三星公司在发展 TRIZ 过程中提出如下三项主要任务。

（1）向 TRIZ 专家咨询突破性问题：即便专业工程师在自己相关领域拥有超过十年以上的经验，但很有可能存在心理惯性。故与 TRIZ 专家合作可以缩短解决问题的时间。

（2）专业工程师解决困难问题的培训：TRIZ 专家的能力也许较为优秀，但若缺乏对工程系统的深度了解，依然不会有良好的实际结果。若专业工程师能有效运用 TRIZ，则结果将事半功倍。

（3）根据公司 TRIZ 实践经验研究 TRIZ：TRIZ 理论必须持续发展。最佳应用便是工程领域。

2. 全员认同

创新并非天马行空，更非只是个人的责任。有别于一般应用 TRIZ 企业仅有研发部门或某些特定人员接受 TRIZ 训练的情况，三星集团有数千工程师甚至高层管理人员，都接受 TRIZ 训练课程。TRIZ 在三星公司的发展由最高管理阶层人员负责，因此能得到组织全力支持；三星公司拥有 TRIZ 团队，除了聘请俄国 TRIZ 专家担任顾问指导，更自行研发企业内部 TRIZ 多媒体训练工具，以使数千工程师皆能受到 TRIZ 训练，以 TRIZ 思维方式解决问题。

3. 专业的推动团队

三星公司各部门都培养自己的 TRIZ 团队，除了协助所属部门外，也支持其他部门及高级主管了解 TRIZ。此外，部分人员在公司引入 TRIZ 前已拥有专利，在学习 TRIZ 方法后，更容易与创意技巧及发展经验有效结合。

4. 完整的 TRIZ 训练规划

三星公司的 TRIZ 课程由签约的俄国 TRIZ 专家开课，开放给所有员工报名参与。课程规划分为初级、中级与高级，另有特别课程；除了教授理论外，也有实习时间。不同层级课程内容、课时及目标都不同，学员必须修完低层级课程后，才能依次参与高一层级的课程进修，修毕课程后授予认证资格。

5. 长期投入 TRIZ 发展与研究

三星公司于 1998 年首度引进 TRIZ，其应用过程并非一帆风顺，一引进即获得立竿见影的效果。然而，三星公司持续性地投入 TRIZ 发展，不仅以解决当下技术问题为主要目标，而且以全员掌握 TRIZ 创新思维为长远努力方向，并积累企业内运用 TRIZ 的实际经验并加以研究、改进，三年后终于柳暗花明陆续展现出丰硕成果。

6. 激励机制

三星公司于 2002 年首度举办 TRIZ 嘉年华会，其后固定于每年十月举行。

当年度完成所有 TRIZ 训练课程（120 小时）的创新大师透过 TRIZ 嘉年华会展现其 TRIZ 项目成果，并从中挑选三至四个最佳项目加以公开表扬。此外，在三星公司凡是拥有 TRIZ 专家、大师资格者，除了个人薪水之外，另有每月红利加薪。对该类员工在职务上给予升迁的机会、在福利上享受额外假期等，以此激

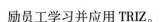

励员工学习并应用 TRIZ。

截至这里，作者觉得还没有找到三星公司取得成功的奥秘，单纯的 TRIZ 不可能成就三星如今的辉煌。那么他们还做了哪些工作呢？

三、三星创新设计实验室的秘密

1994 年年底，17 名来自韩国三星的核心管理人员，走进美国加里费尼亚洲的艺术中心设计学院的大门。之前，他们已经跑了 14 个不同的设计学院，寻寻觅觅，就是为了找到三星总裁李健熙口中能够扭转三星的灵魂人物，带领三星由卖廉价品的二流公司，走向超一流的世界品牌。就在这里，他们找到高登·布鲁斯和詹姆士·美和两位国际顶尖设计师。

10 年后的 2004 年，三星已经成就了"创新之王"的神话：在过去 7 年间，三星共获得了 18 个 IDEA 奖项（由美国工业设计协会和美国《商业周刊》颁发的工业设计界的奥斯卡奖）、26 个 IF 奖（德国汉诺威工业设计论坛颁发）、27 个 G-Mark 奖（由日本工业设计促进组织颁发的优秀设计奖）。

在这个令人羡慕的三星神话背后，就是由布鲁斯与美和主导的"创新设计实验室"（下称 IDS）开始的。从此，三星开始了一场设计的革命。

1. 寻找新思维

这场创新革命，一开始就不可避免地面临传统文化及顽固守旧势力的挑战。当时韩国仍有农业社会"种什么因，得什么果"的意识，在这种文化氛围下，很难鼓励创新精神。布鲁斯和美和在三星公司开会时，他们也强烈感受到老三星人不愿变革、尊卑意识强烈的守旧气氛。美和记得，他第一天和这些设计师见面，这些人曜地全站起来向他敬礼，他很生气对他们说："如果你们要站，那就别想再坐下去。"并对他们宣布：今后女士再也不准给老师或男人"奉茶"。

如何对这些观念守旧的技术人才进行再教育？画素描？教设计？这些全部行不通，"重点是改变他们的心灵结构（mind-set）。"布鲁斯说。

由于过去的历史情结，韩国人满脑子想的就是要"打倒日本"，布鲁斯面对他们时第一堂课劈头就讲："你们不要想打倒日本，重点是你们如何变成最好的，要忘掉敌人，回头问问你们自己'你是谁?'，"布鲁斯说："我们第一件事不是坐下来胡思乱想，闭门造车，而是把他们拉上飞机，让他们脱离原来的禁锢。"

因此，他们带着这些年轻人，每年三次，每次十八天探索世界知名的城市，设计师到这些伟大的城市，体验到不同民族思想、发明、工艺、建筑……然后随时随地讨论争辩。在出国期间，规定不能讲韩文、不能用筷子，触目所见、感官所及的一切都是新的，统统打破习惯。美和指出，"我要让他们不安、感到不确定！他们必须找出生存的方法。"

同时，他们在国内的时间，也走遍韩国各地，从自己文化中寻找创新泉源。布鲁斯说："我们每天逼迫他们思考，联想韩国有什么美好的文化遗产，矗立在这世界文化之林，而感到毫不逊色。"这种见所未见，闻所未闻的"叹世界"之旅，就像具有特效的化学试剂，注入这批精英设计师的血液里，令他们脱胎换骨，改变了他们的"思维定势"。

2. 不以效率论英雄

美和认为创新是没办法计算效率的，效率本身就是"节制"的概念，我们无法"有效率"地创造一个想法。如果你给他们有限的自由，有限的尝试，最后你就只能创造有限的产品。"就像如果汽车始终限速在50公里，那么，我们就永远只能设计时速不超过50公里的车子。"

"一个好的设计环境就是让设计师没有限制的思考"，布鲁斯指出，设计其实是一长串的过程，从最疯狂的点子，无边际的想象，再到把这个想法变为现实，并经过不断地修改，找到对人最有意义的、最好的解决方案，这才叫设计。就像射箭时，先有最外围的圈，最大的视野，然后逐层一圈圈缩小，最后才能正中靶心。

那什么是设计的标靶？一个设计者必须像个人类学家一样，具有多种文化底蕴的人，并有敏锐的把握力，"全世界最大的市场不在中国、不在美国，而在人的心灵深处。"因此，设计的重点在赢得信任，而不只是打造品牌。失去人的信任，品牌就变成大量复制的标签，"就算塞满你的眼睛，你也不会买账。"布鲁斯强调，只有信任才能产生一个品牌真正的声誉，这才是一项产品之所以能历久不衰、受人传颂的原因。

布鲁斯与美和这些哲学的设计观和天马行空的做法，自然无法为IDS立刻产生短期的效益，但布鲁斯与美和所建立的IDS模式，对三星产生深远的影响，它撒下的创新种子，在他们离开了三星后，依旧焕发出强劲的生命力，现今三星的部门15位主管均出自当年的IDS。而三星公司自有的设计人员也由原来的175位增加到近400位，三星每年投入32亿韩元创新资金进行产品设计。

四、心灵感悟

有首歌唱得好："不经历风雨，怎么见彩虹，没有人会随随便便成功。"一个企业同样如此，在他们成功的历程中，我们不仅可以看到执著的追求，同样也能洞察到一种文化的变迁。这种创新文化由上到下相互感染与渗透，逐渐形成企业的固有文化——企业之魂。这种企业之魂就是造就世界级企业的根基。

作为一名合格的创新设计师，他们随时都应在思考：什么将是下一代系统？努力寻求一种新的可能性。这种新的可能性，就会给他们带来突破性的创新。布鲁斯与美和用改变人的方式，改变着三星设计师。没人否认这种塑造人的方式，是我们东方文化的具体体现，而如今我们丢掉的恰恰就是这种文化的精髓。

以上是本书作者收集、整理的韩国三星集团在技术创新方面的经验与教训。我国企业不仅要借鉴他们的这些经验，从中提炼出适合我们企业的策略，还要在此基础上形成我们自己的特色。也应该借鉴他们直接聘请外国专家传播 TRIZ 的教训，历史和现实反复证明，只要是域外文化，必定要经历一个与本国文化要素相互交融、对接的本土化过程，只有经过了本土化的城外之化才可以深深植根于本国土壤之中而充满生机与活力。

思 考 题

1. 分析韩国三星公司的案例中，各运用了 TRIZ 方法的哪些原理？
2. 从三星公司的案例中，你认为成功运用 TRIZ 方法应该注意哪些问题？

|第六章| 日本企业创新方法应用案例

在这一章，主要是回顾日本企业在引进创新方法初期的举措，我们从中能够发现许多可以借鉴的经验。由于这些资料来自于日本 TRIZ 研讨会上各公司所作的报告，资料不是很详细，仅供参考。

第一节　TRIZ 在日产汽车公司内部的开展

一、引进 TRIZ 的目的

首先了解一下日产汽车知识产权部推动引进 TRIZ 的目的，如图 6-1 所示。

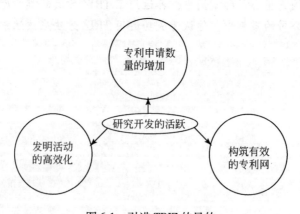

图 6-1　引进 TRIZ 的目的

二、引进 TRIZ 的经过

1. TRI 基础设施与体制

表 6-1　TRI 基础设施与体制

年度	1996	1997	1998	1999	2000	2001	2002	2003
软件的引进情况	TOPE英语版	受挫			TOPE3.01J	IWB (1份) （追加5份）		TOPE3.5J
开展地点					尝试软件　项目开始	在研究所进行试点　在发动机开发部门进行试点		向所有开发部门推广
核心人物数量					3名	8名	11名	16名
其他					参加分组讨论会	开设	全面改良	HP

如表 6-1 所示，该公司 1996 年引进 TRIZ 受挫，主要原因在于当时 TRIZ 的日文资料缺乏，英文版辅助创新软件在使用中遇到语言障碍。停滞了两年后，于 1999 年重新尝试引进日文版软件辅助创新软件，并渐进地试点、推广与普及。

2. 公司内部教育

公司的内部教育如表 6-2 所示。

表 6-2　公司内部教育表

2001 年	2002 年	2003 年
核心人物的学习会（每周 1 次~5 次）	每月核心人物的定期联络会（每月 1 次）	
产能大的 IWB 经验研讨会（1 天）	参加 TOPE 培训（2 天）	产能大的 TRIZ 基础研讨会（半天）
富士胶卷恳谈会（半天）	饭冢先生演讲会（半天）	产能大的 IWB 经验研讨会（半天）
	产能大经典 TRIZ 研讨会（1 天）	中川先生 USIT 培训研讨会（2 天）
	中川先生 USIT 培训研讨会（3 天）	

三、TRIZ 的普及活动

1. 核心人物 Mr. M 的案例——威吓型

（1）向发明者附加义务。
（2）绑架监禁拿不出创意的发明者。

2. 核心人物 Mrs. O 的案例——赶鸭子上架型

（1）"你肯定办得到"。
（2）兜售。

3. 核心人物 Mr. K 的案例——营销员型

（1）"试试看怎么样?"
（2）"看了结果之后再做决定吧"。

四、日产式 TRIZ 构思发掘会

日产式 TRIZ 构思发掘会流程如图 6-2 所示。

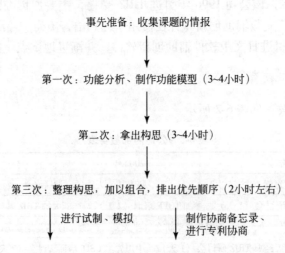

事先准备：收集课题的情报

第一次：功能分析、制作功能模型（3~4小时）

第二次：拿出构思（3~4小时）

第三次：整理构思，加以组合，排出优先顺序（2小时左右）

进行试制、模拟　　　制作协商备忘录、
　　　　　　　　　　进行专利协商

图 6-2　发掘会流程

五、实际成果

1. 应用主题数（图6-3）

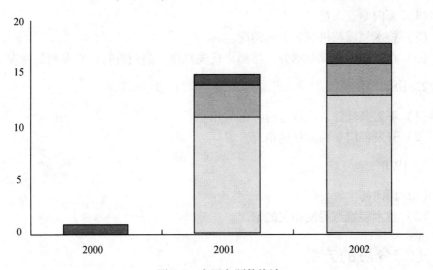

图6-3　应用主题数统计

2. 应用主题（表6-3）

表6-3　应用主题实际效果

技术内容	构思数	专利协商数	实际申报数
发动机	55	5	2
发动机	33	10	5
材料	23	3	3
车身	19	7	3
发动机	15		
材料	13	5	5
发动机	12	1	1
电器设备	11	5	5
FCV	10	1	1
FCV	9	9	7
HEV	2		
底盘	1		
FCV	0		

六、各种工具在日产公司的定位

1. TOPE

（1）面向专业人员。

（2）技术领域与机械相关的情况。

（3）在软件中将课题细分，排列出优先顺序，高效进行构思发掘的情况。

2. USIT

（1）不需要软件，可以进行局部应用。

（2）开发部门单独实施的情况。

3. IWB

（1）面向初学者。

（2）技术领域与控制相关的情况。

七、今后的方针

（1）中期目标：知识产权部的专利技术人员全部能够使用，技术系统的所有部门都能够应用。

（2）2003 年度目标：综合研究所的所有专利技术人员掌握 TRIZ 及技术中心的新核心人物掌握 TRIZ。

八、利用 TechOptimizer 向研究所进行 TRIZ 推广

1. 开始第 1 年的经过（表6-4，图6-4）

表6-4　第 1 年 TRIZ 推广历程

2002 年 1 月	3 月	4 月	5 月	6 月	7 月	8 月	9 月	10 月	11 月	12 月	2003 年 1 月	2 月	3 月
经典 TRIZ	中川先生 USIT	任命成员	创新性分组讨论会	参加公司内部发掘会			用户会议	基础培训	饭冢先生演讲会	摸索实践	正式应用	中川先生 USIT	

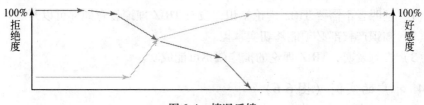

图 6-4　情况反馈

2. TRIZ 推进过程中必要元素的获得方法（图 6-5）

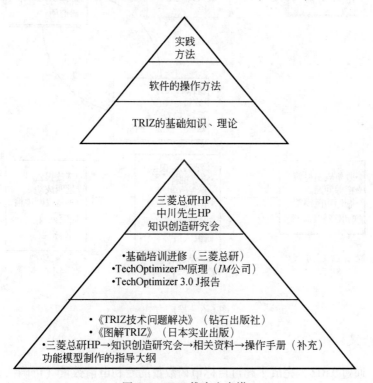

图 6-5　TRIZ 推广金字塔

3. 知识产权部与研究人员分派的任务（表 6-5）

表 6-5　任务分派

	研究人员	知识产权部
软件操作	×	◎
TRIZ 理论知识	×	◎
发明创造	◎	×

（1）发明者不需要 TRIZ 理论知识，没有 TRIZ 理论教育同样可以开展。

（2）知识产权部必须能够切实掌控。

（3）没有发明，TRIZ 理论的推广就不可能成功。

4. 推广的实例（图6-6）

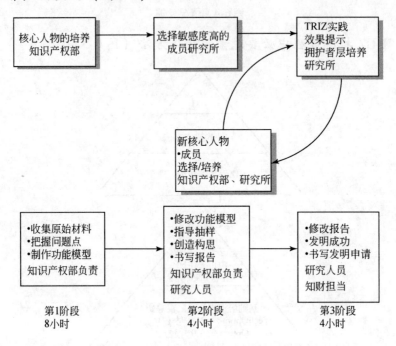

图 6-6　推广方式

5. 结果

（1）通过 TRIZ，完成了超过目标申请数量的专利申请数量（可确认有效性）。

（2）通过 TRIZ，确定了能够将发明全面专利化的方法。

（3）确定完成了开展 TRIZ 时候的方法。

6. 发现的问题

（1）减少制作功能图表的工作时间。

（2）扩大知识产权人员数量。

（3）缩短熟练掌握软件操作的时间。

（4）缩短深渊期时间。

（5）减轻心理负担。

（6）扩大用户群。

7. 对策

（1）从最开始就制作包括发明者在内的功能图表。

（2）作为开发的一系列活动（专利检索、QC）。

（3）实施部门内部的学习会。

（4）让新成员参加三菱总研讲习会。

九、案例分析

日产汽车公司是日本企业中引进 TRIZ 的先行者，最初的失败并没有使企业对引进创新方法失去信心。在条件日趋成熟后，企业又一次引进创新方法，并尝试运用不同的辅助创新软件及理论架构的创新方法，探索适合企业自身条件的方法与工具。经过系统化、渐进式地推广普及，不断地改进，已经实现了日产汽车制定的预期目标。

这个案例再次提醒我们：企业直接引入外来理论将会产生水土不服。因此，引进外来理论时，必须要对其开展本土化研究，这是至关重要，日产汽车公司尝试引进不同软件与方法，进行本土化研究，也为其他日本企业提供了宝贵的经验。现今，日本本土化的创新理论 USIT 已成为日本企业创新方法的主流。

第二节　东芝公司创新活动的介绍

东芝公司在 1999 年以后在全公司引进了六西格玛管理理论。这项活动在东芝公司被称为 MI 活动（管理创新活动），但并非是单纯改善质量的活动，而是以提高经营质量为目标的全公司活动。作为该项活动的工具得到应用的有 BCM、DMAIC、DFACE（东芝式 DFSS）、田口三段设计等。2005 年起又追加了称为 icube 的程序，整体作为东芝公司创新活动进行推广。在东芝公司创新活动中，也进行了关于引进 TRIZ 等新方法的探讨。下面将介绍东芝公司创新活动的整体概况，并介绍如何应用包含 TRIZ 在内的各种工具群的情况。

一、内容说明

东芝公司于 1999 年开展管理创新活动（MI 活动），持续开展活动至 2007

年，已经经历了四个阶段，如图 6-7 所示。

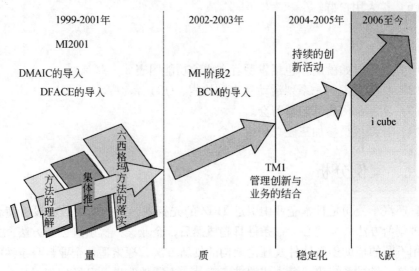

图 6-7　东芝公司开展管理创新活动的四个阶段

为了具体推动该项 MI 活动，利用 BCM、MAIC、DFACE、DMADV 等方法，构筑了以实现愿景为目标的循环，如图 6-8 所示。

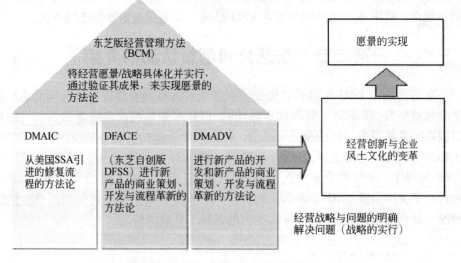

图 6-8　东芝公司实现愿景目标的方略

准备与这些方法相对应的工具群，进行实际活动，如图 6-9 所示。

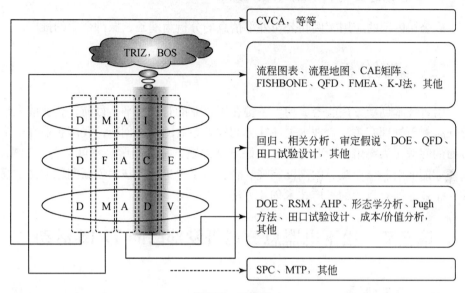

| CVCA，等等 |
| TRIZ，BOS |
| 流程图表、流程地图、CAE矩阵、FISHBONE、QFD、FMEA、K-J法，其他 |
| 回归、相关分析、审定假说、DOE、QFD、田口试验设计，其他 |
| DOE、RSM、AHP、形态学分析、Pugh方法、田口试验设计、成本/价值分析，其他 |
| SPC、MTP，其他 |

图 6-9　工具群

目前，该公司正在进行 TRIZ 的评价和应用，将其作为充实这些工具群的更加重要一环。现将该公司内部目前关于 TRIZ 的推广状况总结如下。

二、东芝公司的 TRIZ 活动

1. TRIZ 引进部门

半导体部门，电力系统部门，医疗器械部门，产业机器部门等。

2. TRIZ 引进开始

2003 年度。

3. TRIZ 应用对象实例

（1）调查工厂不适合的原因。
（2）在设计开发部门进行新商品的策划、技术战略立案。
（3）在设计开发部门发现打破瓶颈期的方式。

4. 今后东芝公司内部的 TRIZ 应用

以公司内部的应用实例和公司外部信息的分析为基础，探讨今后的推广。

三、案例分析

引进技术创新方法能否成功，关键在于企业的管理水平。目前，企业的大部分问题都与管理有关，管理水平往往会制约着企业的技术创新，我国企业在这个方面的问题尤为突出。只要先期解决好管理问题，技术问题自然就会凸现出来，这样才能够引起企业领导的高度重视。企业有了引进解决技术创新问题方法的需求，企业才能有目的的推广技术创新方法。

第三节　松下电器总公司研发部门的 TRIZ 活动

一、活动概要

1. 活动的目的和经过

（1）此推广活动要达到技术人员的技术提升并通过改革开发过程达到提高业务效率的目的。

（2）推广的流程如表 6-6 所示。

表 6-6　推广流程

年度	教育训练	信息提供
2003		
2004	试行实践培训 开始1天的培训	
2005	实践开始	开始互相参照实践结果
2006		
2007		开始提供最新的教材以及相关信息

（3）实践主题数目的递增情况如图 6-10 所示。

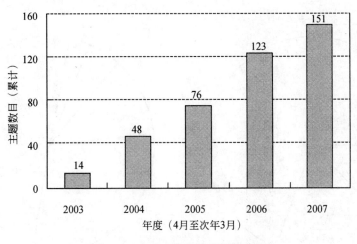

图 6-10　实践主题数量的增长情况

2. 实施形式与技术领域、改善目标

（1）对 TRIZ 的理解（表 6-7）。

表 6-7　实施形式

标准天数	主要项目	课题	形式
1 天	基础 + 专题研讨	假想主题	30 个人左右的教室

（2）业务主题的解决的实施流程如表 6-8 所示。

表 6-8　实施流程

序号	规定需要时间		课题	形式	实施比例
1	120h	问题分析、想出、评定			76%
2	70h	问题分析、想出	业务主题	3~6 个人的小组	21%
3	24h + 实践	问题分析、想出			1.5%
4	16h	明的的课题			1.5%

（3）应用技术领域与目的分类如图 6-11 所示。

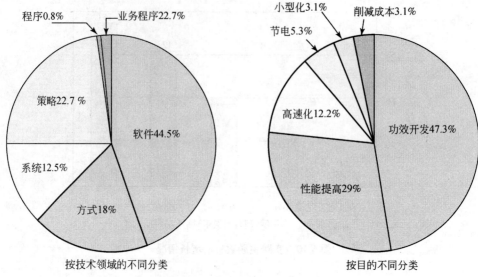

按技术领域的不同分类　　　　　按目的不同分类

图 6-11　应用技术领域与目的分类

二、活动产生的效果

1. 结果评定 1（知识产权申请）

（1）通过 TRIZ 创造出来的知识产权的质量（图 6-12）。

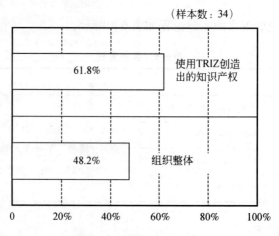

图 6-12　知识产权质量

（2）掌握了 TRIZ 的技术人员（图 6-13）。

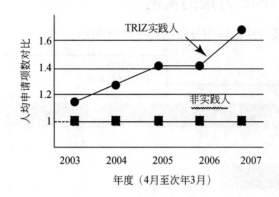

图 6-13   知识产权项数的相对比较

2. TRIZ 实践期间结果的评定 2（业务效率提升）

技术人员对使用了 TRIZ 的结果进行评定，开发效率提升（3 以上）（图 6-14）。

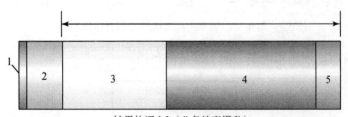

结果的评定2（业务效率提升）

图 6-14   实践效果评定

（1）不做尝试，按平常的方法考虑出的创意，并且比以往的效率更差。

（2）不做尝试，按平常的方法考虑出的创意，而且和以往效率相当。

（3）不做尝试，按平常的方法考虑出的创意，而且相比以往效率要高。

（4）不做尝试，就考虑不出的创意。

（5）即使做尝试，也不知道是否能够产生的创意。

三、应用 TRIZ 方法的实例

（1）创意生成方法的应用分布图如图 6-15 所示。

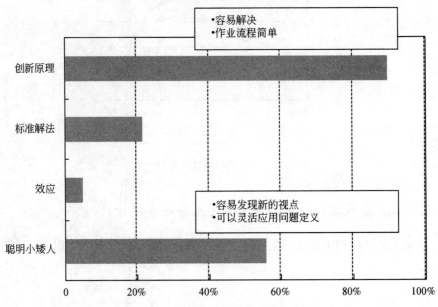

图 6-15　创意生成方法的应用分布图

（2）发明原理运用最多的前十位（图 6-16）。

10. 预先作用
2. 抽取
3. 局部质量
28. 机械系统的替代
24. 中介物
13. 逆向思维
5. 合并
4. 不对称
19. 周期性动作
7. 嵌套

（上面十个原理一共占应用的全部发明原理的79%）

图 6-16　发明原理的使用效率排名

四、应用于系统·方法·软件领域的思维方法

应用于系统·方法·软件领域的思维方法如图 6-17 所示。

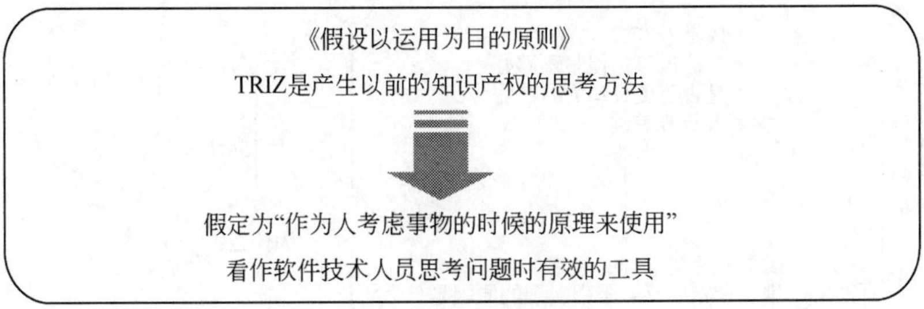

《假设以运用为目的原则》
TRIZ是产生以前的知识产权的思考方法
假定为“作为人考虑事物的时候的原理来使用”
看作软件技术人员思考问题时有效的工具

图 6-17　应用思维方法

（1）验证 1：分析 13 项软件专利全部可以用 TRIZ 推导出来（合作：SKI）。

（2）验证 2：不同领域技术人员评定分布图→难以找出差异（图 6-18）。

问卷调查结果（5分评定）
5
4
3
2
1
程序
策略
系统•方法
软件
有效
时间对效果
以往方法对效果
创意得到提升
对实施感到满意

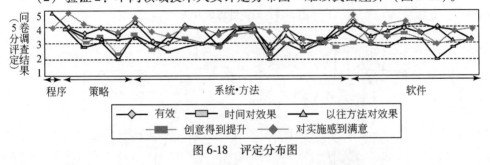

图 6-18　评定分布图

1. 目的

以改善为目标的归纳性思维方法的目的不是为了找理由，而是为了使隐藏着的制约条件浮现出来，发现新的线索。

2. 问题分析考察

系统成立的制约条件和问题分析如图 6-19 和图 6-20 所示。

3. 各种技法概念扩充的例子

1）发明原理的解说例子

28 机械系统的替代：不仅仅拘泥于机械手段。例如：

（1）代用其他的数据/参数/方法；

（2）置换为其他应用。

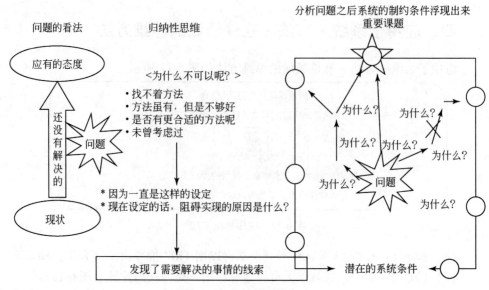

图 6-19 归纳性思维方法

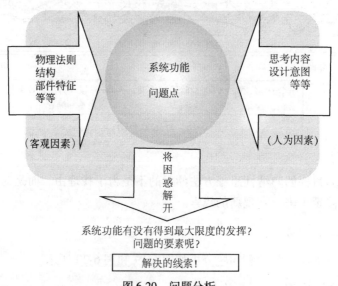

图 6-20 问题分析

2）预测（TOPE）的应用例子

软件主题使用的预测树如下。

（1）新物质的引进：物质—数据、处理模块；

（2）控制性；

（3）空隙的引进：空隙—可以自由使用的空隙（即使空着也没关系）。

3）最新的资料的活用

Darrell Mann 编著的 *TRIZ For Software*？；CREAX Innovation Suite；发明机器公司 Goldfire Innovator；Mishra 编著 *TRIZ PRINCIPLES for Information Technology*（Draft）。

4. 人类思维方法以外应用的可能性

（1）与业务紧密结合地应用 TRIZ，使技术人员主观与管理方针得到统一（图 6-21）。

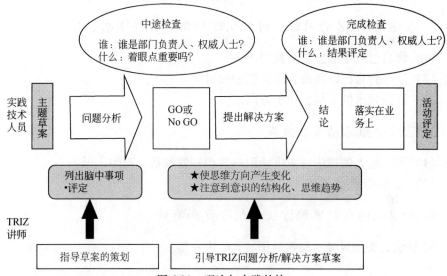

图 6-21　理论与实践的统一

（2）对解决方案不满及结论落实的例子如图 6-22 所示。

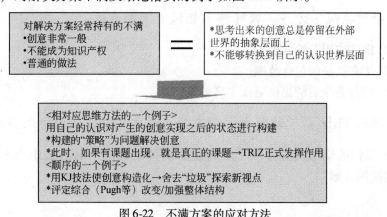

图 6-22　不满方案的应对方法

五、不拘泥于 TRIZ 技法，通过运用 TRIZ 落实业务

有效运用 TRIZ 技法的应用例子有：

1. 在运用 TRIZ 解决课题之前

（1）从分析业务框架进行分析，对课题的定位、评定很重要。
（2）列出对背景/目标（结束时的状态）/制约条件的认识。

2. 在运用 TRIZ 的同时，对知识进行简单的整理也很有效

（1）将自己脑中的想法全数列出。
（2）注意到自己以往没有注意到的项目。
（3）认识技术的结构，找出方向。

3. 通过小组活动互相激发

（1）关心他人的想法—系统认识—共识—激发新一轮的认识。
（2）与 SECI 模式类似。

4. 和以往的创新思维方法的组合更加有效

KJ 技法、头脑风暴、思维导图（BW 法）等。

六、总结

1. 针对系统·方法·软件技术领域也十分有效

（1）推广应用归纳性思维。
（2）扩充技法的包含范围。
（3）期待着今后能提供更加丰富的实例。

2. 按着 TRIZ 提示的解决方向来努力考虑的话，就能得到解决

拥有自信的技术人员会从"解决能解决掉的课题"的想法走出来，考虑"应该解决的课题"。

七、案例分析

我们发现松下公司比较关注创新方法的分析及相关知识的更新工作，他们运用创新方法的技巧与经验的总结为我们推广普及创新方法提供了许多很有参考价值的信息。

遗憾的是我们在这个方面做得不够好，似乎把精力都放到受众面上，更深入的"点"的工作还没有展开。这个"点"即包括推广与应用创新方法的经验总结，也包括试点企业推广运用创新方法的系统化及深入化。过于注重量的变化会影响到质的指标，以点带面才是事物发展的规律，否则将无法建立有说服力及可供大家参考的样板。

第四节　TRIZ 在富士胶片公司内部的开展

一、现状

（1）公司现在的情况是，对 TRIZ 感兴趣的人还是少数。即使对 TRIZ 感兴趣，能积极主动地推行的人更是只有一小部分。

（2）因此有必要从宣传和实践两方面实施夹攻。

（3）如何使技术人员对 TRIZ 产生兴趣？"TRIZ 的宣传"是非常必要的。

（4）如何让对 TRIZ 感兴趣的人产生想运用 TRIZ 一下的想法？此时，成功的体验最有说服力。耳闻目睹了身边的成功经历（实例）之后，最好再进一步实践、体验一下。

二、从对 TRIZ 感兴趣向实践 TRIZ 发展的阶段

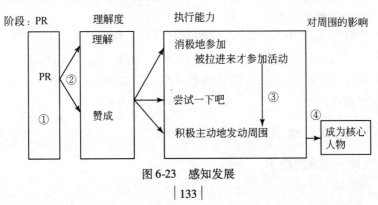

图 6-23　感知发展

TRIZ 的普及各个阶段的行动如下。

1. 宣传

将"TRIZ 主页"引入公司内部网站，面向全公司公开。

2. 底层的壮大

（1）举办讲演会（以一百多人为对象的说明会）。
（2）举办 TRIZ 说明会（以科为单位少人数以及科长午餐会）。

3. 成功体验（工作上的说明和实施）

（1）TRIZ 理论的实施。
（2）USIT 的说明、实施。

4. 核心人物的培养

（1）举办学习会（讲师：三菱综合研究所富樫客座研究员、冈部研究员）。
（2）举办 TRIZ 基础学习会（对公司内部门设定课程）。

三、TRIZ 的实行方法

1. 基本的思维方法

中川教授关于推进方法的主张是把 TRIZ 的方法论和知识库组合起来。

$$推进方法 = 方法论 + 知识库$$

（1）方法论 a：TRIZ 能给我们考察技术的新视角。只要使用优秀的教科书就可以。例如，Salamatov（萨拉马托夫）的《恰当时刻的恰当解决方案》，日语版为《创造性问题解决的秘诀》（日经 BP 社）等。

（2）方法论 b：TRIZ 是解决问题的思维方法。具体是利用 USIT。

（3）知识库是实际应用方法论的实例集。实际应用了"TOPE"。

这个推行方法很符合该公司（或者日本）现在的状况。因此，该公司采用了这个推行方法。

2. 怎样培养积极应用 TRIZ 的意识呢？

1）教科书（方法论 a）

要想读懂 Salamatov 等书籍非常困难，主要原因有如下几方面。

（1）不理解内容。

（2）理解了内容，但是不知道怎样应用是目前的状况。因此，阅读教科书，有必要对人们找到理解 TRIZ 的切入点的过程进行指导（激发人们想读的意识和意愿）。具体做法是需要一本易读的入门书，向对入门书感兴趣的人推荐 Salamatov 的书。

2）USIT（方法论 b）

TRIZ/USIT 看起来有意思，但是有做的价值吗？有值得花费时间的价值吗？说的理论明白，但是实际要怎样操作呢？这是目前的实际情况，因此需要以下具体应对措施：

（1）（有可能的话）让他们得知身边的成功实例；

（2）自己体验成功。

3）TOPE（知识库）

（1）虽然知道这是信息的宝库，但是并不能找出恰当的解答。

（2）明白这是一个巨大的武器，但是不能熟练运用。这是目前的实际情况，因此：①在必要的阶段根据需要进行使用；②不仅仅在 TOPE 满足了好奇心之后就结束，有必要指导使用方法。

以上方面可以归结为下面的图 6-24。

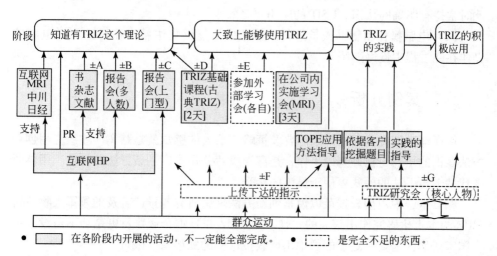

图 6-24　TRIZ 的实行方法

四、TRIZ 在公司内的开展

(1) 书、杂志、文献的介绍，图书的配备、借阅。

(2) 在公司外部培训中心实施：2 ~ 3 小时。

(3) 公司内讲师（讲义以课件为主）：40 分钟到 3 小时（根据对象的情况）。

(4) 2 天课程：在教育部门作为专门课程设置。讲义也很完备。

(5) 外部学习班的参加全凭自愿（拿到并把握参加人名单）。

(6) TRIZ 不是以上传下达的指示来行动的体制。

(7) TRIZ 研究会（各部门的 TRIZ 领导层）的持续举办。

五、TRIZ 的普及

实践方法主要有：

(1) 成员为多人。尽量加入不同部门的人员。

(2) 尽量让成员进行讨论。

(3) 明确表示思维/讨论的过程。自己在"当前"哪个阶段、准备做什么？此时常持有明确的认识。USIT 的应用要有效果。

(4) 电脑操作由辅助人员进行。保证成员能够集中精力在讨论上（电脑的操作在此过程中慢慢熟练）。

六、案例分析

循序渐进地在公司内部推广普及策略，给人的感觉就是踏实。注意应用创新方法意识的培养与抓好基础工作，是富士胶片公司推广创新方法的特色。用体验式代替上传下达的模式更便于员工的接受。

在日本，中川彻教授可以说是创新方法理论研究与推广普及的领军人物。对 TRIZ 的本土化研究作出很大的贡献，为 TRIZ 在日本企业普及更是功不可没。一个国家或地区需要有更多的像中川彻教授这样的助推者、践行者。

第五节　富士施乐公司推广 **TRIZ** 的成果及应用实例

一、推进活动的经过

推进 TRIZ 活动的过程如图 6-25，图 6-26 所示。

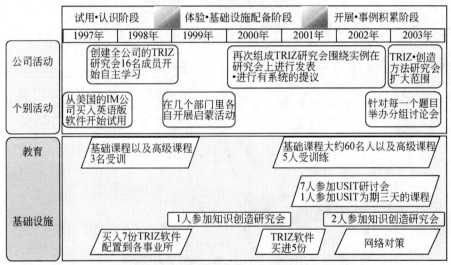

图 6-25　推进 TRIZ 活动过程

二、推进活动的系统性应对

三、TRIZ 应用业务程序的比例

应用项目件数：36 项业务，它们所占有的比例如图 6-27 所示。其中，研究开发部门则是运用 TRIZ 的主体。

四、TRIZ 应用领域所占比例

应用项目件数：36 项业务。各种技术领域所占比例如图 6-28 所示。出于该公司业务范围的特点，机械、物理学方面的主题占大多数，关于化学、软件方面的主题非常少。

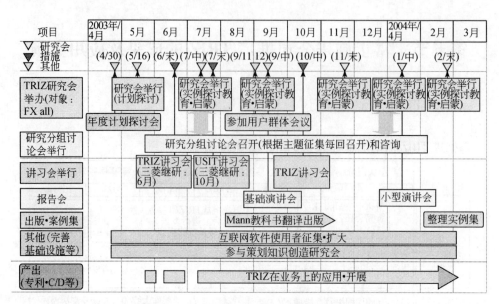

图 6-26　推进 TRIZ 活动的内容和日程安排

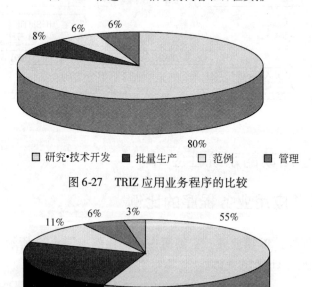

图 6-27　TRIZ 应用业务程序的比较

图 6-28　TRIZ 应用领域的比较

五、应用 TRIZ 时运用技法的比例

应用项目件数：36 项业务。在案例应用中，运用的 TRIZ 工具主要有 40 个发明原理、USIT 和效应知识库。各自所占的比例如图 6-29 所示。

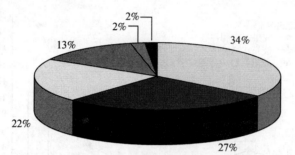

☐ 原理/40发明原理 ■ USIT ☐ 效应 ▨ 预测/76发明问题标准解法 ▨ 修剪 ■ IFR(理想化最终结果)

图 6-29　应用 TRIZ 时运用技法的比较

六、和应用实例与成果密切结合的运用技法的倾向

在 TRIZ 讲习会之后不久尽管存在依赖 DB 软件（TOPE）的倾向，但是在理解 TRIZ 的思维方式之后，USIT 应用的比重就会增加，如图 6-30 所示。

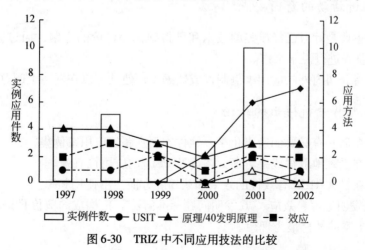

☐ 实例件数 ●─ USIT ▲─ 原理/40发明原理 ■- 效应

图 6-30　TRIZ 中不同应用技法的比较

七、应用实例与成果的趋势

通过开展分组讨论及各种咨询活动，USIT 的应用成果得到提高，如图 6-31 所示。

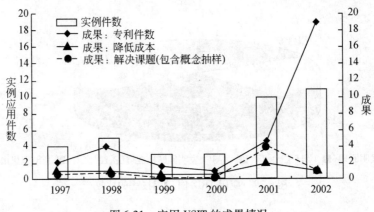

图 6-31　应用 USIT 的成果情况

八、推进活动的总结

1. 推进活动的窍门要点

（1）主要是针对已经成熟的技术和已得到充分讨论的主题，通过应用 TRIZ 并产生效益来进行说服工作。

（2）将公司内外的应用事例制作成数据库，使其可以在网络上阅览。

2. 从趋势分析得出的结论

（1）今后，有必要创造出化学、软件方面主题的应用案例集。

（2）在系统地取得成果方面，咨询及 USIT 的应用很有效。

（3）在扩大 TRIZ 有效性的效果和认知度方面，由使用频率高且浅显易懂的工具（40 发明原理、效应、76 发明问题标准解法等）构成的廉价日语版入门软件和事例丰富的教材最为理想。

九、案例分析

推广工作的细化与应用实例图表分析是普及创新方法取得成功的前提，经验的整理与总结，会为今后更高效的推行创新方法打下良好的基础。对不同的应用领域应采用不同的模式，用实践来验证创新方法的有效性。

第六节　USIT 在松下电工的引进和今后的开展

以通过专利壁垒及高效研究开发为目的，在松下电工公司试行引进 USIT（统一的构造发明思考法），这是将 TRIZ 经简易化、统一化后得到的方法。

本案例将介绍松下电工 USIT 引进的经过、引进体制、研修方法、研修调查评价结果、基于评价结果的可适用技术（机械、电气、系统、材料）及可应用技术，并在此基础上研讨今后的进展方式。

一、发明方法引进的背景

1. TRIZ 的组成（图 6-32）

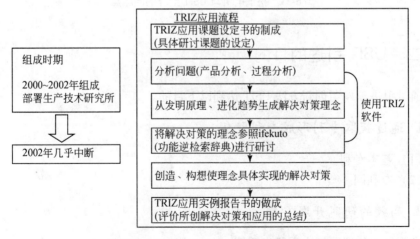

图 6-32　松下电工的 TRIZ 应用流程

2. TRIZ 配合的问题点（图 6-33）

中川教授的见解	本公司状况
以完整形式的 TRIZ 全体系	同样
忠实使用 ARIZ 的算法	同样
从最初告知问题的系统分析	同样
主要使用 TRIZ 软件工具	同样
以从上至下的组织	同样
号令全体公司职员	号令研究部门
革新以往的开发风格	以革新以往开发风格为目标
相信"有效性"	同样
快速广泛进行	同样
⇩	⇩
理解不到位·弊病·反作用	理解不到位·反作用

图 6-33 松下电工与 USIT 配合的问题点

二、USIT 引进的目的

通过引进新发明创新方法 USIT 达到以下目的。

1. 通过获取专利形成专利壁垒

（1）基本专利。

（2）专利网。

2. 高效的研究开发

作为科学的课题解决手段来活用。

3. 培养能够有逻辑性的思考问题的技术人员和信息共享（知识管理）（图6-34）

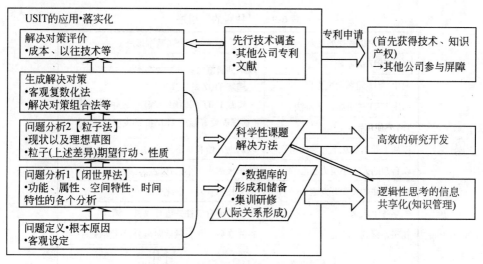

图 6-34　USIT 应用与知识管理

三、引进体制（图6-35）

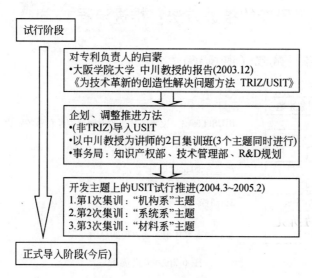

图 6-35　USIT 引进方式

四、"扎实的"引进（表6-9）

表6-9　"扎实的"引进

中川教授的见解	本公司基本思路
理解 TRIZ 的本质	以集训研修（2 日）为基本
使用 USIT 问题解决程序	·理解 TRIZ 的本质
利用 USIT 的分析法·解法	·实践 USIT 问题解决程序、分析法和解法
TRIZ 知识库	（根据需要好似用 TRIZ40 的发明原理）
以从上开始和从下开始的组织	以从上开始和从下开始的组织
以自知的人·小组为核心	从积极的人·小组开始
引入以往的技术开发之中	引入技术开发主题之中
积累各个成果	每次验证有效性并进行改善（调查）
扎实，深刻，广泛	首先在研究所，然后向全公司扎实深刻
⇩	⇩
扎实的导入和成果	扎实导入（全公司开展）和成果

五、小组研修的推进方法：推进流程

1. 研修推进流程（图 6-36）

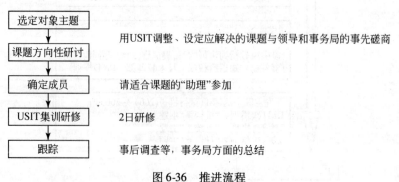

选定对象主题	
课题方向性研讨	用USIT调整、设定应解决的课题与领导和事务局的事先磋商
确定成员	请适合课题的"助理"参加
USIT集训研修	2日研修
跟踪	事后调查等，事务局方面的总结

图 6-36　推进流程

2. 成员构成

成员构成 5 名（标准）至 8 名。主题成员 3 名包括主题领导（必须）。

（1）主题领导作用：说明主题课题和判断、评价思路。

（2）主题成员作用：研讨课题。

助理 1 名，拥有课题研讨所需技术的人（或者外行）。

（1）作用：针对课题，从与成员不同的角度提出建议。

（2）提出幼稚的问题，从原点看待问题。

知识产权负责人 1 名 负责主题的知识产权，作用：支援想法的权利化。

3. 研修日程（图 6-37）

项目 主题	USIT 方法理解度 （5 点法）	对主题的有效性 （5 点法）	USIT 方法推荐度 （人数比例）	所创发明数 （一例）
第 1 次 机构系主题	3.8	3.1	71%	5 件 （1—B 队）
第 2 次 系统系主题	3.4	3.0	69%	10 件 （2—C 队）
第 3 次 材料系主题	3.5	2.6	64%	7 件 （3—B 队）

不仅是在机构系，在系统系中也有适用USIT的可能
参加者的6~7成向他人也推荐使用USIT方法。
在2日的研修中，每队产生了5~10个左右的思路。

图 6-37　学习情况反馈

六、研修的评价结果和 USIT 适用可能性

1. 通过参加者调查

2. 参加者意见的例子

1）USIT 方法的优点·课题

（1）可以整理现状课题和问题点。

（2）研讨阶段标准化，领导也能进行创造性研讨。

（3）通过 Gr 讨论形式可以得到多方面意见。

（4）从理想解决法出发的研讨拥有多重视点。①在从定性评价阶段进入定量评价阶段，否则事后则无法评价；②因课题设定、制约条件设定而结果不同。

2）对主题的作用

（1）相关人员的认识达成共识，从崭新视角得到了启发。

（2）通过按照客观、属性、功能分类分析问题，课题构造变得明确。

（3）主题阶段在初期问题点不明确，难以进行思路评价。

（4）随主题进展出现各种制约条件，崭新的思路无法适用，难以突破现状。

（5）出现了可以用于以后行动（试用评价）的思路。

3）研修的推进方式

（1）在实际主体中学习了 USIT 方法，因此容易理解；

（2）开发负责人、解析技术员、知识产权负责人的 Gr 研修很好；

（3）研讨 USIT 的全部 5 种解法的时间不足；

（4）想要可以用于实际主题构想的事例。①研修成员讨论临近结束时需要可以恰当引导的讲师；②助理的选定在崭新视角探索上也很重要。

七、USIT 研修的特长、优点（通过试行、评价的感想）

1. 通过短期（2 日研修）可以实现 USIT 方法的理解和负责主题课题解决对策的生成

（1）对忙于开发主题的 Gr 来说长期限制比较困难。

（2）比单纯的方法理解研讨会更能得到实际收益，能够认真听讲。

2. 可以不按照标准思考顺序依赖工具来进行研讨

思考顺序是大家都能够接受的（正常的）流程。

3. Gr 研修方式有以下优点

（1）集中多数人的智慧，得到相乘效果（三个臭皮匠赛过诸葛亮）。

（2）有助理参加，可以获得从负责人以外的视角、技术而来的建议。

（3）通过向外行参加者进行说明来获得回归原点的视角。

（4）有专利负责人参加在研修后也可以跟踪申请。

（5）参加者相互间人际关系的形成在研修后也可以进行活用。

八、USIT 研修的工夫点

1. 成员

通过助理的参加向主题成员引进新技术。加入专利负责人，研修后也可以跟踪。

2. 事先洽谈

实行主题课题事先洽谈，进行适应 USIT 研讨的方向性调整（提炼问题点、选定对象）。或与讲师事先联系准备对策。

3. 事后调查

分析方法理解度、主题贡献度、研修推进问题点、方法推荐度等，反馈给管理者。

4. 主题选定

主题进展阶段要留意，选定可以期待 USIT 效果的主题。

（1）刚刚开始的主题中什么是最重要的课题尚不明确，即使产生思路也难以判断、评价。

（2）接近尾声的主题即使产生思路也无法变更方针。

九、USIT 研修的问题

USIT 研修的现状是 USIT 的引进在中途、试行阶段，运用体制和研修方法不完备。

1. 适用对象主题的范围

（1）机构系、系统系可以适用（材料系的情况尚在调查统计中）。

（2）有必要包含事例明确不适用于什么样的课题。

2. 研修体系

（1）2 日的研修对初次参加的人来说长度适当。有必要研讨 2 次以后的研修的进行方式、USIT 5 种解法的完全理解和做法。

（2）有必要在教材中添加该公司具体事例、研讨 FORMAT 的窍门等。

3. 公司内开展自主运营体制

作为公司内讲师，需要培养领导 USIT 研修、每次能够提出建议的人才。

十、今后的推进方法

1. 从试行阶段到正式引进阶段

（1）公司内运营体制调整。

（2）公司内 PR 方法的内容、效果。

（3）以申请参加方式向所有主题展开。

2. USIT 方法完成度的提高

（1）接受中川教授的指导，改善推荐方法和扩大应用对象。

（2）TRIZ 知识库的引入。

（3）达雷尔·曼恩的修订版等。

十一、小结

1. 为引进 USIT 创新方法而进行了试行、评价

（1）总体为好的评价，确认 USIT 可以作为发明创新方法来开展。

（2）通过 R&D 主题的机构系、系统系主题的适用评价获得课题解决及发明创新的实际成果。

（3）研修参加者对方法理解度、对课题的有效性方面认识良好。

2. 今后的方向性：以引进 USIT 方向推进

（1）以公司内自主运营体制为目标，培养公司内讲师，调整运用。

（2）探索向所有主题适用的界限。

（3）研修方法的进一步改善（编辑教材等）。

十二、案例分析

松下电器产业株式会社全公司推进 TRIZ，一部分公司正在引进 USIT，通过松下电器、松下电工两公司的 USIT 推进，部署共享运营经验技术。为确立高效的推进体制，正在推行研修的事务局间相互参与（作为观察员参加）。USIT 作为经过日本学者本土化的创新方法，在日本企业推广更为有利。创新方法没有最好，只有更适合与实用。我们发现，TRIZ（创新方法）传播到不同的文化地域都会产生新的分支出来，这给我们带来很大的启发。

思 考 题

1. 日本企业运用 TRIZ 方法的基本流程是什么？
2. 比较日本企业与韩国企业在成功运用 TRIZ 方法上，有什么相同和不同点。

第三篇　技术创新方法研发和推广

|第七章| 技术创新方法研发体制比较

第一节 国家创新体系

国家创新体系（national innovation system）首先由英国著名技术创新研究专家弗里曼于 1987 年提出，它的基本含义是指由公共和私有部门及机构组成的网络系统，强调系统中各行为主体的制度安排及相互作用。该网络系统中各个行为主体的活动及其之间相互作用旨在经济地创造、引入、改进和扩散新的知识与技术，使一国的技术创新取得更好的绩效。它是政府、企业、大学、研究院所、中介机构之间寻求一系列共同的社会和经济目标而建设性地相互作用，并将创新作为变革和发展的关键动力的系统。国家创新体系的主要功能是优化创新资源配置，协调国家的创新活动。

具体而言，国家创新体系具有国家创新资源（包括人力、财力、信息资源等）的配置功能、国家创新制度与政策体系建设功能、国家创新基础设施建设功能和部分创新活动的执行功能。国家创新体系有系统性、网络性、制度创新性、组织学习性等几个基本特性。其中，要准确理解国家创新体系的本质内涵，必须把握两点：第一，国家创新体系是有关技术创新的国家层次上的体系，技术创新是国家创新体系的核心。第二，制度安排因素对国家创新体系的功能和效果起到基础性作用，制度创新是国家创新体系的一个基本变量。

国家创新体系是一个有关创新的、属于经济范畴的系统概念，因此必须明确国家创新体系的建设是一项涉及经济、科技等多方面的系统工程。

第二节 美国开展技术创新方法的体制概况

一、研发主体类型

美国创新活动的行为主体是企业、研究机构、大学及各级政府等，不同的行为主体承担着不同的创新任务。全美上万家企业拥有研发实验室，其中100家大企业的研究工作量占整个产业界的绝大部分，雇用者约300万科技人员，占全国就业科技人员的60%~70%。每年投入的科研资金达1000多亿美元，占全国科研开支的70%左右。美国政府很少支持生产工艺的研究，而着力支持基础研究，尤其是那种短期内成果不确定的基础研究，除了国防、国土安全和农业外，产品开发并不是政府的主要职责。美国的大学在创新中承担着重要任务，主要体现在知识的生产和传播上。

1. 企业

生产知识和技术，供应技术，更多的则是应用知识，并最终通过市场以新产品、新工艺和新服务等方式实现技术创新。

美国产业界是美国研发活动的主体，他们高度重视创新，对研发的投入是政府研发投入的2倍。同时他们既是研发活动的最大投入者，也是最重要的科研项目的承担者和科研成果占有者。20世纪90年代以来，产业界的重要性有增无减，其科研投入与支出占全美总投入与支出的比例均逐年上升。

产业界在科研活动中的主体地位，还表现在美国政府科技投入的1/3是用于直接资助企业，大多采用经费1:1匹配的方式拨付。不过产业界使用的科研经费差不多90%来自于产业界自身。1999年，全美1000家最大的企业其科技投入与销售额之比为4.3:100，科技投入与利润之比为42.8:100。

2. 大学和国家科研机构

生产知识和技术，向社会提供新的科学知识，作企业的技术源。

3. 政府

支持知识生产尤其是战略性研发，以政策和计划引导企业的技术创新和产业的发展，建设科技基础设施和制度，包括知识产权制度、法律法规和标准等。

此外，其他主体还包括生产力促进中心、技术咨询机构、工程技术研究中心等在内的中介服务机构，这些机构在促进技术转移、支持中小企业的技术创新中也发挥着重要作用。

二、研发规模

20世纪60年代到80年代全美科研人员总数年均递增5.6%。同时，美国还从世界各地吸引人才，组建起一支世界最高水平的科技队伍。自 1945 年以来，美国诺贝尔获奖人数一直居世界第一位，据统计整个 20 世纪 40% 的诺贝尔获奖者来自美国。美国研发人员的规模 1993 年为 96.27 万人，超过同期日本和英国研发人员之和。

20 世纪 50 年代以来，科学技术和经济社会的迅猛发展对美国科技人力资源产生了持续、强大的需求，发达的高等教育源源不断地输送着高素质的科技人力资源后备军。这些因素导致美国科技人力资源的总量规模持续扩张。1950 年，科学和工程领域的就业者不到 20 万人，而 2000 年这一数量增加到 400 多万人，年均增长率达 6.4%，远远超过同期美国总就业人口数量 1.6% 的年均增长率。截至 2005 年年底，在 15 岁及以上年龄的人口中，接受过第三等级以上教育的人数高达 5000 多万，在科学及工程领域就业的总人数约为 500 万，研发人员总量约为 130 万，远远领先于其他发达国家。

美国国家科学基金会的统计资料显示，2000 年高等院校约承担全美科技研发活动的 11.4%，研发经费达 301 亿美元左右。高等院校的研发活动主要集中在基础研究领域，1970~2000 年，基础研究在高等院校整体研发活动中所占的份额一直保持在 66.6%~77.7%。

近年来，2500 家大学为私营企业建立了 350 个科技中心，这些中心集中在一定的区域，形成一个具有内部组织体系的园区体系，代表着新兴产业的发展方向和科学技术的发展前沿。最负盛名的硅谷就是一个具有代表性的例子，它是美国规模最大的高技术工业中心，共有 8000 多家企业，生产电子工业的基础材料——硅片及其他电子产品，年产值达 400 多亿美元。此外，波士顿 128 号公路附近的科技园、北卡罗来纳研究三角园区、亚特兰大技术园区等高技术园区也都是美国技术创新的发源地。

美国政府科研经费预算高，且逐年平稳递增，尤其重视对国防和应用方面的投入，政府科研投资占 GNP 的比重从 1955 年的 1.5% 上升到 1986 年的 2.8%，自 1990 年以后科研投入比值一直在 3% 以上。二次大战后，美国政府以大量商业合同的方式，向企业直接投入研发经费，目前，产业界的研究经费有 12% 来自联邦政府，其中大部分就是通过商业合同形式提供的，而军事工业是商业合同的最大支付者。1950 年，美联邦政府的科研经费为 27 亿美元，其中 14 亿美元支付给了企业；1990 年，美联邦政府的科研经费为 617 亿美元，其中 280 亿美元给了企业，占总数的 45%；1997 年美国政府花在研究与开发上的经费为 2000 亿美元，超过了日、德、法、英对研究与开发支出的总和。美国科研经费的资源配置非常稳定，从 20 世纪 60 年代到 90 年代，其基础研究、应用研究和实验发展的经费一直分别稳定在 12% ~15%、21% ~24%、61% ~67% 的范围内，波动较小。

1994 ~2000 年既是美国有科技统计数据的头 5 年，也是美国研发支出增长最快的 5 年，从 1692 亿美元，猛增到 2000 年的 2642 亿美元。扣除通货膨胀因素，平均实际年增长率高达 6%，大大超出同期实际 GDP 增长率。2000 年，产业界研发实际投入约为 1760 亿美元，扣除通货膨胀因素后与 1994 年的 993.3 亿美元相比，真实年增长率为 8.2%，快于研发投入的整体增长率，使得产业界投入占全部研发实际投入的比例，从 1994 年的 58.8%，上升到 2000 年的 66.6%。这表明，科技投入不仅成为市场微观行为主体的自主行为，成为企业战略管理行为，而且已转化为企业调动市场资源实现企业发展目标的关键手段。2006 年，美国政府的研发预算达 1320 亿美元，私人企业的研发预算可达 2000 亿美元。2006 年国情咨文称，未来 10 年内美国联邦将加倍扩增科技计划研究经费，主要投入纳米科技、超级计算机应用、新能源开发等领域的研发。

三、研发成果分享模式

1970 年，美国教育部的前身 Office of Education 在界定资优教育才能时，特别将创造才能列为六种资优才能之一。教育部的 Office of Educational Research and Improvement 负责教育研究工作及成果分享。全国成立十个地方教育实验室，鼓励独创研究、解决教育问题，成立 ERIC - Educational Research Information Center，使教育领域专门知识成为教师、研究者可轻易得到的资料。教育部下的国家教育统计中心也负责有关教育研究统计工作，定期检验文字转化研究数据。

美国政府支持大量的教育革新计划如，Technology Innovation Challenge Grant，The Javits Gifted and Talented Students Education Program 等，并设立 Blue Ribbon School Program 鼓励致力于教学创新和提升学习成效的教师及学校。

第三节　以色列开展技术创新方法的体制概况

一、研发主体类型

以色列自建国以来，一直非常重视技术创新及对新技术成果的推广和转化活动。科技部在全国建立有 10 个研发中心，着重对生物技术和纳米等新技术进行研发与推广工作。公益性研究机构主要有农业研究组织 ARO、魏斯曼科学研究院及与农业有关的专业研究所，其中农业研究组织是以色列最负盛名的政府农业研究机构，设有 7 个研究所（大田与园艺作物、园艺、畜牧科学、植物保护、土壤水利与环境科学、农产品加工与储存、农业工程）、4 个区域性研究站、1 个种子基因库。

各大公司，如以色列飞机工业公司、TEVA 制药公司等，都有自己实力雄厚的研发队伍和研究中心，直接将研发技术成果转化到生产应用之中。

高等院校是以色列高级科技人才的聚集之地，也是基础研究中心，研究领域十分广泛。20 世纪七八十年代以来，大学的研究领域不断拓宽，几乎涉及所有经济部门。据统计，以色列的七所大学不仅承担了全部社会科学的研究工作，而且还承担了自然科学与技术领域 30% 的研究工作。以色列的每个大学除标准的系外，大部分大学都有跨系的研究中心和研究所，专门从事跨学科的基础课题研究，如大规模集成技术、旱地生态系统等。大学基础研究预算 15% 由大学自己筹集，政府拨款和企业委托研究也提供一部分经费，大部分经费来自研究人员向国内和国际组织所申请的资助。

以色列国内几个基金会每年资助 1500 多个研究项目，资助金额超过 6500 万美元，其中最大的一个基金会就是以色列国家科学基金会，该基金会 1996 年度的预算为 2200 万美元，其中政府出资 2000 万美元，私人出资 200 万美元，共资助 400 多个研究项目。申请研究基金的竞争是十分激烈的，成功率一般在 10% ~ 30%，每个大学都有研究管理办公室帮助教师申请研究基金。

大学已成为以色列获得国外专利最多的部门，投入相等数量的研究开发资金，以色列大学获得的专利是美国大学的 2 倍以上，是加拿大大学的 9 倍以上。以色列所有大学都有科工贸一体化的开发公司专门从事应用研究、推广研究成果、寻找外部的投资者和战略伙伴的工作，这些公司还常常代表大学参与新公司或技术"温箱"的筹建工作。以色列几所大学还建立了应用研究基金或实验室，帮助开发有商业价值的研究项目。一些大学在校园附近建起了高技术工业园区，如特拉维夫大学的高技术工业园区已发展成为以色列最大的高技术工业园区，取得了巨大的商业成果。

二、研发规模

以色列的大中型企业都设有专门的研究与开发机构，据统计，职工在千人以上的工业企业尤其是军工企业用于研究与开发的经费占企业经常性支出的 60% 以上，如生产通信设备的桑迪兰公司 1992 年的销售额为 7.8 亿美元，而用于研究开发的经费高达 4000 万美元，占销售额的 5.1%。另外，一些团体和协会也为促进以色列的科技进步发挥了很大作用，如以色列科学与人文学会由 60 名以色列最杰出的科学家组成，该学会负责管理以色列国家科学基金，积极向国内外募集资金资助基础研究。

在以色列所有的综合性研究型大学里，不仅有数目众多的高技术公司，而且专门建立有校属研究成果推广中心，并且运作得非常成功。如魏兹曼研究院负责研究成果推广的技术转让公司，可以称得上是高校技术推广成功的典范，一个只有 2500 人（包括硕、博研究生）的研究院，仅因技术转让得到的收入，2004 年就已经超过一亿美元，名列世界第二。

以色列技术学院是以色列工程方面的重要教育科研机构，该技术学院与农业相关的系有 2 个，即食品工程与生物技术系、农业工程系；所属的农业方面的研究机构共有 5 个，即水与土壤农业工程研究中心、农业机械研究中心、环境与水资源工程研究中心、食品工业研究发展中心、以色列技术学院研究与开发基金会，其中在这 5 个机构中大学以上科研人员共计 180 多人。

三、研发成果分享模式

作为一个典型的依靠创新为动力的国家，以色列在创新理论与实践方面都有独特之处。以色列的发明与创新方法学研究始于 20 世纪 70 年代，在系统研究前苏联发明家和研究人员创立的 TRIZ 理论的基础上，以色列科学家提出了"系统性发明思维理论（SIT）"，并在实践中验证和完善，加以推广应用。这一理论对世界的发明与创新方法学研究产生了一定影响。

TRIZ 理论作为创新理论工具，在以色列公司中的研发团队中也取得了可观的成果。例如，全球知名的 Intel 公司，就在以色列设立了专门的系统创新研发团队和科技办公室，这个创新团队专注于 TRIZ 创新的研究和研发工作，为 TRIZ 在 Intel 公司全球范围的应用推广作出了突出贡献。

第四节　日本开展技术创新方法的体制概况

一、研发主体类型

1. 政府

政府是日本国家创新体系的构筑者。纵观战后日本国家创新系统的演进过程，从技术引进立国到科技立国，从工业技术的发展到电子技术的革新，从应用性研究为主向基础性研究转变，从大型企业的科技研发到中小企业创新制度的确立，无不在政府这只看不见的手的规划和指导下进行，是政府一手构筑了日本国家创新系统的框架。首先，政府为引进技术开绿灯，从政府到民间企业都认准了迅速缩小与欧美差距的捷径就是把先进的技术引进来。其次，抓紧宏观控制，政府透过技术评价，根据各时期国家发展重点，制定了严格的审批制度，强调引进项目的经济指标、产品出口比例和企业对引进技术的消化吸收能力等条件。所以，几十年来日本引进技术的内容一直控制在效益好的专利技术、运转操作工艺、设计图纸及重要机械设备等，绝不轻易购买产品。

2. 企业

企业是市场经济中的行为主体，同时也是技术创新的主体，是日本国家创新体系的主体。促进战后日本产业的技术革新并带来高速增长的原因之一，就是企业在研究开发与实施上的主体地位。在日本的研究开发费中，政府负担的比重较小，民间企业不仅是大部分研究经费的使用者而且也是大部分研究经费的提供者。

3. 公共研究部门

公共研究部门是日本国家创新体系的知识库。公共研究部门包括政府设立的国立研究机构和大学，他们的主要目标是开发新的具有较强公有性质的技术资源，他们是科技成果的创造者，同时又是知识和人才的提供者，在为实现国家战略目标的研究项目中起骨干作用，是国家创新体系的知识库与创新源。在日本的国家研究机构中，最有代表性的当属工业技术院。

二、研发规模

（一）高校和科研机构

日本政府对教育和培训都给以高度重视，自明治维新以来，日本一直非常重视教育，劳动力技术水平较高，众多的经理、工程师是日本成功赶超美国等发达国家的基础和前提条件。正如弗里曼通过对日本的国家创新体系进行研究后认为，日本年轻人取得第二教育或更高教育的绝对数量和高水平的普通教育，使日本不仅在研究与开发机构中，而且也在生产工程与管理中具有大量优秀的专业工程师，使日本在技术引进、工艺与产品更新及目前不断增加的自主创新方面取得了巨大成功。因此，日本政府对教育领域的投入对促进技术创新活动的开展起到了不可替代的作用，日本政府所倡导的在技术引进基础上进行创新的发展战略，在特定的历史条件下取得了巨大的成功，政府所推行的对国内技术创新活动的积极引导和重点扶持的强干预政策也被证明为日本经济腾飞的关键。日本高校及研究机构培育人才的措施如下。

1. 设立大学研究生院和独立研究科

20 世纪 90 年代以来，日本对研究生教育机构进行了改革，其中大学研究生院只设博士课程的后三年课程，其目标是"培养可以开拓新的科学领域，促进高深研究，有广阔视野并富于创造性的国际性的研究员"。此时，独立研究科也得到了发展，独立研究科设于学部之外，独立研究科的教师以实施研究生教育为主要工作。无论是大学研究生院还是独立的研究科，它们的一个共同特点是研究生教育的复合化与学科领域的前沿性，即适应科学技术迅速发展变化、综合学科与新兴学科不断出现的趋势，在学科发展前沿上培养具有综合能力与创造能力的人才。

2. 实施研究生入学资格的弹性化政策

1988 年 12 月，日本大学审议会提出了关于改革研究生院制度的方案——《关于研究生院的弹性化制度》，该咨询报告认为，随着学术研究的迅速发展，培养具有高度研究能力与创造能力的研究人才成为当务之急，为此应该使那些具有优秀研究潜能的学生尽早进入研究生教育阶段。

3. 大力推进"研究生院重点化"建设

在 1998 年大学审议会发布的《关于 21 世纪的大学与今后的改革方针政策》的咨询报告中有这样的一段论述："从积极开展具有世界前沿水平的教育与研究、培养能适应我国社会与国际社会发展的活跃于诸多领域的优秀人才这一观点出发，有必要支持、形成一批作为高水平教育与研究基地的研究生院。为此，应该采取这样的措施，即根据对专攻领域的客观、公正的评价，在一段时间内，集中、重点分配研究费、设备费等。""研究生重点化"不仅使教师的工作重心转移到研究生的教育上来，而且大大提高了对研究生教育经费的投入数额。

4. 大力开展创造性教育活动

要培养创新人才，就必须在大学中实施创造性教育。20 世纪 90 年代以后，出于现实的需要，以 1996 年的《日本劳动白皮书》为发端，临时教育审议会的最终答辩报告、教育课程审议会的中间报告等先后提到了创造性教育的重要性。在此背景下，许多高等教育机构大张旗鼓地开展了新一轮的创造性教育的研究和实践。在实施创造性教育的过程中，各高等教育机构根据自己的现实情况、培养目标，采取不同的手段和方法，有的制定了"创造性开发科目"的认定标准，对全校现有的课程进行评价；有的开设"创造自习科目"，旨在发挥学生学习的自主性；也有的学校干脆把参与机器人设计制作大赛等各类校外活动与教学内容联系起来，学生通过专业课的学习掌握表象的知识，通过"发现问题、自我学习"的创造性教育课程不断激发学生获取新的表象知识的内在动力和思维能力。

5. 注重科学研究据点建设

日本在 2003 年制定的《科学技术人才培养综合计划》中提出从 2004 年至 2008 年，建设具有国际竞争力的研究据点，对被选中的据点重点资助，集中优秀人才，扩充设备，研究者在作出更多成果以后更具知名度，形成良性循环。其中，在国家重点资助的 273 个研究据点中，东京工业大学就占了 12 个。

实际上从 2002 年起，日本文部科学省就开始每年选择 50 所大学的 100 多项重点科研项目进行资助，每个项目自主时间为五年，每年 1 亿到 5 亿日元不等。这一计划使日本大学的科研更具战略性，同时有助于人才的快速培养。日本有一个宏伟目标，就是在 21 世纪头 50 年培养 30 名诺贝尔奖获得者，21 世纪卓越研究教育基地计划的目的就是要建立一流人才培养基地，在取得国际领先重大科研成果的同时，让一批国际顶尖人才脱颖而出。

6. 注重加强学生个性的培养

由过去重视形式上的教育平等，转向尊重和发展学生个性。承认和尊重学生的差异，使他们受到相应的教育，培养其开拓精神，使他们能够在急速发展的国际化、信息化时代发挥自己的个性和创造力。为此，通过各种形式，给学生以更多的选择机会，使他们能够最大限度地发挥自己的聪明才智。

（二）企业

日本企业是国家创新体系中的一个主要角色和技术创新的主要承担者。第二次世界大战后，日本经济处于瘫痪状态，市场机制不够完善，企业的创新能力比较薄弱。在日本长期的赶超过程中，企业一直是技术创新的主体，市场机制是配置创新资源的主要方式。例如，有资料表明，日本企业所提供的 R&D 经费一直占全国 R&D 总量的 60% 以上。

1. 企业不断加大研发投入

日本自战后的几十年间就一直保持着研究开发投入持续、快速增长的态势，进入 20 世纪 80 年代以后这种势头依然不减，并且研究开发支出占 GDP 的比重进一步上升。日本的研究开发支出 1980 年为 52 463 亿日元，1985 年增加到 88 903 亿日元，1990 年猛增到 130 783 亿日元，尽管 20 世纪 90 年代初期日本国内经济在 1993 年和 1994 年分别出现了下降，但是研究开发支出在 1995 年又增加到 144 083 亿日元，到 1999 年则高达 160 106 亿日元，比 1980 年增长了 2.1 倍。在这一期间，研究开发支出占 GDP 的比重则不断上升，由 1980 年的 2.11% 上升到 1985 年的 2.69%，1990 年又上升到 2.9%，1995 年略有减少（2.87%），1997 年首次突破了 3% 的大关（3.03%），此后一直保持在 3% 以上的高水平，1999 年达 3.12%。应该注意到的是，日本的这一比重在 1990 年达到 2.9%，首次取代了德国居世界第 1 位，而且一直将这种领先保持至今。1990 年和 1999 年，其他主要发达国家的这一比重分别是，美国（2.61% 和 2.63%）、德国（2.75% 和 2.37%）、法国（2.37% 和 2.17%）和英国（2.16% 和 1.87%）。在整个 20 世纪 90 年代，除日本和美国以外，其他主要发达国家的这一比重都不同程度地呈现下降的趋势。

2. 企业的技术创新动向符合企业的发展目标

日本的研究开发体制与欧美相比一直属于民间主导型。因此，日本企业的研究开发活动对于日本的技术创新能力乃至国家创新体系的效率都有着举足轻重的影响。不言而喻，企业的研究开发费投入是技术创新的物质保障，世界主要发达国家自 20 世纪 80 年代以后这种投入呈现大幅上升的趋势。这一方面反映出在企业的生产过程中技术重要性的增大，以及伴随着技术集约型产业的成长，产业结构所发生的变化。同时，另一方面也说明了在经济全球化的进程中，伴随国际竞争的激化，要想在竞争中获得优势，技术越来越成为重要的参数。

日本科学技术政策的核心是充分开发和利用能够尽快使经济得到增长的科学技术，同时民间主导型的技术创新体制决定了日本的研究开发对市场信号非常敏感，研究开发的重点是应用研究和技术开发。正是这种特点，使得日本的科学技术在日本战后所创造的经济奇迹中起到了非常大的作用，同时它还表明后发国家在赶超过程中没有必要在世界基础科学研究领域领先。

3. 企业的工业实验室是企业研发的主体

所谓工业实验室为主的研究生教育和科研模式，在日本就是工业实验室已经替代大学成为主要的科研中心和研究生教育基地。工业公司为科研人员提供资金、课题和就业机会，反过来，由于有大量的科研人员，工业公司也获得更大的发展，因此有更大的热情和实力在内部进行研究生教育工作。由于企业特有的创新精神和进取精神的发挥，这种研究生培养模式产生了更大的生命力。日本的这种以工业实验室为主的研究生教育和科研模式提供了一种以工业为基础的连接科研与教学和学习的典型。

（三）产学官合作模式

日本在 20 世纪 30 年代就开始注意高校和企业的科技合作，经过几十年的发展，正建立起如联合研究制度、合作研究制度和合同研究制度等多种形式的横向联合。日本高校引入市场机制，努力建立教学、科研、开发利用与生产实践一元化体系，引入竞争机制，让高校与生产科研内部发生直接联系，如高校通过与企业签订培养合同等。日本的研究生教育引进了德国的讲座制和美国的研究生院制，创建了美国式的研究生院，但也发展了自己的产官学一体化的研究生培养模式和"工业实验室"为主的研究生教育和科研模式。

日本的产学合作有一个较为突出的特点，就是产学研合作被称为"产学官"合作，它是一种在政府的支持下，充分利用大学强大的科研队伍和企业的经济实力，开发新技术、新产品，增强日本企业国际竞争力的机制。在这种机制下，基础研究为技术开发提供扎实的理论基础，而新技术、新产品推向市场后又为基础研究换来大量经费，从而形成一种基础研究和技术开发"比翼齐飞"的良性循环。日本政府为了大力推进产、学、研合作，创造产、学、研合作的有利环境，建立了一套相关的制度，现在仍在致力于各项法律法规的修订与完善。对合作的内容、经费的负担、设施设备的利用等都做了相应的规定。目前"产学官"联合日趋活跃，据统计，2004 年度，日本大学和民间企业联合研究突破万件，比上一年度增加 16%，大学接受企业委托研究超过 1.5 万件，比上一年度增加 11%。在这样的大环境下，日本的官产学教育模式大大地促进了研究生教育的发展和人才培养质量的提高。有关方面公布的一系列经济数据显示，日本在经历经济泡沫破裂导致的"失去的 10 年"后，目前已进入了稳步恢复并呈现良性发展的阶段。由政府主导、官民共建的自主创新体系曾经使日本赶超许多老牌发达资本主义国家，使日本成为世界第二经济大国。

目前，日本全社会都在讨论技术创新的必要性，讨论的结果是在中国、印度等国家日益壮大的形势下，要想使日本继续发挥国际竞争力，技术创新将比过去任何时候都显得更为重要。为了确立到 2025 年日本的长期发展战略和科技政策方向，日本政府正在就"技术创新 25"进行有关讨论，现已设立具体负责政策执行的技术创新担当大臣，"技术创新 25"在日本已被业界普遍认为将成为未来日本技术创新的行动指南。目前，日本政府正在向日本国民公开征集有关"技术创新 25"的意见，由专家学者组成的"技术创新 25 战略会议"将对此展开讨论，同时，还将广泛地向国民征集意见，并反映到所制订的工作计划中，此举已经成为日本国民直接向日本的科技发展献计献策的一次千载难逢的良机。

被任命为技术创新大臣的高市早苗在日本"第六届产官学协作峰会"上发表的主题演讲中说国民提出的意见自己将会全部过目，并且表示，将把好的意见提供给战略会议，将其纳入到最后的政策指南中。

三、研发成果分享模式

国家创新体系的研究方法认为，技术和信息在人、企业、各机构间的流动是创新过程的关键所在，创新和技术的发展由该系统中各行为者之间错综复杂的关系所决定，这些行为包括企业、高等院校和政府研究机构，即通常所说的产、学、官。

1981 年，日本科技厅和通产省正式确定了产、学、官三位一体的以人才流动为中心的科研体制。同时，政府出台了一系列相关的制度，如"产学教育制度"、"新产业基础技术研究开发制度"、"官民特定共同研究制度"、"新技术委托开发制度"及《研究交流促进法》等相关法律，用于指导和推进协作研究活动的顺利开展。日本政府还设立了大量的信息机构，从中央到地方，从国外到国内，广泛地进行信息的收集、加工，形成了一套完整而系统的科技信息网络，为产、学、官协作提供信息和便利。

第五节 俄罗斯开展技术创新方法的体制概况

根据经济合作与发展组织 2001 年《搭建俄罗斯创新缺口的桥梁》报告所附的俄罗斯工业科学技术部背景文件——《俄罗斯在创造有利的创新环境中国家

的作用》，我们了解到俄罗斯创新体制的主要问题，即俄罗斯的创新体制还不能高效率地将科技成果转化为经济效益。俄罗斯自己也认识到了这一点，因此俄罗斯力图从根本上改革苏联遗留的体制，为实现这个目标，俄罗斯设想应该借鉴市场化国家特别是欧美国家的经验，以充分发挥企业、高校和社会团体的作用，形成各种组织的创新能力；促进各种组织间的合作；建立科技成果转化的创新体制。

一、研发主体

（一）企业

从苏联时期起，很多俄罗斯企业就已开始运用 TRIZ 解决相关问题。前苏联在设计部门要求所配备的设计工程师和创新发明工程师的比例为 7∶1，即 7 名工程师就需配备 1 名创新发明工程师，并规定，凡担任经济、科技领导职务者必须先获得发明教育文凭，从而使前苏联在 20 世纪 70 年代中期专利申请量和批准量跃居世界第二。

如今的俄罗斯企业中大部分工程师基本都了解或接受过系统的 TRIZ 培训或学习，因此像三星、波音等公司推崇 TRIZ 普及培训的模式在俄罗斯不多见。俄罗斯企业基本都采用召开学术研讨会，不间断地邀请 TRIZ 专家与工程师一起做咨询和培训。很多 TRIZ 专家也在俄罗斯召开个人研讨会，帮助对 TRIZ 感兴趣的工程师了解、学习、运用 TRIZ；为某些企业难于解决的问题做咨询。

此外，企业也经常与一些知名的 TRIZ 组织合作，培养自己工程师解决问题的能力。如位于莫斯科的 TRIZ-PROFI，位于新西伯利亚的 DIOL 公司，位于乌拉尔地区的北方钢铁公司。

（二）高校

目前，俄罗斯许多院校已经成为教育、科学、创新综合体，目的是培养和造就适应时代潮流的新型人才。高校发展的三个主要方向是教学、科研和科技经营。高等院校的技术创新中心可以充分利用内、外部资源，按照既定的规则迅速把科研成果商品化。本科生、硕士生和博士生积极参与创新活动，可以解决许多技术转让、许可证和知识产权交易中出现的新问题，对于创造新的教学环境、发展科学经营活动、保障教学和实践相长、有针对性的培养技术和经营人才、提供就业机会、增加创新产品数量、提高创新产品质量均十分有益。

俄罗斯高校在推动创新方法方面起着重要的作用，高校推动创新方法的体制大体就是借助学校的技术创新中心，研究、教授、推广 TRIZ。典型的代表学校有莫斯科国立工业大学，该学校的教授米洛斯拉娃·季诺夫金娜（Miloslava Zi-nofkina），5 级 TRIZ 大师（阿奇舒勒认证，第 18 位），是莫斯科国立工业大学教授、莫斯科国立工业大学技术创新中心主任、莫斯科国立工业大学分校技术创新学系主任、俄罗斯高校科教创新中心带头人、俄罗斯专业教育研究院成员（1989）、欧洲自然科学研究院成员。她发表了 300 多篇文章，其中 175 项用于知识产权，她带领自己的同行基于 TRIZ 研究创新教育体系，创立了多级创新教育体系（从学前教育到高等教育），她的主要观点有：

（1）传统教育只教授知识，应与创新教育结合；

（2）可在 TRIZ 基础上研发创新教育方法，开发学生的创新思维；

（3）针对不同阶段的教育，引入不同的教育方法；

（4）依托莫斯科国立工业大学开展"多级创新教育体系"缩写为"NFTM-TRIZ"（从学前教育到高等教育）。学前教育主要激发孩子的创新潜力；中小学教育则初步形成创新思维；高等教育重点培养系统的技术创新思维。

俄罗斯高校的另外一种推进体制为在学校开设 TRIZ 相关课程。具体方法有两种，即单独开设 TRIZ 必修/选修课，或者将 TRIZ 与其他传统创新方法相结合开设创新设计课程。

（三）社会团体

俄罗斯典型的推进创新方法的社会团体是 MATRIZ 协会。MATRIZ 协会于 1999 年合法继承了原阿奇舒勒创立的苏联 TRIZ 学会，正式更名为国际 TRIZ 协会（MATRIZ）。MATRIZ 的宗旨为：

（1）将发明问题解决理论作为强有力的创新工具不断发展；

（2）纪念发明问题解决理论的奠基人根里奇·阿奇舒勒；

（3）基于根里奇·阿奇舒勒的理论，发展完善创造性人格品质的方法；

（4）基于发明问题解决理论发展创新。

MATRIZ 的主要日常工作：

（1）进行 TRIZ 专家、TRIZ 应用者的考核、认证；

（2）组织 TRIZ 学术会议；

（3）举办中学生、大学生国际 TRIZ 竞赛；

（4）鉴定 TRIZ 方法学研究成果及其他与 TRIZ 有关的研究成果；

（5）给 TRIZ 专家提供信息支持；

（6）出版 TRIZ 刊物；

（7）纪念 TRIZ 奠基人根里奇·阿奇舒勒；

（8）组织 TRIZ 培训；

（9）培养 TRIZ 领域及其他与 TRIZ 有关领域的科研人员。

MATRIZ 协会通过发展会员方式、定期召开学术会议、出版刊物、组织 TRIZ 领域的科研活动、举行研讨会，MATRIZ 定期召开代表大会、MATRIZ 主席团会议，MATRIZ 设立了专家委员会、方法学委员会、根据不同的研究方向设立了副会长和 MATRIZ 协会会长顾问。MATRIZ 协会致力于在全世界传播、发展 TRIZ 理论，争取将 TRIZ 变得没有国界。

二、研发规模

（一）企业

TRIZ 从诞生起，在前苏联及俄罗斯企业中取得了很大的成效，企业涉及的领域很广，有军工领域、农业领域、工业领域、如电子行业等。

1. 军工领域的科研院所

20 世纪 50 年代末至 80 年代末是 TRIZ 蓬勃发展的时期。阿奇舒勒的学生大部分来自于各个工科学校，所以也包括航天领域，虽然苏联政府包括现在的俄罗斯都未公开说明其军事上取得很大成就其中一个重要原因就是 TRIZ，但 TRIZ 为航天事业作出了贡献这是毋庸置疑的，以下是一组数据。

1957-10-04：苏联发射世界第一颗人造地球卫星，半年后，美国的人造卫星上天。

1959-09-12：苏联发射"月球"2 号探测器，为世界上第一个撞击月球表面的航天器。

1961-04-12：苏联宇航员加加林成为世界第一位飞入太空的人。

1969-07-20：美国宇航员阿姆斯特朗乘坐"阿波罗"11 号飞船，成为人类踏上月球的第一人。

1970-12-15：苏联"金星"7 号探测器首次在金星上着陆。

1971-04-09：苏联"礼炮"1 号空间站成为人类进入太空的第一个空间站。两年后，美国将"天空实验室"空间站送入太空。

1971-12-02：苏联"火星"3 号探测器在火星表面着陆。5 年后，美国的

"海盗"火星探测器登陆火星。

1981-04-12：世界上第一架航天飞机"哥伦比亚号"进入太空，在轨道上遨游了 54 小时后，安全返回地面。

1986-01-28：美国航天飞机"挑战者"号在升空 73 秒后爆炸，这是人类航天史上最为悲惨的事件。

1986-02-20：苏联发射"和平"号空间站，工作时间已经超期 8 年，是历史上最成功的人类空间站。但是现在已由于维修成本昂贵，已于 2001 年 3 月 23 日人为将其坠毁。

从上述对比可看出，20 世纪 50 年代末至 80 年代末近 30 年，前苏联在航天领域有七项重大成功领先于美国，美国只有两项领先于前苏联，在稳定性方面也远远低于前苏联。

2. 农业领域

俄罗斯目前最大的农具公司创立者 Victor Baturin 从 20 世纪 70 年代开始接触TRIZ，Victor Baturin 曾在航天工业就职，1989 年从商后创立了目前俄罗斯最大的农具公司 Inteco-Agro，并于 2005 年 1 月 10 日创建了一个叫 TRIZ-PROFI 的公司，将莫斯科最优秀的 TRIZ 专家汇集在此。TRIZ 为 Inteco-Agro 公司产品的改进作出了重要贡献。例如，对联合收割机的改进，原先联合收割机是把植物从根部切断，运用理想化最终结果、矛盾、资源等概念和方法对收割机进行了改进，改进后的收割机只将产生植物种子的部分进行收割，比原先收割机效率提高了 2 ~ 3 倍。

3. 电子行业

Divnogorsk low-Voltage Automatic Circuit-Breakers Works 公司运用 TRIZ，取得了喜人成果，1988 年该公司创新实验室运用 TRIZ 相关工具对断路器进行了现代化改装。从 2004 年起该企业引入了功能分析（FCA）用于产品创新设计，成功地进行了产品相关的电子、机械、气候试验。

4. 民营企业

位于莫斯科的 TRIZ-PROFI 公司于 2005 年 1 月成立，与很多其他公司进行合作，合作方向 baokuo TRIZ 培训、开设 TRIZ 网站、TRIZ 咨询、TRIZ 书籍出版。

位于新西伯利亚的 DIOL 公司，已为新西伯利亚、下诺夫哥罗德、伊尔库茨克、车里雅宾斯克的多家企业进行了 TRIZ 咨询，用 TRIZ 解决了很多问题。其客户有 BEMZ、OrtoS、Continental-NN、SCREEN-Transit 等。

位于乌拉尔地区的北方钢铁公司仅 2004～2005 年就培训了 250 余名学员，获得了超过 7 亿多卢布的经济效益，相当于 2.3 亿美元。

（二）高校

高校技术创新中心在运用 TRIZ 等创新方法已经取得了不少成效，很多知名的大学都开设了 TRIZ 相关课程。

1. 莫斯科国立工业大学

俄罗斯教育部下设的大学科教创新中心，与莫斯科国立工业大学技术创新教育教研室合作开展创新教育，培养师资；莫斯科国立工业大学在车辆学院等 4 个系开设必修课，其余系开设选修课；成功培训了 5000 多名本科生，300 多名硕士生，各行业工程师 200 多名；高等教育课程包括以下内容：TRIZ 入门、创新思维、TRIZ 启发性原理、功能成本分析，整个课程都配有丛书。学习结束后，学生需自我完成给定题目并进行考试。

2. 莫斯科国立交通大学

课程名称：工程创作方法和模型。
授课老师：卡撒诺夫副教授，古德良采夫，布边措夫。
一般有 200 名学员上课。

3. 莫斯科航空大学

从 1990 年起开始授课。
课程名称："工程创作基础"，"技术问题寻解理论"。
授课老师：列文柯夫副教授。

4. 莫斯科鲍曼国立技术大学

课程名称："工程创作和科研基础"，课时 72 小时。
授课老师：耶夫休柯夫教授。
课程名称："电子装置生产工艺中的电化学和电物理方法"，"电子计算机微缩化"。
授课老师：列孜齐柯娃副教授。

5. 莫斯科国立农机大学

面向大三和大四学生开课，学时 50 和 100 小时。

课程名称："工程创作基础"。

授课老师：苏德尼柯教授。

习题课 64 小时。

授课老师：列文柯夫副教授。

6. 莫斯科国立师范大学

课程名称：创作基础，学时 72 小时。

选修课程："强化思维的发展"、"思维激活方法"、"TRIZ—强化思维发展的技术"、"创造性人格的人生战略"。

授课老师：季马费耶夫教授，教育学博士、教育与社会学科学院院士。

（三）社会团体

MATRIZ 从 1999 年成立以来，为国际先进创新方法 TRIZ 起到了有效的推广作用。MATRIZ 社会团体旗下有 52 个 TRIZ 协会成员，其成员有 17 个俄罗斯地方性 TRIZ 组织，包括莫斯科、圣彼得堡、卡累利阿、新西伯利亚、克拉斯诺亚尔斯克和阿穆尔共青城等，还包括一些国外的 TRIZ 组织，如乌克兰、白俄罗斯、美国、以色列、拉脱维亚、法国、爱沙尼亚、韩国、秘鲁、中国、欧洲 TRIZ 协会。MATRIZ 会员在 MATRIZ 协会的带领下，遵循 MATRIZ 协会的宗旨，积极参与全球 TRIZ 活动，不断推广 TRIZ。

MATRIZ 协会从 2005 年开始每年举行一次 TRIZ 峰会（TRIZ Summit），不定期召开 TRIZ 学术大会（TRIZ Fest）研讨 TRIZ 新的理论成果，不断丰富 TRIZ 理论；每两年举行一次 MATRIZ 代表大会，大会选举出的 MATRIZ 会长领导主席团，主席团指导 MATRIZ 的日常工作。MATRIZ 协会从 2000 年开始不定期地与各类创新杂志社及相关企业共同举办 TRIZ 竞赛，激发中小学生、大学生及教师的创新能力，并且不定期举办 TRIZ 研讨会，研讨 TRIZ 在各个行业的相关运用。MATRIZ 协会还出版了两本杂志，《MATRIZ 日志》与《TRIZ 杂志》。其中，《MATRIZ 日志》汇集的是每两个月各个 TRIZ 协会的相关新闻，《TRIZ 杂志》刊载的是有关 TRIZ 运用的信息。

第六节 中国开展技术创新方法的体制概况

一、研发主体类型

中国的科研机构同许多国家主体类型基本相同，由研究所、高校和企业三部分组成，也可以分为独立的和隶属于高校或企业的两种。其中，独立于高校或企业的科研机构主要由政府资助，同时接受其他资金来源。在创新方法理论研究上，在中国仍然是以高校和专职进行 TRIZ 推广的企业为主，而其他类型企业主要进行 TRIZ 方法的应用研究。

二、研发规模

国内最早从事 TRIZ 研究的高校为天津大学，天津大学机械工程学院徐燕申教授，主要从事机械动力学、CAD/CAM、工程陶瓷加工技术等学科方面的研究工作，在其引导下，大约十余名博士后、博士及其他学生参与了 TRIZ 的研究。另一较早从事 TRIZ 研究的为河北工业大学的檀润华教授团队，主要从事 TRIZ 及创新设计理论研究与应用、设计工程、软件工程、车辆动力学和 RP/RT 等方面的研究，这也是 TRIZ 研究最为活跃的高校团体。其他一些高校也在从事 TRIZ 的长期研究，如东北林业大学、西南交通大学等。

在企业方面，北京亿维讯科技有限公司是最早从事 TRIZ 研究的，也是目前国内最大的 TRIZ 研究机构，到现在，公司国内固定研究人员有 60 余人，在白俄罗斯和美国等地还有一批研发人员参与研究，同时也是目前国内与国外进行 TRIZ 理论交流较多的企业之一。现在，一些其他企业也开始进行 TRIZ 研究，如萃智（北京）工业技术研究院，是由几位教授、高级工程师组成，主要从事国内 TRIZ 的推广活动，尚未发现有更多 TRIZ 研究成果出现。除此之外，也有一些其他企业从事 TRIZ 相关活动，但主要为代理国外 TRIZ 产品，尚未见到独立的研究人员和研究机构。

在政府方面，科技部成立了专门从事 TRIZ 研究和推广的协会组织，即创新方法研究会，但此研究会的主要研究人员是分布在各高校和企业的科研人员，其本身尚未有专职的 TRIZ 专家开展 TRIZ 研究。另外，一些省市级政府已建立或筹建创新方法研究机构，但这些研究机构也都是采用聘请高校和企业专家，而不设置专门研究人员的形式。

三、研发成果分享模式

在国内，研发成果主要以论文、会议、书籍和培训的形式推广，同时现有的网络分享形式，对 TRIZ 的成果分享也起到了非常重要的促进作用。

国内有关 TRIZ 的研究成果目前仍然以论文为主要的体现和分享形式，如河北工业大学的研究人员，已经在各种期刊上发表近百篇论文，其他高校的学者发表研究成果也习惯于采用期刊论文的形式。对于期刊的选择，一般偏重于机械和设计类，如机械设计、工程设计学报、机械设计与研究、包装工程、机械设计与制造、CAD/CAM 与制造业信息化、机电产品开发与创新、中国制造业信息化、机床与液压、组合机床与自动化加工技术等，这也说明了 TRIZ 在机械领域已经有较好的应用。另外，已经有相当多的论文被发表在国外的一些杂志上，如著名的 TRIZ 专业杂志 *TRIZ Journal*。但由于国内 TRIZ 研究较晚，所以在国外杂志上发表 TRIZ 论文并不多见，而 TRIZ 论文在国内的发表，也正好能更好地促进 TRIZ 研究成果在国内的分享。

国内的另一种研究成果的分享模式是会议，如国际计算机辅助工业设计与概念设计学术会议、国际机械工程与力学会议、全国机械设计教学研讨会议、全国机构学学术研讨会、系统科学、工业设计国际会议、全国机械设计教学研讨会、管理科学与系统动力学国际会议、公共管理国际会议、工业工程与工程管理国际会议、全国机械设计教学研讨会、IEEE 无线通信、网络技术暨移动计算国际会议、管理创新会议国际创造学学术讨论会、全国工程设计年会等。这也说明，TRIZ 会议形式的成果分享与 TRIZ 期刊论文相比并不逊色，也是重要的分享渠道。而从各种会议来看，仍然是以工业设计为主，特别是机械设计，在一些专业的管理会议上也会进行分享。除此之外，还有专门的 TRIZ 研讨会，如 TRIZ 高级学术研讨会至今已经召开四届，一般是一些高校之间进行学术研讨。另外，每年内地和台湾地区也会联合召开一次海峡两岸创新方法（TRIZ）研讨会。

书籍的形式也是 TRIZ 重要的分享形式。到现在为主，已经出版了几十种书籍，如《TRIZ 创新问题解决实践》、《TRIZ 理论入门导读》、《TRIZ 理论应用与实践》、《TRIZ 入门及实践》、《创新 40 法：TRIZ 创造性解决技术问题的诀窍》、《创新的方法》、《创新设计 – TRIZ：发明问题解决理论》、《创新算法——TRIZ、系统创新和技术创造力》、《创新制胜》、《创造创新方略》、《创造是一门精密的科学》、《发明程序大纲》、《发明创造方法学》、《发明家诞生了》、《发明是这样诞生的（TRIZ 理论全接触)》、《发明问题解决理论（TRIZ）基础教程》、《技术创新理论（TRIZ）及应用》、《实现技术创新的 TRIZ 诀窍》、《哇……发明家诞生了：TRIZ 创造性解决问题的理论和方法》、《怎样成为发明家——50 小时学创造》等。还有其他与 TRIZ 相关的书籍也分享了 TRIZ 的成果，如《现代机械设计方法——见习机械设计工程师资格考试培训教材》、《设计创意发想法》、《当代自然辩证法导论》、《产品设计》、《机械设计学（第 3 版）——普通高等教育"十五"国家级规划教材》、《机械创新设计（第 2 版）》、《创意开发方法》、《电子创新设计技术》、《现代企业知识产权保护》、《产品创新设计与开发》、《大学生创新培养研究》。从这方面看，TRIZ 已经在相关领域产生了影响。

其他形式的 TRIZ 成果分享有培训和网络推广。在这两种模式中，较多的是对 TRIZ 进行培训推广，在研究成果分享方面也起到了重要的作用。由于 TRIZ 是一种较为复杂的创新方法学，所以一些研究成果是通过较长的培训进行推广的，如北京亿维讯科技有限公司推出的系统分析理论，由于涉及较复杂的过程和需要一些实际操作指导，所以无法很好地在一些传统媒体上进行分享，致使这种分享仅在培训中进行。但为了使更多的人更好地学习到一些 TRIZ 的研究进展，现在也已经开始编辑相关书籍，介绍一些基本的方法，而网络由于其便利性，现在也可以作为一种交流的平台，如一些有关 TRIZ 的论坛，提供了很好的研究成果发布条件，在 TRIZ 普及中起到了很好的作用。

另一些研究成果是以知识产权的形式进行发布的，如专利和软件产品。这些研究成果属于长期的科研成果，需要对发明人的成果进行保护，以便后期得到市场回报，并且这些成果一般是一些重大成果，其发布将极大地促进 TRIZ 相关理论的发展和进步。

第七节　其他国家技术创新方法的体制概况

一、研发主体类型

其他国家技术创新方法的研发主体主要是以企业见长，或者是以企业运作方式的高校，对于一般性高校，则不然。作为欧洲 TRIZ 协会及其他国家的 TRIZ 协会，都承担着 TRIZ 研究的功能，但是这些协会技术人员几乎全部是来自于其他企业和高校的研究人员。

二、研发规模

世界很多国家的 TRIZ 服务商都在进行着与 TRIZ 相关的研究工作，只是这些公司的规模并不是很清楚，特别是他们的研发人员的规模不是很清楚。但是有一点可以了解到，根据世界各国的研究成果的发布情况，可以了解到很多成果是由较少的一些 TRIZ 专家研究出来的，并且这些专家基本都属于那些在此领域研究几十年的学者。这些专家作为公司的创始人或者主要咨询专家对外服务，如 Valeri Souchkov 在荷兰开创的 ICG T&C，其研究成果为 XTRIZ；以 Darrell Mann 等几个人为核心组成的 CREAX。

三、研发成果分享模式

国外的成果分享模式采用多样化模式，其中包含通过高校培训、会议研讨和网站交流模式。

欧洲最大的 TRIZ 组织为欧洲 TRIZ 协会，自 2001 年起，每年面向世界 TRIZ 研究人员举办一次 TRIZ Future 会议，至今已经举办 8 届。会议在德国、意大利、比利时、奥地利和英国等地举行，每年地点不一，每年都能吸引不限于欧洲的来自于世界不同国家的上百人参加会议，所以这是一种世界性的成果分享方式。

另一种发布方式是通过书籍、会议和期刊论文的方式进行发表，如一些最新的研究成果发表在著名的 *TRIZ Journal* 上，可以说 *TRIZ Journal* 是一个重要的杂志，也是一个重要的网络分享平台，因为此杂志仅有网络电子版。在一些高校和一些公司的网站上，也常见一些 TRIZ 相关的文章，这些文章也是研究者研究成果的重要发布地。在欧洲等地，书籍也是大家公布自身研究成果的重要方式。

更多的分享模式是在实践中出现的，虽然这些成果已经在一些杂志上发表过，但是真正应用需要企业进行配合，如 SIT 模式由移民到以色列的 TRIZ 专家 Filkosky 在 1980 年左右创立，目的是简化 TRIZ 以便使其能够被更多人接受，此理论在 *TRIZ Journal* 上发表过。而 1995 年福特公司 Sickafus 博士将 SIT 模式进行结构化形成 USIT 模式，该模式能帮助公司工程师在短时间内（3 天培训期）接受和掌握 TRIZ，使其针对实际问题在概念产生阶段就会快速地产生多种解决方法。USIT 将 TRIZ 设计过程分为 3 个阶段：问题定义、问题分析和概念产生，它将解决方法概念的产生简化为只有 4 种技术（属性维度化、对象复数化、功能分布法和功能变换法），而不需要采用知识库或计算机软件。但 USIT 解决问题的好坏依赖于问题解决人员知识的广度和深度，在这个使用 USIT 实践的过程中，一些重要的研究成果被不断地发展—实践—再发展。

第八节 技术创新方法研发体制比较研究

国家创新体系是政府、企业、大学、研究院所、中介机构之间寻求一系列共同的社会和经济目标而建设性地相互作用，并将创新作为变革和发展关键动力的系统。它与一个国家的经济体制、历史文化、资源、大小、科技和经济发展水平等国情都有关系，其核心内涵是实现国家对提高全社会技术创新能力和效率的有效调控和推动、扶持与激励，以取得竞争优势。

一个成功的国家创新系统应具备以下两个基本条件：其一，系统的组成部分具有强大的实力并且充满活力；其二，系统组成部分之间发生着广泛而建设性的相互作用。创新主体间密切有效的联系与合作能够使创新资源在主体间高效流动，有利于降低创新风险，减少创新成本，加快创新速度，提高创新效益，从而提高国家创新系统的整体效率。

因此，在国家创新体系中，政府在国家创新系统这个网络中起着非常重要的作用，扮演着指挥者和协调者的角色，是自主创新的重要组织者。政府部门在自主创新体系中的重要职能是营造自主创新的氛围，制定优惠的政策，为科技创新和人力资源开发、基础设施建设等提供支撑，完善创新的投入机制，并为创新提供优质的后勤服务，为自主创新打造平台。政府的这种推动作用还体现在对本地企业的支持上，企业则主要是在政府的引导下，根据市场需求，不断开发和推出新产品、新工艺、开发新市场等，依靠自身的市场竞争能力获取经济效益。需要指出的是，政府与其他组织、机构之间的关系并不是直接控制的关系，虽然这些组织机构向某一个政府部门负责，但其具有自治地位。

从本章前面几节的资料可以，美国、日本、以色列等国家都是依靠政府构建自主创新的环境机制：

（1）通过扶持性法律法规的制定，为市场主体创新创建良好的制度环境；

（2）通过积极培养和吸引科技创新人才，为提高自主创新能力提供智力支持；

（3）通过制定前瞻性的科技发展战略引领企业创新的发展；

（4）通过促进各主体之间的合作机制提高国家创新体系的效率；

（5）通过对关键产业的重点扶持引领技术创新的方向；

（6）通过资金投入鼓励基础科研和产品创新；

（7）通过激励中小企业技术创新提高国家自主创新能力。

对比上述国家的基本做法，可以得出我国国家创新体系建设的几点启示。

1. 政府引领创新方向

政府在推动自主创新过程中，要根据国际变化的具体情况，紧密结合当前的科技发展态势，科学地制定符合中国国情的经济技术发展战略，确定战略性、前瞻性技术领域。通过选择不同时期的重点产业领域，选择与经济发展阶段相适应的创新战略，有针对性地加大科技创新力度，提高关键行业和关键领域的自主创新能力，并带动其他行业和领域自主创新能力的提高。

2. 为企业营造良好的技术创新环境

首先，要创建必要的基础条件，比如建立技术创新服务体系等，为企业提供全方位的信息服务，以降低企业技术创新的成本。其次，要借鉴日本政府的经济资助与协调组织经验，以及美国政府的收购、合作等支持做法，充分发挥政府的协调组织功能，优化配置资源要素，调动各方面的力量，积极推进企业的技术创新。最后，为企业进行技术创新创造良好的政策支持环境。如对发展新兴产业和企业进行技术创新实行税收优惠等，同时要积极发展风险投资、完善金融市场、开辟多种融资渠道，为企业技术创新提供有力的资金支持条件。

3. 积极培养科技创新型人才

一是按照先进的信息管理模式有计划、分步骤地建立国家和地方海外高层次人才信息管理系统。用加强海外人才引进与创业的公共服务工作及实行灵活多样的留学回国人员工作方式等办法吸引海外创新人才到国内创业。二是适应国际市场竞争的要求，利用各种条件，采取多种方式，如出国学习、专项培训等，大力培养我国企业的技术创新领头人。三是要重视发挥现有科技人员的作用，既要搞好对他们素质的提高，又要建立鼓励他们积极进行技术创新的激励机制，例如建立生产要素的劳动力和技术成果折股分红制度，形成强有力的技术创新利益引导机制，以充分调动现有科技人员的积极性；四是以高新技术产业开发区、高科技园区、孵化器等为基础，支持科技人员将科技成果商品化或创办高科技企业。

4. 要建立产、学、研紧密结合的科技创新体系

鉴于目前我国产学研受体制等因素的制约，造成产、学、研结合不够紧密的状况，我国要借鉴发达国家的做法，发挥政府的协调组织功能，鼓励和推动企

业、高校和科研机构结合，建立富有我国特色的科技创新体系。在具体组织实施上，可以考虑高校和研究机构与企业共建科技创新中心等，帮助企业进行技术咨询、技术诊断，共同实施科技开发，以促进企业的技术创新；也可以由企业委托科研机构和高等院校进行科技开发；还可让科研机构和高等院校领办、承包现有企业，促进科技力量向经济主战场的转移。

5. 鼓励和促进中小企业科技创新

要充分明确中小企业在国家技术创新体系中的战略地位，中小企业在技术创新方面具有一定的优势，技术创新数量多少并不与企业规模成正比，因此，我国在对中小企业定位时，不能仅停留在其就业容量和就业投资弹性高于大企业上，而要充分认识中小企业在技术创新中的地位和作用，把中小企业技术创新纳入国家技术创新体系中。

6. 对基础研究给予财政支持

一是加大对创新的投入，如基础研究、战略性研究项目和教育的投入；二是改变现行的由承担单位提供配套资金的做法，改由政府对企业的创新项目给予补贴；三是对增加研究开发投入的企业、对应用新技术开发新产品的企业、对产学研合作等给予税收优惠。对于高技术企业应减收增值税，对于非营利机构要减免非经营资产转为经营资产的国有资产占用税和所得税，以推动科研机构和高等院校等事业单位的改制。税收抵免政策应永久化，以期有利于国家创新体系的完善和整个社会的进步，政策的永久化也有助于鼓励私有企业增加研究与试验的投入。

思 考 题

1. 简述前苏联及俄罗斯企业、高校、社会团体中如何发展 TRIZ？
2. 以色列是怎么推广创新的，有哪些实际应用 TRIZ 的成功案例？

第八章 技术创新方法扶植政策比较

第一节 美国开展技术创新方法的政策概况

一、联邦级政策

美国"国家技术创新奖"（原名为"国家技术奖"）是为技术成就颁发的最高奖项，由美国总统授予国内杰出创新者，此奖项由史蒂文森·怀德勒技术创新法案（1980 年，又称"技术创新法案"）设立，并于 1985 年颁发了第一枚奖章。2007 年 8 月 9 日，美国总统签署了 2007 美国 COMPETES（创造机会发挥技术、教育和科学优势）法案，该法案对"技术创新法案"的第 16 节进行了修正，将该奖章更名为"国家技术创新奖"。

美国国家技术和创新奖章的荣誉授予美国引领创新者，该奖给予那些通过技术产品、方法和概念为国家经济、环境和社会福利、国家技术人才发展作出突出贡献的个人、团队或公司及其分支机构。

目前，该项美国技术创新奖章由美国商务部管理，具体由美国商务部长授权美国专利商标局（USPTO）行使管理美国国家技术创新奖的职责，关于国家技术创新奖项获奖信息一般由美国专利商标局发布。

美国在 20 世纪 80 年代中期和中国比较相似，但随后出台的几部专利法案，如《拜读法案》和《技术创新法案》，鼓励大学、实验室面向市场、贴近市场，从而扫清了专利技术产业化的障碍。随后又出台了《国家合作研究法案》、《先进技术计划》，鼓励国家与企业合作研究，专利权归企业所有，并由政府拨款给那些做前沿技术的企业进行研发，可以说政府为技术创新开了一路绿灯。

在全球各国无形资产积累与价值创造的能力上，美国近十余年的发展情形，堪称当前全球各国中的典范，其无形资产价值创造政策的主要内容是透过技术转移使无形资产的知识传递过程更有效能，同时也扩大无形资产价值创造落实的机会。20 世纪 80 年代，美国联邦政府通过六项与知识产权转移相关的法案，其重要性是赋予公共支持的研究计划成果的知识产权归属，就此，确立了美国大学及研究机构投入于无形资产价值创造的意愿，并解除企业在研发阶段进行合作的限制，以扩大无形资产的综合效果。这六项法案分别为：

（1）拜－杜法案（Bayh-Dole Act of 1980）：促使联邦政府所资助的大学、研究机构与小型企业结合研究成果，由执行者在一定范围内取得技术发明的专利权。但该法一方面排除大型企业、外国人等合约对象，另一方面也让政府可针对相关研究成果保有不支付权利金的使用权。

（2）技术创新法案（The Stevenson-Wylder Technology Innovation Act，1980，公法 98～480）：此法案确立并鼓励产学合作的原则和联邦政府以实验技术转移民间的政策目标，特别明确联邦实验室必须在预算中编列技术转移经费，确立政府投资研发成果应促使公众获利，并达到市场化的效果。

（3）国家合作研究法案（National Cooperative Research Act，1984），其基本宗旨是允许两家以上的公司共同参与一个研究开发项目，而不受反托拉斯法之限制，立法目的在于鼓励产业界联盟，减少垄断法的适用范围。

（4）商标厘清法案（Trademark Clarification Act，1984）：主要修正拜－杜法案中有关的除外条款，包括要求能源部允许非营利组织、大学、管理单位，透过契约经理，可选择拥有大部分的发明权；政府仍保留部分特殊性质成果的所有权，如铀、国防机密技术等；大型企业及外国人仍不能选择拥有发明权。

（5）联邦技术转移法（Federal Technology Transfer Act，1986）：针对技术创新法进行修正，包括明确订立技术移转工作室与实验室人员的职责，并列入绩效考核；设立联邦实验室联合论坛，以提供发明和技术转移奖金，允许发明人分配的权利金不得少于 15%。

（6）国家竞争力技术转移法案（National Competitiveness Technology Transfer Act，1989）：目的在于鼓励国家实验室积极与产业界建立合作关系，给予其弹性并争取时效，以维护国家竞争力。其要点是：赋予管理者和经营单位技术转移的任务；修正技术创新法案以允许由合约人经营的实验室可进行合作研发；赋予契约经理从事技术转移时的弹性协商；另外，共同合作研发合约中的部分技术资料，容许在五年内不必对外公开等。

以上六项法案，从形成法案到后来的持续修法多在 20 世纪 80 年代即已完成，在全面实施后，美国联邦政府于 1996 年再度针对技术创新法及联邦技术转移法作了部分的修正，进而形成国家技术转移与升级法案（National Technology

Transfer and Advancement，1996）。其要点包括：保证参与共同合作研发合同的公司可以获得充分的知识产权，以促成研究成果的商业化；保证参与的厂商至少取得专属授权中的优先选择权；厘清联邦技术转移法中不明确的规定；提高对研究人员及发明人的奖励，并对发明有功的相关人员扩大奖励范围。

以上所列单位，加上政府的其他研究机构，均同时扮演着创造力守门人的角色，鼓励技术创新方法的发展。

二、各州区域政策

在美国，各州政府亦有相关的政策推动，例如，北卡罗来纳州文化资源部特别成立北卡罗来纳州艺术评议会（The North Carolina Arts Council）针对当地的艺术团体及小区进行教育计划的艺术模型（model arts-in-education programs），以确保技术创新方法在初等教育中的地位以及技术创新方法对教育改革所起的重要作用。

三、行业协会政策

美国技术创新方法的推广，有来自民间自发蓬勃的力量，推动相关课程与研究，并与政策相辅相成，使创意遍及个人、小区、教育领域及一般企业精神之中。

1. 组织机构

技术创新方法与团队合作的概念，为民间团体所认同，结合学生的技术创新方法推动工作，因而产生了一些以鼓励发展学生团队创意为宗旨的组织，举例说明如下：

（1）弗吉尼亚州未来问题解决竞赛（Future Problem Solving of Virginia）：专门为高中毕业生举办工作坊及 FPS 未来问题解决竞赛；

（2）创意问题解决方案（NHOM Destination Imagination Creative Problem Solving for the Granite State）：定期举办学生团队创意问题解决竞赛、夏令营；

（3）得克萨斯州创意问题解决组织（Texas Creative Problem Solving Organization）：服务对象是从幼儿园到大学的学生，提供创意问题计划，训练学生从团队合作中发展创意及想象力，并举办团队创意问题解决竞赛。

此外，美国各种博物馆、美术馆，以轻松好玩的方式为学生提供另一种接近艺术文化创意产物的学习空间，如位于旧金山的探索馆，让学生在快乐而自然的情境下亲近创意。又如博物馆与学校联合教育计划（Museums Uniting with schools in Education，MUSE）计划中，结合多元智慧观念，让参与者不仅亲近创意作品更涉入其中，让学生能够尽情探索，与创意直接对话。

2. 研究中心

民间有许多技术创新方法相关研究中心，选取两大类举例说明：

（1）针对教学创新教材及创意教学训练课程，举办教育工作者及家长创意思考课程的研究中心，如美国创意教育研究所（American Institute for Creative Education）、创意学习中心（Center for Creative Learning）、国家教育教学中心（The National Center for Teaching）、国家教学思维中心（The National Center for Teaching Thinking）、思维中心（The Thinking Center）。

（2）提供企业界创意领导、创意思考研习的相关课程，并有相关出版物的研究中心，如创意领导中心（Center for Creative Leadership）、创意研究所（The Creativity Institute）、国家创意中心（National Center for Creativity）、设计管理研究所（Design Management Institute）等。

3. 协会或学会

与创造力相关的学会，亦是民间创造文化推动的生力军，举例说明如下：

（1）美国创意协会（American Creativity Association）最为重要，此学会为全美创造力研究的专业组织，结合工商界、传播及艺术界、教育界，以及科技界的跨领域学者，定期举办学术研讨会进行不同领域的创造力经验交流。

（2）其他如创意教学协会（Creative Teaching Association）属于中小学教师的创意教学组织，鼓励合作发展创意教学及教材，并做经验分享。

（3）国立发明家联盟（The National Collegiate Inventors and Innovators Alliance）旨在培养高等教育学生与教师的创意态度与创新行为，发展创意教学与教材，并成立学生 e-Teams（发明小组）。

4. 基金会

最为著名的是创意教育基金会（The Creative Education Foundation），该基金会以协助个人与组织发展创意潜能为宗旨，致力于创造力、创意发明与领导力的培训工作，其相关活动计划如下：

（1）1967 年开始，筹设美国第一个创造力大学课程（graduate course in creative studies）；

（2）设有创造性解决问题学院（Creative Problem Solving Institute），每年在 Buffalo、New York、San Diego 定期举办国际学术研讨会；

（3）提供国际性的创造力课程，如全球冒险行程（global odyssey）、青年领导力活动和创新露营（youth leadership & creativity camp），以及 CPSI 青年计划（CPSI youth program）；

（4）出版创造力研究的重要学术期刊 *The Journal of Creative Behavior*，以及相关领域的其他出版物。

还有私人基金会，如麦克阿瑟基金会（MacArthur Foundation），它鼓励个人独立研究及创新发明而设置奖助计划。

第二节　以色列开展技术创新方法的政策概况

一、国家级政策

以色列政府努力为高科技发展创造条件，政府大力支持研究与开发，给投资者和创业家提供多种优惠，包括优厚的投资津贴、政府贷款保证、减免税额和高风险企业创业基金等。政府专门制定《鼓励研究与开发法律》，早在 1984 年，政府就通过一项鼓励投资的法案，并设立开发风险基金，目的主要是为开发高附加值的产品提供便利。七年之后，国家有了培植高科技企业的孵化器，从北加利利到内盖夫沙漠，现在全国有近 30 个这样的孵化器。

以色列国家技术创新体系组建十几年来，逐渐完善，已形成一个有法律依据的、高效实用的创新体系，对以色列高新技术产业快速发展起到了巨大的推动作用。创新体系的四个支撑部分是《工业 R&D 鼓励法》定义的 R&D 创新项目、创新计划、支持中心、国际工业 R&D 合作。《工业 R&D 鼓励法》定义的 R&D 创新项目有开发创新产品的 R&D 项目、改进现有产品的 R&D 项目、新兴公司的 R&D 项目、市场调研和可行性研究、在 A 类开发区（荒漠化或半荒漠化地区）的项目等。

以色列政府对国际科技合作也高度重视，并将其作为发展科技和振兴经济的一项重要措施，以色列将发展国际科技合作的主要目标定位在三个方面：其一，与世界上科技领先的国家建立稳定、密切的合作关系，使以色列能融入国际科技合作的大环境中，从而保证以色列科学家可以利用国外的先进科研设备、获得国外的研究开发资金；其二，促进以色列的高技术企业与美国等发达国家的公司联合开发高技术产品和占领国际市场；其三，发展同世界上大多数国家的合作关系，扩大国际影响，拓展国际空间。建立双边科技合作基金是以色列开发国际科技合作最主要的方式之一，以色列先后与十几个国家建立了双边科学研究、双边工业研究与开发，以及双边农业研究与开发等多种合作基金，总额近5亿美元，每年产生的4000多万美元的利息用于支持双边科技合作项目。

1996年，以色列政府与欧盟签署了以色列-欧盟科技合作协定，根据该协定，以色列每年向欧盟缴纳4000万美元的会员费，参加欧盟第四个科技框架研究计划和所有的具体计划，在欧盟拥有100亿美元预算的研究计划中与欧盟成员享受同等待遇，以色列成为唯一一个参加欧盟研究计划的非欧盟成员国，这使以色列的科学家可以在欧盟研究计划中投标竞争。

为了获得国际资助、获取信息，掌握世界科技发展的最新动态，以色列政府鼓励科技人员在国外从事博士后研究，利用休假回国服务，还鼓励科技人员出国参加科学会议。以色列还是国际科学会议的中心，每年要主办100多次国际科学会议。

目前，以色列根据《工业研究与发展促进法》、《投资鼓励法》等，对全国用于R&D项目的基金及其运作方式、市场化等进行规范。以色列工贸部首席科学家办公室是政府对全国工业R&D活动和资金投入进行管理的主要部门，该办公室每年对R&D的投入预算为2亿美元，主要任务是增强高技术企业的技术基础和创新实力，增加高技术产品制造和出口的能力，充分挖掘和发挥智力资源，不断创造工业就业机会。此外，科技部、高教委员会和有关部门（如卫生部、农业部、基础设施部等）的首席科学家办公室等，都肩负着对相应技术领域的创新活动进行资金支持和管理的工作。工贸部首席科学家办公室在项目审批上，已经建立了一整套行之有效的程序和管理办法，他们会根据相关领域专家的咨询意见，对不同类型和研发成熟程度不同的技术项目，分别给予相应的政策和资金支持。比如，对于最原始的技术发明者和创新企业，为完成专利发明和验证创新思想的可行性等给予的资助资金额，占总研究费用的比例不超过85%。此外，按照有关基金管理的政策规定，对于申请政府基金资助的技术拥有者和企业，都有自筹一定比例资金的要求，以减少政府资金投入的风险。另外，还要求申请者在完成技术开发、获得市场效益后，必须按照一定赢利比例，返还给首席科学家办公室，该办公室将得到的赢利返还作为对R&D的支持，再度投入到对其他项目的支持中。营造良好的创新环境构建合理的创新与应用机制《工业研究与发展促进法》明确规定，创建各种研发基金的目的，是为了促进以色列的技术进步，以及工业研发活动的开展。对于各种创新活动和创新企业的支持，不仅表现在直接的资金上，而且享受有关税收等方面的优惠待遇。

通过多年的努力，以色列通过制定相关的政策和法规，积极营造出一个良好的创新环境，建立起促进自主创新活动开展的机制，使得科研人员的创造活动不仅能够得到政府和企业的支持，而且其成果能够较快、较好地转化为生产力，取得实际应用成效。

二、地方区域政策

从事农业专业教育的主要机构有耶路撒冷希伯来大学的农学院和以色列重要教育兼科研工作机构——以色列技术学院。以色列建国初期，受教育水平最高的不是从事其他职业的人，而是农民。他们大都受到高中以上的教育，甚至大学或专科，特别是从国外移民归来的农艺师、工程师等，大多进入了农业部门。同时，以色列对农业人才的培训也十分重视，例如，位于特拉维夫郊外的以色列国际农业培训中心，每年都免费举行农业培训教育，由专家讲课，授课内容包含水利、农业气象、农产品储藏加工等方面的知识。

三、行业/协会政策

高科技园区通常位于大学校园附近，科学和艺术部向迁入园区的企业提供资金、贷款和免税优惠，大学则提供先进的管理、技术、研究条件和咨询服务，工业贸易部也在高科技园区为科技移民设立技术"温箱"。

以色列政府每年的农业科研经费有上亿美元，占农业产值的3%。在农业部的农业科研经费中，每年有50%定向拨给国家农业研究组织ARO，主要用于支付该组织工作人员的工资和维持实验室的正常运行等，剩余50%和其他政府农业研究基金按分类管理，统称为"竞争性基金"。第一类是首席科学家基金，资金总额约1000万美元，资助对象为研究所和大学单个项目的申请。第二类是农场主董事会组织以缴纳销售税的方式提供的研究经费，总额约为800万美元，主要用于资助经济效益比较明显、针对性较强的技术运用与开发项目。第三类是以色列农业研究的国际基金，包括美以合作的"巴德计划"和欧盟研究资助基金。第四类是科技部与教育部的有关农业科研基金资助。其中，前三类研究经费主要用于运用性研究项目，第四类主要用于资助大学的农业基础性研究，每年达3000万美元以上。此外，以色列企业也提供农业研究经费，主要用于引导和补贴应用性研究，如化肥、化工以及农业机械产品等。

以色列的农业科研经费投资构成为：约有 10% 用于基础研究，70% ~ 75% 用于应用研究，另约有 15% ~ 20% 的科研经费用于农业科研成果的开发和推广。其中，农业部的投入约占 60%，主要用于资助应用性研究；科技部与教育部的农业科研经费约占 20%，主要用于资助大学的农业基础性研究；民间企业的农业科研经费约占 10%，主要用于资助技术开发；其他技术经费占 10%。

第三节　日本开展技术创新方法的政策概况

一、国家级政策

1995 年 11 月，日本国会一致通过曾被称为"幻影法案"的《科学技术基本法》，拉开了半个世纪以来再度重建日本科技体制的序幕。该法明确提出将"科学技术创造立国"作为基本国策，改变以往偏重引进和消化国外技术、开发应用技术的做法，转而注重基础理论和基础技术的研发，用具有创造性的科学技术推动经济持续发展。《科学技术基本法》为日本科技发展指明了方向，将振兴科技上升为国民意志，也为日本政府此后制订科技发展计划提供了法律依据。

20 世纪 90 年代中后期，亚洲新兴工业国家和地区依靠低成本优势，迅速使其产品在国际市场抢占了一席之地，日本的综合竞争力到 2001 年已降至 50 个主要工业国家的第 26 位。于是，日本再次调整国家发展战略，小泉内阁在施政演说中就提出要建立一个"断然推行改革的内阁"，"以不怕痛苦、不畏触及既得利益，不为老经验束缚"的"三不"精神，在日本展开一场新世纪维新。2002年，日本颁布知识产权基本法；2003 年，成立了以首相小泉纯一郎为部长的高规格知识产权战略总部，正式确立了"知识产权立国"的国策，推进知识成果创新、产权保护、成果转化和人才发展战略。此后，日本还新制定或修改了 21项知识产权相关法案，使日本成为全球迄今为止知识产权战略最为系统化和制度化的国家。

日本政府还相当重视制订科技发展计划。1996 年和 2001 年，日本先后制订了两期科学技术基本计划，致力于构筑新的研发体系、推进基础研究、创造竞争性的研究环境、培养人才等。长达 10 年的两期基本计划使日本科学技术的整体水平大幅度提高。从 2006 年度起，日本实施了第三期科学技术基本计划，在预算方面重点支持生命科学、信息通信、环境、纳米技术和材料四个高科技领域。

第一和第二期科学技术基本计划实施期间，正是日本经济停滞、政府财政困难的时期，其他的预算支出不是缩减就是持平，而科学技术相关的经费却稳步增长。民间企业也积极投资研发，从 1995 年起，民间企业科研投入连续 9 年增长，目前，日本民间企业投入的科研经费约占研究费用总额的 80%，高于世界其他主要发达国家。据日本文部科学省统计，近几年日本每年研究经费的总投入超过国民生产总值的 3%，在全球保持着最高水平。

日本政府对企业技术创新的支持，具有超前性、连续性和系统化的特点，这些支持主要表现在以下几个方面。

1. 企业政策降低了企业技术创新的风险

首先，日本中小企业体系的变革分散了技术创新的风险。20 世纪 80 年代以后，在政府的倡导下，法人相互持股与网络化企业成为日本企业的主要模式，这对分散企业风险十分有价值。其次，政企一体化的企业体制降低了企业的风险，政企一体化是"国家利益高于一切"和"企业本位主义"思想的有机结合，是日本传统的"政商一体化"体制的发展。这样的体制安排，使日本企业始终是在"政府引导"和"企业主导"的两种机制下运转，这可能就是日本企业在发展过程中总是可以得到政府近乎"父爱式"关怀的根本原因。最后，日本鼓励中小企业与大企业之间建立系列化经营体系，中小企业之间建立"事业协同组织"，维护了企业关系的相对稳定，有利于日本企业开拓新技术。

2. 科技政策为企业技术创新提供制度保障

上述基本国情决定了日本技术政策的基本价值取向。20 世纪 30 年代，日本进行了"科技与经济"的大论战，这次大论战确定了日本务实的科技进步观，形成了日本的科技政策体系。这些科技政策主要包括：首先，日本确定技术创新在日本经济"赶超战略"中的地位；其次，日本选择了以技术模仿为主、技术融合为主和应用型技术为主的技术创新模式；最后，日本在一系列对企业的扶持政策中始终贯彻技术优先的原则。这些政策起到了为中小企业发展领航引路的作用。

3. 金融政策和信息服务支持企业技术创新

政府对企业的金融支持突出地表现在以下几方面：一是制定完整的对中小企业金融支持的法律体系，主要有《中小企业信用保险法》（1950）、《中小企业金融公库法》（1953）、《中小企业资金助成法》（1956）、《中小企业投资育成股份公司法》（1963）、《小规模企业资金共济法》（1966）、《改善小型企业经营状况的融资制度》（1973）等；二是建立国民金融公库（1949）和中小企业金融公库（1953），为企业发展提供直接的金融支持；三是为企业扩大市场、提升产业和进入新产业提供金融服务；四是鼓励民间金融机构的成立。日本的这些金融法规和金融机构在一定程度上满足了企业的融资要求。

日本实行"官民一体化"搜集情报信息的体制。20世纪80年代初，日本建立了"中小企业事业团信息中心"，1991年，日本的信息服务事业单位达7096个，从业人员达49万人，800人以上的商业部门都建立了信息处理中心和信息库，而且各大商业信息系统都建立起全球网络。以企业为主的民间信息网投资率以20%的年增长率增长，企业内部计算机的利用率1970年达70.3%，而且这一比例逐年提高，并且在利用计算机的企业中，建立企业内部联网的占20%。从1993年开始，日本投入500亿日元实施"曼陀罗计划"，建设连接日本各研究机构的超高速信息网、信息研究及流通新干线网，目标是2015年将光纤铺设到所有的企业和家庭，使日本成为第一流的信息大国。

4. 诊断制度为中小企业技术创新指引方向

从1948年开始建立的企业诊断制度现在已经是一个独立的完整体系，对技术创新的指导和诊断始终是其核心内容，这一制度的实施在一定程度上保证了企业技术创新战略和策略的科学性。

5. 企业现代化政策既强制企业不断创新，又为企业的创新提供条件

1953年日本公布实施《中小企业现代化促进法》，以后又先后修改了9次，这些政策包括设备现代化政策（为企业购买新设备提供一定数量的长期无息贷款）、技术现代化政策（为企业培养技术人员，为企业的技术革新提供资金上的帮助，为中小企业的技术现代化提供必要的科研设备）、经济管理科学化政策、企业组织化政策（促进企业进行事业协同组合）和扶持企业现代化的商业政策（实行商业店铺的集团化、连锁化和商业街的现代化）。

这些政策的目的，就是要引导企业不断创新，使企业始终处于高新技术和先进管理的层次上。

二、企业内部政策

日本中小企业成功的经验各不相同，但有一点是共同的，那就是都制定了一

系列有利于技术创新的体制，并形成了一些好的机制，这些企业体制和机制主要体现在以下几个方面：

1. 企业家是创新的领导者，日本的企业制度特别有利于企业家的产生

20 世纪 80 年代以来，日本建立了法人相互持股的网络化企业制度，这一制度可以保证股东的相对稳定，有利于克服经营者的"短期行为"。有资料表明，日本的企业家大多是长期在本企业连续工作，通过内部晋升而被选拔的。据《日本经济新闻》报道，1987 年上半年就任的 126 位社长中，36% 是经营业务出身，28% 是生产和研究开发出身，11% 是管理与财务出身。

2. 日本企业的"三大神器"有利于激发员工的创新品质

这"三大神器"是终身雇佣制、年功序列工资制和企业内工会制。终身雇佣制有利于保证企业员工队伍的稳定，防止新技术因员工流动而发生泄露的情况，也有利于员工在长期的工作中积累经验，实施技术创新。年功序列工资制建立了工资 – 功效相关机制，大大激发员工的创新精神。企业内工会制度模糊了蓝领工人与白领工人的界限，有利于蓝领工人脱颖而出。

3. 日本企业对研发工作的重视是根本所在

日本企业重视研发工作是有制度保障的。首先，日本的企业制度和产权结构决定了企业比较注重长远的发展。其次，日本政府研发负担率较低，企业被迫成为技术创新的主体力量。最后，日本企业一开始就选择了技术模仿和技术融合的研发模式，这不是最先进的模式，却是最适合日本经济发展要求和中小企业经营的模式。这就是日本的中小企业能在逆境中创造辉煌的重要原因之一。

另外，日本企业内岗位轮换制和研究人员"螺旋上升道路"的存在，使企业各部门之间保持密切协作的关系，这对企业的技术创新也是很重要的。

第四节　俄罗斯开展技术创新方法的政策概况

俄罗斯创新政策具体表现在以下几方面：建立具有创新机制的科学研究体系；创新战略中突出科技优先发展领域；加强对技术创新成果的知识产权保护；政府主动引导、支持技术创新风险投资业的发展；加强对中小企业的创新管理和指导；大力推动科研院所的创新活动；完善高等院校的技术创新中心；不断优化

俄罗斯创新发展的环境。

一、国家政策

（一）俄罗斯创新体系的政策基础

在原有的各种支持创新政策的基础上，2005 年 8 月俄罗斯政府批准了《至2010 年俄罗斯联邦发展创新体系政策基本方向》，它既是指导俄罗斯国家创新体系建设的基本文件，也是俄罗斯国家创新体系建设的中期规划。

这一文件确定了俄罗斯国家创新体系的构成，主要包括由俄罗斯科学院、其他国家级科学院，以及高等院校进行基础研究和探索，以获取具有市场需求前景的知识；由俄罗斯国家科学中心及工业科研机构进行应用研发与成果推广；具有竞争力的创新产品的工农业生产；发展创新体系的基础设施；培训创新活动的组织管理人才。

俄罗斯建设国家创新体系的三大基本策略：

（1）建立有利于创新活动的经济与法律环境；

（2）建设创新基础设施；

（3）建立知识成果产业化的国家支持系统。

落实上述政策的措施主要包括以下三个方面。

第一，扩大国家对基础研究和应用研究与开发的投入，国家全面参与创新基础设施体系的建设，发展创新产品的内部市场，确立靠国家资金所取得的民用及军民两用知识产权的注册与转让秩序，完善企业活动风险的法律基础，建立地区和领域的风险基金。

第二，在创新项目实施的各个阶段扩大预算外资金参与资助的比例，吸收中小企业参与国家专项计划与创新项目，强化国家对本国创新企业的支持，包括通过招标以国家采购的形式购买创新产品并对任何所有制企业一视同仁。

第三，建立创新活动和科研成果商品化的评价指标，开展并加强创新产品占GDP 比重的统计及相应的宣传，创造鼓励创新产品出口的条件，鼓励高新技术企业以知识产权参与资本经营，完善科研生产装备的租赁资助系统，开展对国内、国际创新领域情况的跟踪与调研。

通过这一文件俄罗斯政府明确提出，到 2010 年，国家 GDP 的主要部分应通过完成高科技产品来实现，知识产权成果商业转化的比重应大幅提高，创新活动的成本和风险应明显降低，并使之成为提高居民生活质量、保障社会经济稳定和维护国家安全的关键因素。

（二）具体创新政策

1. 建立具有创新机制的科学研究体系

自前苏联解体以来，俄罗斯一直在进行科技体制改革，但一直收效甚微。总统普京在其第二任期开始不久就提出了对国家科学管理体制进行大幅改革的设想，改革的最终目的是建立、完善具有创新机制的科学研究体系，改革最终在2005年开始。据统计，目前俄罗斯有85.8万名科研人员，其中63.6万在国家科研机构工作，仅科学院就有11万名研究人员。如此庞大的科研体系，存在着法律组织形式不完善、科学体系规模过剩与分散、国家优先科技发展重点领域得不到保障、科研预算的低水平导致科研成果率不高、缺乏明确而有效的评审标准和统计系统等一系列根深蒂固的问题。

因此，俄罗斯关、停、并、转一部分效率低的科研机构，从组织结构和产业化方面对国家科学体系进行优化，包括优化单位的资产，提高单位资本化的程度；优化单位的规模，对效率低下和重复过剩的单位实行股份制和私有化等。产业化方面，缩减国有科研机构的数量，实行新的法律组织形式，将国有独资企业改建成其他的法律组织形式，扩大实行混合所有制单位的范围；资金方面，扩充专项计划的管理，并向"成果管理"过渡，总额基数和计划拨款之间的比例实行优化，提高对从事研发人员的人均资金保障力度，扩大国家预算的投入比例；管理方面，发展核算统计体系，发展对成果的检测和控制体系，建立发展包含任务、专项指标、措施和资源的专项计划。改革的最终目的是要建立一个良好的科学创新体系。

2. 创新战略中突出科技优先发展领域

进入21世纪，俄罗斯出台了一系列科技创新的政策，其中最重要的一项是2002年3月20日，在由俄罗斯总统普京主持的国家安全委员会、国务委员会主席团和总统科技政策委员会联合会议上，通过了"2010年前和未来俄罗斯科技发展基本政策"。该基本政策将信息通信技术与电子、航天与航空技术、新材料与化学工艺、新型运输技术、新型武器及军用和特种技术、制造技术与工艺、生命系统技术、生态与自然资源利用、节能技术九大领域确定为科技优先发展方向。同时，还在该基础上确定了50多项国家级关键技术清单。俄罗斯学者认为，创新是建立在一定科学基础知识之上的思维、工艺和技术的突破，没有雄厚的科学知识作后盾，谈何自主创新。创新也要发挥自己的长处，俄罗斯在上述优先领域具有比较雄厚的基础和潜力，因此，国家的技术创新首先体现在上述九大优先领域和国家关键技术方面，只有这样，才能在技术创新上发挥优势，也能比较完整地体现俄罗斯自主创新的特点。

此外，俄罗斯还推出了一系列重大科技计划以加强优先领域，如《2006～2015年航天发展计划》、《发展信息通信技术的国家基础设施》联邦专项计划、《俄罗斯信息技术园建设纲要》、"俄罗斯关于2001～2006年发展电子技术"的联邦目录纲要草案、《2002～2010年电子俄罗斯》联邦专项计划、《2006～2015年俄罗斯生物技术发展计划》（草案）等。与此同时，俄罗斯还制定了部门发展战略、俄罗斯航空工业发展战略、汽车工业发展战略、新材料发展战略等。早在2002年，俄政府就制定了《俄罗斯联邦2010年前汽车工业发展构想》来指导和规划本国汽车工业的发展；2005年制定并通过了《中期任务2005～2008》，提出俄罗斯汽车工业发展的目标、方向和国家政策等内容。

3. 加强对技术创新成果的知识产权保护

前苏联时期，一切发明都视为国家所有，发明人得到的仅仅是一纸"发明证书"而已，在这种情况下，国家是使用发明的唯一法人，所有发明都是国家和社会的财富。这意味着：一方面，在使用发明人的专利技术时，发明人得不到任何好处；另一方面，国家或集体对发明专利的使用缺乏竞争，一个发明专利技术被运用到生产实践过程的时间很长。据统计，从申请发明到初次使用的时间，美国少于1年，前苏联则要4年左右，前苏联解体后，这种现象仍然存在，严重影响了发明创造和技术创新的发展。

为此，经济转轨以来，俄罗斯政府十分重视知识产权保护问题。1992～2003年，政府出台了一系列知识产权保护法律、法规和条例，主要用于调整知识产权建立、法律保护、登记、使用之间的相互关系。如2003年2月7日颁布的《专利法》规定，根据国家合同执行的项目，获得的专利权应属国家所有，发明人有权在规定的时间内申请专利，其发明、模型和工业样品受法律保护；对于研发经费来自其他资助形式获得的发明，国家无权进行调整，专利权属发明者所有。有关分配利用知识产权所得收入的方法和比例，一种是由资助科研的部门确定分配的比例，另一种则是确立一个原则框架，由相关部门自己确定具体的分配比例和支付数量。俄政府出台的大量保护知识产权的法律和法规，刺激了发明的商业化进程，保护了发明者的知识产权，为俄罗斯发展创新经济、增加科学研究的活力和开拓技术创新市场起到巨大的推动作用。

4. 政府主动引导、支持技术创新风险投资业的发展

自1994年开始，俄罗斯境内陆续组建了约40家风险基金会，其掌握的资金共有30多亿美元。近9年来，这些风险基金会累计投资20亿美元，其中只有5%的资金投入高技术领域，这一比例在西方发达国家中均不低于30%。风险投资联合会认为，导致如此反差的主要原因是，技术创新风险投资机制不完备，投资方对此不适应。

为了扭转上述局面，政府决定主动引导、支持技术创新风险投资业的发展。1999年，俄罗斯政府批准了"2000至2005年俄科技风险投资发展基本方针"，方针指出，俄技术创新风险投资业的建设将分三步走：第一步在2000年内，明确有关政府机构在发展技术创新风险投资方面的职责，草拟与技术创新风险投资相适应的法案，着手培养风险投资人才；第二步在2001～2003年，官方与民间机构共同出资，开始组建地区性"技术创新风险基金会"，出台相关的法律法规；第三步在2004～2005年，基本建成俄技术创新风险投资体系和风险企业证券公开发售市场。2005年10月上旬，俄联邦政府宣布，为了吸引投资、确保信息传媒技术的有效发展，俄政府将建立技术创新投资基金和经济发展投资基金，投资基金将采取资本化运营模式，规范基金的来源渠道和使用程序。俄政府的文件还指出，必须完善技术创新活动的基础建设，其中包括建立技术园、技术推广区、科技产品商业中心等，并通过立法确定技术转让的方式，详细制定了在法律允许范围内进行智力和财产设施转让的细则。

5. 加强对中小企业的创新管理和指导

当前，俄罗斯国家的任务是为中小创新企业创造必要条件，其中包括建立专门的贷款、保险、投资和选择合作伙伴的优惠系统，而市场需求的多样性和多变性则为中小企业提供了驾驭市场和施展才华的广阔空间。除了法律问题、基础设施问题之外，政府是资助中小创新企业商业项目的主要财源，但是这并不意味着一切创新问题都是财政问题，对资源的有效分配机制问题有时显得更重要。政府管理权限的高度集中，不可能对成千上万创新企业管理得面面俱到，只是对重大项目给予特殊关注而已。政府负责建设基础设施，并凭借已有的设施授权制定投资规则，选择和支持具体项目，政府指定有关部门负责调整上述进程，制定对活动结果进行监督和评价的程序。

6. 大力推动科研院所的创新活动

面对市场经济激烈的竞争形势，俄罗斯研究院所首先要进行的是机构调整，选择优先发展的方向，创造良好的内部创新环境和经营机制；其次是提高迅速适应市场需求的能力、创建新市场的能力、生产新产品的能力，以及在技术领域保持领先的能力；最后是在国家创新政策的框架下，解决好创新项目的研发方向与本单位研究方向的关系、科研活动过程中的分析和系统化以及知识产权与组建相应数据库的关系、技术和经济机制的形成与激励工作人员积极性的关系、保障创新项目从理念到实际应用的拨款机制与产品商业出售的关系、为实施创新政策而专门成立的组织机构与为制定和实施创新项目而进行的工作指导间的关系等。科研院所有效开展创新活动的最重要因素是建立和实施两种，即技术组织的和经济的激励机制，前者是提供人员、技术和组织保障，后者则是提供财政支持、优惠和物质奖励。

为了有效地实施创新规划，组织管理和工作指导是必不可少的，因此，需要对科技创新中心的建立进行系统研究和设计，中心的首要任务是通过转让的方式促使科研成果商品化。具体做法是：挑选和培训专业人员，选择有商业开发前景的科研成果，组织生产并实行质量监督，将高质量产品推向市场，扩大再生产并最终形成良性循环。科研成果商品化中心根据国家的法律和政策，负责科研成果的水平和商品化潜力的评估、技术许可、知识产权调整等。当前，俄罗斯有关部门正在对科研院所进行财产登记、清理、划分私有化范畴，科研院所的私有化将是俄罗斯科研领域一次更为深刻的变革，无疑将产生深远的影响。

7. 完善高等院校的技术创新中心

目前，俄罗斯许多院校已经成为教育、科学、创新的综合体，目的是培养和造就适应时代潮流的新型人才，他们所从事的三个主要方向是教学、科研和科技经营。高等院校的技术创新中心可以充分利用内、外部资源，按照既定的规则迅速把科研成果商品化。本科生、硕士生和博士生积极参与创新活动，可以解决许多技术转让、许可证和知识产权交易中出现的新问题，对于创造新的教学环境、发展科学经营活动、保障教学和实践相长、有针对性地培养技术和经营人才、提供就业机会、增加创新产品数量、提高创新产品质量均十分有益。目前，在高等院校科研活动中存在着一个由一般研究向技术创新优先发展方向转化的问题，如何集中最有限的资源，瞄准高技术及其产品市场，迅速完成研究成果的转化已成俄罗斯当务之急。

根据2006年2月俄罗斯核领域20余家相关单位签署的协议，俄罗斯原子能署将组建"俄罗斯核能创新大学"。设立这所大学的目的首先是培养高水平的人才，在整合各成员单位科学、教育和创新潜力的基础上，建立俄罗斯核领域的现代创新体系，以完成俄罗斯原子能署下达的各项任务；其次是保障本领域职业教育质量标准的统一，使教学计划能够与核领域的现实及远景任务相适应；最后是借助该教育体系为本领域工作人员的晋升创造条件。

8. 不断优化俄罗斯创新发展的环境

俄罗斯争论了数年的《经济特区法》已于2005年颁布，预示着俄政府将优先建立"技术研发"和"工业生产"两类经济特区，通过在区内建设良好的基础设施、制定优惠的税收政策和行政管理政策，吸引有潜力的研发和创新项目，大力发展深加工工业和高新技术产业，调整经济结构，提升产品的国际竞争力，走创新发展的道路。目前，俄罗斯24个地区运转的60多个科技园和56个技术创新中心为实施国家创新战略、保障经济可持续发展、提高综合国力起到了积极的作用。2004年开始新建6个技术转让中心和10个技术创新中心，上述中心已经和正在成为联结科学与工业的桥梁和纽带，为提高对工业投资的积极性起着关键性的作用。

二、行业协会政策

俄罗斯各行业协会推进创新方法的政策基本是在国家政策的指导下，结合自己的实际情况，进行创新方法的推广工作。

第五节　中国开展技术创新方法的政策概况

一、国家级政策

1993年7月2日，全国人民代表大会通过了《中华人民共和国科学技术进步法》，并于同年10月1日起施行。科技进步法是一部指导和推动我国科技事业发展的基本法律，是推进科技进步的基本准则，也是制定科学技术发展方针、政策和法律法规的基本依据。该法共10章62条，该法规定，国家保障科学研究的自由，鼓励科学探索和技术创新，使科学技术达到世界先进水平，国家鼓励企业增加研究开发和技术创新的投入。

2006 年 2 月 9 日，国务院发布了《国家中长期科学和技术发展规划纲要2006～2020》，提出必须把提高自主创新能力作为国家战略，贯彻到现代化建设的各个方面，确定到 2020 年，全社会研究开发投入占国内生产总值的比重提高到 2.5% 以上，本国人发明专利年度授权量和国际科学论文被引用数均进入世界前 5 位，为我国在 21 世纪中叶成为世界科技强国奠定基础。《纲要》明确提出，今后 15 年，我国科技工作的指导方针是：自主创新、重点跨越、支撑发展、引领未来。《纲要》部署了 11 个国民经济和社会发展的重点领域以及 68 项优先主题、16 个具有战略意义的重大专项、8 个重点技术领域的 27 项前沿技术、18 个基础科学问题、4 个重大科学研究计划。它们涵盖能源、资源、农业、制造业领域，载人航天和探月、转基因生物新品种培育等战略工程，生物、信息、制造等领域的前沿技术，以及蛋白质、纳米等科学研究领域。

2007 年 10 月 15 日，胡锦涛总书记在党的十七大报告中明确指出，"提高自主创新能力，建设创新型国家"是"国家发展战略的核心，是提高综合国力的关键"，并将其放在促进国民经济又好又快发展的八个着力点之首。胡锦涛指出，要坚持走中国特色自主创新道路，把增强自主创新能力贯彻到现代化建设各个方面。认真落实国家中长期科学和技术发展规划纲要，加大对自主创新的投入，着力突破制约经济社会发展的关键技术。加快建设国家创新体系，支持基础研究、前沿技术研究、社会公益性技术研究。加快建立以企业为主体、市场为导向、产学研相结合的技术创新体系，引导和支持创新要素向企业集聚，促进科技成果向现实生产力转化。深化科技管理体制改革，优化科技资源配置，完善鼓励技术创新和科技成果产业化的法制保障、政策体系、激励机制、市场环境。实施知识产权战略，充分利用国际科技资源。进一步营造鼓励创新的环境，培养造就世界一流的科学家和科技领军人才，使创新智慧竞相迸发、创新人才大量涌现。促进经济又好又快发展，加快转变经济发展方式，推动产业结构优化升级。

2007 年 8 月 13 日，科技部批准黑龙江和四川作为科技部技术创新方法试点省份。2008 年 4 月 23 日，科技部、发改委、教育部和中国科协又共同印发《关于加强创新方法工作的若干意见》的通知，通知提出了加强创新方法工作的重要性和紧迫性，提出长期以来，我国对创新方法工作的重视相对不够，科学思维培育相对落后，科技活动仍未摆脱跟踪模仿的局面，自主创新成果较少，高精尖科学仪器设备严重依赖进口，与加强自主创新、建设创新型国家的战略要求极其不相适应。

通知要求要解放思想、转变观念，将创新方法作为一项长期性、战略性工作来抓，切实从源头上提升自主创新能力、推进创新型国家建设。创新方法工作要强化机制创新、管理创新与体制创新，积极营造良好的创新环境，形成全社会关注创新、学习创新、勇于创新的良好社会氛围；建立有利于创新型人才培育的素质教育体系，实现由应试教育向素质教育的转变；逐步改变我国科学研究和技术开发跟踪模仿、高精尖科学仪器设备依赖进口的局面；培养一大批掌握科学思维、科学方法和科学工具的创新型人才，催生一批具有自主知识产权的科学方法和科学工具，培育一批拥有自主知识产权和持续创新能力的创新型企业；为自主创新战略、建设创新型国家提供强有力的人才、方法和工具支撑，大幅提升国家核心竞争力。通知提出了六项主要任务：

（1）加强科学思维培养，大力促进素质教育和创新精神培育；

（2）加强科学方法的研究、总结和应用；

（3）大力推进技术创新方法应用，切实增强企业创新能力；

（4）着力推进科学工具的自主创新，逐步摆脱我国科研受制于人的不利局面；

（5）推进创新方法宣传与普及；

（6）积极开展国内外合作交流。

二、地方区域政策

自国家开始推行创新政策以来，各省市先后开展了学习和落实各项政策的活动。一些省市制订多项计划，加强科技基础平台建设，面向重大科技需求，增强自主创新能力、提高成果转化水平，围绕支撑和服务重点产业发展，积极培育和构建一批创新平台。

对于创新方法的落实，一些创新方式试点省份推出了一系列的措施。2007年8月29日，黑龙江就批准东北林业大学、黑龙江省科学院、哈尔滨工业大学机电工程学院等列入黑龙江省首批技术创新方法试点单位。之后，组织了一批开展创新方法推广的培训师举办一系列的创新方法培训班，同时也邀请国外一些著名 TRIZ 大师在黑龙江进行 TRIZ 培训。组织人员进行 TRIZ 入门教材的撰写，并开展 TRIZ 应用相关案例的征集活动，同时，总结自身在创新方法试点方面的成就。

四川在推行创新方法上也作出了一系列的努力和措施，加强创新方法在大学中的传播，组织青年创新论坛，同时积极开展其他各项创新活动。

三、行业/协会政策

作为国内最大的科学技术工作者的群众组织，中国科学技术协会在推广 TRIZ 方面实施了一系列的举措。2008 年，该协会联合科技部、发展改革委和教育部共同印发了《关于加强创新方法工作的若干意见》的通知，同时启动了一系列创新方法的推广活动。一些省市级科技协会、行业协会，以及其他性质的协会都参与了 TRIZ 相关推广政策的落实，如厦门市高新技术发展协会、大庆市科学技术协会、北京民营科技实业家协会、北京技术市场协会、黑龙江省老科学技术工作者协会等。

第六节　其他国家开展技术创新方法的政策概况

一、国家级政策

在国外，一些创新相关政策为创新方法的研究和推广提供了非常好的环境。2008 年 2 月 15 日，欧盟委员会发布的《欧洲科技创新发展报告》显示，2007 年，欧盟各成员国创新能力进一步增强，同时，丹麦、芬兰、德国、瑞典和英国仍保持其在当今世界与美国和日本并驾齐驱的全球科技创新领导者的地位。报告指出，目前欧盟科技创新能力不断提升的态势令人鼓舞，并进一步印证推动欧盟科技创新的"里斯本战略"正在发挥作用。

为加快经济改革、促进就业，欧盟 15 国领导人于 2000 年 3 月在葡萄牙首都里斯本举行特别首脑会议，达成并通过了一项关于欧盟 10 年经济发展的规划，即"里斯本战略"，其目标是使欧盟在 2010 年前成为"以知识为基础的、世界上最有竞争力的经济体"。"里斯本战略"围绕经济发展、就业、科研、教育、社会福利、社会稳定等多方面问题，总共制定了 28 个主目标和 120 个次目标，其中，最重要的两个目标是就业率和科研投入。"里斯本战略"提出以加速经济发展推动就业增长，在中长期内创造 3000 万个就业机会，争取在 2010 年把欧洲的平均就业率从 2000 年的 61% 提高到 70%。在科研投入方面，"里斯本战略"提出，欧盟各国 2010 年将把科研投入所占国内生产总值的比例从 2000 年的 1.9% 提高到 3%。

欧洲各国也作出了具体的政策和响应，如德国的研究与发展支出费用，已经从 1998 年的 446 亿欧元增加到 2003 年的 533 亿欧元，增长幅度为 19.5%。自 20 世纪 90 年代末以来，德国研究动力提高的前提是，联邦政府研究与发展经费占国内生产总值的比例有了明显增长，即从 1998 年的 2.31% 增长到 2003 年的 2.5%，使之回到了 1998 年之前的增长水平，其中，仅联邦教研部直接支出的研究与发展经费，就从 1998 年的 81 亿欧元增长到 2003 年的 90 多亿欧元，总增长幅度达到 17% 以上，增长总额约为 60 亿欧元。英国则发布了一份题为《创新国家》的白皮书，白皮书提出，英国政府的目标是使英国成为世界上最优秀的创新国家，能够提供创新的商业或公共服务，并使创新利益惠及英国各地，白皮书指出：

（1）政府应创造条件促进创新；

（2）扩大对创新产品和服务的需求；

（3）支持企业创新；

（4）加强公共服务创新；

（5）增强英国的国际吸引力；

（6）最大限度地发挥英国人民的创新能力；

（7）确保创新利益惠及英国各地。

另外，其他地区政府也都颁布了相关的政策，如 1989 年，韩国政府出台了《尖端产业发展五年计划》，重点推进微电子、新材料、生物工程和光纤维等 7 个高科技项目的研究。1991 年，韩国推出了为期 10 年的科技发展 "G7 工程"，目标是在 21 世纪使本国科学技术赶上西方 7 国的水平，其重点是 17 项高新科技研究项目，包括新一代核反应堆、高新材料、新能源、环保等 9 项基础高新技术和超高集成半导体、宽带信息通信网、人工智能电脑、高清晰度彩电等 8 项应用高新技术。2001 年，韩国出台了为期 5 年的《科学技术基本计划》，对信息通信、生物工程、纳米、航空航天等国家战略科技进行攻关，推动科技研发国际化。2009 年，韩国启动了 "十大新一代成长动力" 的科技发展工程，重点发展数码广播、智能机器人、新一代半导体和未来型汽车等 10 大高新技术产业。

为推动政策落实，韩国成立了由总统任委员长的国家科技委员会，定期研究国家重大科技决策；副总理兼任科技部长，并担任科技长官会议委员长，直接领导国家科技创新事业；科技部负责全国科技发展的统筹和协调等。为确保科技创新健康发展，韩国制定了一系列相关法律，其中主要有《科技中奖法》、《技术开发促进法》和《技术开发投资促进法》，2001 年制定的《科学技术基本法》称得上是韩国科技进步的根本大法。韩国认为，科技创新必须实行全社会经营战略，形成创新科技的社会氛围，依法施政便于统一管理，有效地发挥国家在科技创新中的主导作用，避免乱上项目和乱拉投资的现象。韩国为科技创新进行了巨额投资，2003 年研发投入达 160 亿美元，约占国内生产总值的 3%。

其他一些政府也直接支持 TRIZ 等创新方法的引入。例如，泰国的教育体系引入了 TRIZ：至少有 500 名高校教师参与了教育部举办的基于 TRIZ 的工作研讨会；一些大学已经将 TRIZ 融入到其商业管理和创新管理硕士学位的课程中。泰国政府也开始促进和支持 TRIZ：泰国国家科学技术发展署为研究人员提供 TRIZ 培训；国家创新委员会支持技术促进协会出版 TRIZ 书籍《基于 TRIZ 的创新发展 2007》，并且为此书提供了创新案例。

二、地方区域政策

在各国的创新政策的号召下，各地区执行国家政策框架下的工作，而更多以 TRIZ 为核心的行动，则在行业和协会的推动下进行。

三、行业/协会政策

其他国家和地区很多 TRIZ 的相关活动也是通过协会的性质执行，例如，欧洲 TRIZ 协会作为非营利性组织，其目的就在于推动创新方法的研究、发展和培训工作，特别是以 TRIZ 为主的创新方法。而在中国台湾地区，有两个代表性的 TRIZ 研究学会，即中华萃思学会和系统性创新学会，两个学会均是以非营利为目的、以推广 TRIZ 理论或者推广创新应用为宗旨的民办研究学会。在其他国家，如法国、印度、德国等地，其 TRIZ 协会也在全国范围内开展一些 TRIZ 推广和培训。

第七节　技术创新方法扶植政策比较

通过分析美国、日本、德国、韩国等创新型国家促进创新的政策措施，我们大致可以得出以下结论与启示。

1. 政府的高度重视和完善的政策法规是促进创新的必要条件

比较研究表明，几乎所有的创新型国家都十分注重从宏观上制定战略规划和政策，注重国家对科技创新的干预和引导。

2. 资金支持政策是促进创新的主要途径

实施在财政、金融、税收等方面的优惠政策，进行直接或间接投资，是各国政府在促进自主创新中采取的最主要、最普遍的措施，并成为科技创新和发展最直接、最有力的推动。

3. 高效健全的监督机制和知识产权保护体系是促进创新的有力保证

自主创新是一个由诸多复杂因素构成的非线性系统，从本质上来说带有不确定性的特点：缺乏已知的与事件发生联系的有关信息；在创新过程中始终存在着尚不知道的技术经济问题；准确地预测和追踪行动的结果是不可能的。这就需要企业采取多种措施，在提高自我保护能力的基础上，政府部门对创新的方向、风险、困难等进行控制、监督、防范和解决。

4. 完善的公共服务政策是促进创新的桥梁和纽带

自主创新是一项复杂的系统工程，它不仅是企业、科研机构、高等院校的微观个体活动，更是一项需要各个环节密切配合的整体行为，外部环境的好坏，将直接影响创新的成败。因而，在自主创新中，政府应做好公共服务工作，引导创新方向、合理配置资源、维持市场秩序、弥补市场失灵，发挥其在自主创新外部环境建设方面不可替代的作用。

具体地讲，政府需要在以下方面为自主创新提供公共服务政策：

（1）基础设施；

（2）服务体系；

（3）官、产、学、研合作研究；

（4）人才培养。

5. 发展基础研究是促进创新的坚实基础

经济长期稳定的增长，不仅要获取眼前利益，而且要注意扶持眼前利益不大、长远利益较好的原创性自主创新，这就要求保证技术创新对科学知识的需求，因而必须大力支持基础研究活动。美国技术创新法明确指出："对一些具有通用性、重要的经济和战略意义的基础研究，单个公司并无动力去投资其研究与开发，可以通过在高等院校、非营利性机构或集团中设立产业技术中心，来发展基础研究活动。"因此，要提高我国的自主创新能力，政府应当继续加大对基础科学研究方面的投入。

6. 培育全民创新的意识和良好创新氛围是促进创新的重要方面

增强自主创新能力，最根本的是要形成一种全民意识，使创新成为一种思维方法、一种民族文化，使创新贯穿于生产生活的全过程。一项新技术的诞生、发展和应用，最后转化为生产力，离不开观念的引导和支持，离不开勇于创新、乐于创业、允许失败的文化精神。要使公众具备科学素质，需要了解基本的科学技术知识，掌握基本的科学方法，树立科学思想，崇尚科学精神，并具有应用科技知识处理实际问题、参与公共事务的能力。公民只有具备基本的科学素质，才能以求真务实的科学精神、科学态度、科学方法发现问题、分析问题、解决问题，获得创新性成果、推动社会进步。因此，应通过教育体制改革和开展科学技术教育、传播和普及活动，努力营造激励创新、尊重个性、鼓励冒尖、宽容失败的良好氛围，培养独立思考、理性判断的精神，不断增强公众的创新意识和创新能力。

为此，建议我国政府为提高国家的技术创新能力应采取以下政策：

（1）国家技术创新体制应进行重大改革；

（2）加大国家对科技的投入；

（3）转变科技投入的方式；

（4）利用政府采购来扶持技术创新企业；

（5）政府在制定和采用标准时要考虑优先采用本国企业的标准。

思 考 题

1. 美国和日本在鼓励和扶植技术创新方面出台了哪些政策法规？

2. 俄罗斯建设国家创新体系的三大基本策略是什么？

第九章 技术创新方法推进机制比较

第一节 美国开展技术创新方法推进机制概况

从 20 世纪 80 年代以来，美国不断完善技术创新政策法规体系，先后出台了一些政策促进和法制保障的措施。美国有 700 多个实力雄厚的国家实验室，以往这些实验室大部分项目直接服务于国防军事部门，1996 年 3 月，美国总统签署了《国家技术转移与进步法》，对联邦实验室向工业部门转让技术制定了优惠政策，如奖励发明者 2000 美元，并将技术使用费的 15% 作为发明者的提成。不仅如此，美国国家实验室每年还将 250 亿美元经费的 20% 用于产业合作。同时，刺激企业对官产学研合作的需求规模和供给能力，1997 年，美国企业在高等学校投入的研发资金达到 17 亿美元，是 20 年前的 7 倍，而同年大学发明的专利给予投资公司的回报高达 300 亿美元。大学、企业和研究所之间相互影响和相互合作的机制正在形成，而在很大程度上，企业对研究机构特别是大学的影响已经超过了政府的影响。

一直以来，美国政府和产业界都把创新视为立国之本和美国在全球竞争中建立国家竞争力的根本源泉。在 20 世纪，特别是第二次世界大战以后，美国建立和完善了政府、企业、大学各司其职，产品市场、资本市场和企业家市场良性互动的国家创新体系。冷战时期，美国通过联邦政府在国防、空间、能源、环境、健康方面的持续投资，保证了国防技术的领先，并带动了相关产业的发展。20世纪最后 20 年中，美国为应对日本崛起对其全球经济领先地位的挑战而调整了科技政策，通过鼓励政府研究商业化、鼓励合作研究、鼓励民用技术的开发和扩散，实行了产业升级，增强了经济竞争力。在 21 世纪特别是"9·11事件"后，美国联邦政府不但增加了国防投入，而且增加了国防研究开发的投入，政府、企业界和大学对新时期美国如何通过促进科技发展保持国际竞争力和保障国家安全进行了深入的讨论和对话，并逐渐形成了一些共识。反映这种共识的一个有代表意义的事件，就是美国总统布什在 2006 年提出的国家竞争力行动计划。

一、推进方法

美国对国家创新体系建设的主要措施包括以下几个方面。

（一）保证充分的投入

首先是提高教育培训的投入，普遍提高幼儿园到 12 年级的教育质量，特别是数学和科学的教学水平；扩大目前劳动力中欠缺科技教育的人群学习科技的机会；扩大现有劳动力接受科技再培训的机会；在资源配置和激励因素方面采取坚定措施，确保高校专业技术人才供应充足。其次是提高公共研究的投资，确保基础科学和工程学研究拥有充足的公共经费支持；评审优先支持领域和平衡各领域的过程应更加有理有据，并在此评审过程中作出资助决策。最后是对研究与实验开支实行税收减免，促进创新资金的投资。

（二）创造有利于创新的环境

（1）知识产权保护：采取必要措施确保专利评审过程符合新技术开发流程。

（2）维护和制定标准：联邦政府通过与产业界标准开发组织的联合，支持国家标准的协同性，另外还组织技术开发者、可能的技术使用者、所涉及的行业企业、消费者利益代表团体等有关各方在标准制定过程中尽早展开讨论，并把制定标准的作用及程序视作美国贸易政策的一个方面。

（3）加强评估：评估国家各产业创新的需求状况，审查联邦优先投资项目，确保基础技术领域拥有充足的公共资金，从而保持国家创新体系朝着预期的方向发展。

（4）加强各机构间的交流和伙伴关系：重视各种伙伴关系（包括公私联合体）对促进创新的重要性，并考虑如何促进这些关系；明确界定私营部门各公司间、公司和政府间开展合作与研究的合法范围；考虑制定必要的政策方针以指导有公共部门参与的伙伴关系的建立和运作。

在美国的科技发展中，国家干预起着重要的促进作用。美国自建国以来，政府一向重视科技的发展，并逐渐从对科技工作进行一定的协调和资助转向直接出面主持庞大的科研计划和兴办国家研发中心，由此全面介入科学技术知识的产生、扩散和应用过程之中。

美国政府在对科技领域的干预过程中，先后建立了美国科学院（1864 年）、全国研究委员会（1901 年）、科学研究发展局（1941 年）、国家科学基金会（1950 年）、科技政策办公室（1976 年）和国家科学技术委员会（1993 年）等科研领导机构，并逐渐形成了一套有效的科技政策体系：

1. 对研发的资助

联邦政府支出的科研经费占科研经贸总额的比例在 20 世纪 80 年代前为 50%～60%，80 年代后，私有部门对研发的支持开始超过联邦政府。

2. 实行科研合同制

科研合同制是美国政府刺激技术创新的一项重要措施，目前联邦政府 2/3 的科研经费通过合同分配给企业和大学所属的科研单位。

3. 加大对基础研究的投资力度

1995 年，美国总统科技政策办公室发布的《关键技术》报告表明，美国在 27 个关键技术领域处于世界领先地位。与欧洲国家、日本比较，美国在信息技术领域大大领先，在生物、医学、农业和食品领域占有优势，在工业制造和能源领域的科技水平与其他先进国家持平。

4. 建立中小企业技术创新服务体系，积极促进中小企业创新

在支持中小企业创新方面，美国政府采用以营造环境为主的间接支持模式，主要有两大特点：一是政府不断设立和实施一系列科技计划，并以此为载体推动技术向中小企业的转移，如"小企业技术转移计划"、"制造技术推广伙伴计划"等；二是营造有利于中小企业技术创新服务机构建设的环境。

5. 建立完善的法律支持系统

美国建立了完善的促进技术创新的法律体系，主要包括以下几个方面：

（1）技术创新法：美国技术创新法针对技术创新各个环节所做的全面而系统的规划，不仅涉及技术的研究与发展，而且涉及技术的应用和扩散。这样做既利于保护创新企业的利益，又可以加强技术创新的扩散，为获得更大的社会效益创造了条件。它有效地将科技政策与产业政策结合成一个有机的整体，克服了两者之间彼此隔离的局限性。

（2）针对中小企业的法律：在鼓励小企业创新方面，美国多年前就颁布了小企业法，此后又相继制定了小企业创新发展法、小企业投资法等。

（3）拜－杜法：在鼓励联邦政府实验室和大学进行技术转移活动方面，1980 年的拜－杜大学与小企业专利程序法是一部重要法律。

（4）专利制度与创新：1790 年，议会通过了第一部专利法，1870 年对专利法做了一次较大的修改和补充，确立了现行专利法的基础。由于科技发展的需要，美国于 1838 年正式成立了专利局，是隶属于美国商务部的独立机构，其主要任务是执行专利法和商标法。美国专利制度具有灵活和可操作、公平原则、专利保护范围较宽、保护力度较大、强调专利与标准的结合、强调激励创新和促进技术进步等特点。

美国政府在技术创新中占有重要地位，但主要采取间接方式。美国并没有一个权威机构全面负责国家创新系统，只是在克林顿入主白宫后，为重振国内经济，加强国家对科技体系的直接干预，1993 年 1 月签署总统令，成立国家科学技术委员会，并亲自担任主席，促进了政府参与民间科技开发。美国国家技术创新系统的最大成功之处，就是在私人投入与政府投入之间保持了一种适当的平衡，既保持足够的私人刺激以鼓励创新，又保持足够的政府投入以促进创新技术的广泛运用。例如，1997 年美国政府与企业界投在 R&D 上的金额为 2056 亿美元，这一数额超过了日、德、法、英、意 5 国研究开发经费的总和。1999 年，美国对基础研究的经费增加约 8%，达到近 170 亿美元；应用研究经费增加约 5%，达到 164 亿美元。美国在科技研究开发上的高投入已经并将继续给经济发展带来高回报。

二、推进成效

1. 科学论文领先世界

2006 年，美国的科学论文占世界科学论文总量的 29.5%，高于世界任何一个国家，美国在各学科领域的论文收录总数、论文引用数和单篇论文的被引用数均列全球第一。据欧盟"2007 科技、技术和创新关键数据"反映，根据引用文献影响系数和高引用刊物指数，美国所有学科的影响力均超过欧盟。

2. 集聚了世界一流的科技人才资源

据美国国家科学基金会统计，美国近年来科学与工程人力资源增长迅速，1990~2000 年 10 年间，科学与工程人力资源就业人数年均增长 3.6%，是其他行业就业人数增长率的 3 倍。在科学与工程就业人口中，受过大学以上教育的人员有25%是国外出生的，拥有博士学位的人员有40%是国外出生的。

3. 专利产出稳居世界之首

据世界知识产权组织发布的数据，2006年，美国发明人和企业申请的PCT国际专利申请总量近5000件，占当地PCT申请总量的34%，领先于位居第二的日本（18.5%）和第三的德国（11.7%）。国际专利申请量排名前20位的企业中，美国企业占7家。

第二节　以色列开展技术创新方法推进机制概况

一、推进方法

以色列建国后，世界各国犹太人纷纷移居以色列，其中不乏一流的科学家、工程师和技术人员。为吸收安置科技移民，充分发挥其作用，以色列专门设立了移民吸收部，在移民吸收部中设立科学吸收中心，为科技移民提供就业方面的咨询，并向用人单位提供补助。开始两年，用人单位只需支付科技移民工资的15%~20%，其余的80%~85%由科学吸收中心支付，科技移民中有30%以上最初是通过该中心安置的。该部还联合其他部发起制定一项"2000年纲领"，共筹集了650万美元的基金，制订了五个吸收科技移民计划：第一，移民研究资助计划，科学部通过它的基础研究促进和发展基金会已资助了400多项移民研究项目，每个项目每年能够得到2万美元的资助，3年共资助6万美元，一些项目已获得了相当好的成果；第二，地区研究与开发中心吸收计划，科学部在一些地区建立研究与开发中心，利用地方资源来实施和强化科技移民吸收计划，促进地区发展；第三，技术学士进修计划，科学部在一些技术学院开办进修班，培训移民，使他们达到大学毕业水平；第四，奖学金计划，科学部为攻读博士学位的移民提供奖学金；第五，以色列和独联体国家开办研讨班，介绍以色列概况和与科学有关的就业情况。

科学部和移民部还联合成立了有其他部、学术机构、企业代表参加的科技移民吸收委员会。该委员会对吸收新移民科学家进行广泛深入的研究后，开办了名为"克里泰克思"的职业介绍所，为科技移民和高科技企业牵线搭桥，利用免费服务向工业贸易部的技术温箱介绍合适的移民科学家。工业贸易部通过建立技术温箱的方式帮助科技移民，根据科技移民的技术专长帮助他们开办公司，向他们提供管理和技术支持、低价设备，以及商业指导，帮助他们寻找战略合伙人和外部资金。工业贸易部负担技术温箱预算的85%，项目成功后，技术温箱每年要向工业贸易部缴纳销售额的2%，直到投资全部收回为止。在以色列，学术界、政府和企业之间建立了紧密的合作关系，政府部门，特别是科学和艺术部成为学术界和企业之间的桥梁，这种合作有力地促进了以色列高科技产业尤其是高科技园区的发展。

以色列国家技术创新体系的基础主要是人才和资金两部分。

1. 培养和吸引具有创新精神的人才

多年来，以色列政府把 GNP 的 10% 投入教育。以色列有世界一流的大学，提供高科技劳动力骨干和创新研究成果，目前，科技人员数量占人口的 6%，这个比例属于世界上最高的几个国家之一。政府制订人才培训计划，对科技人员进行知识更新和专业技能再培训，如"继续教育"计划，帮助技术人员和企业管理人员学习经济和市场新知识。

鼓励国外受过良好教育的犹太人往以色列移民，特别是鼓励前苏联的犹太人向以色列移民，是政府扩大人才资源的重要举措。10 年来，近百万来自前苏联的犹太移民中，有很多是科学家、工程师，他们带来了先进的思想、理论和技术，为高科技产业注入了很大的活力。

2. 用多渠道筹集的资金支持 R&D 项目

政府渠道的资金和资助强度主要包括以下几个方面：

（1）新产品、新工艺 R&D 项目：给予批准预算 50% 的资助。

（2）改进现有产品 R&D 项目：不论以前是否得到过政府帮助，均对批准预算给予 30% 的资助；若项目与国防产品有关，则资助 20%。

（3）新兴公司的 R&D 项目：对批准预算最高给予 66% 的资助，在头两年里，每年不超过 25 万美元。

（4）在荒漠化和半荒漠化地区进行的 R&D 项目可得到批准预算 60% 的资助。

上述四类项目称为普通 R&D 项目，项目成功要返还资助金，未成功的项目不返还资助金，资助金按美元计，不计利息。返还办法是，头三年将每年收入的 3% 作为返还资助金，第二个三年里，将每年收入的 4% 作为返还资助金，从第七年起，将每年收入的 5% 作为返还资助金，一直到全部返还。

以色列认为，要使经济好转，潜力就在于高科技产业的发展，为此，以色列提出了国家技术创新体系的未来目标：

（1）工贸部希望有关 R&D 的法律能制定得更为灵活，以适应经济全球化进程的需要，政府能提出更好的政策来加强工业技术创新；

（2）鼓励在各层次上培训高科技人才，鼓励大学、科研院所和高科技产业之间有更多的合作，继续加强创新工作；

（3）工贸部希望更多的风险基金参与投资，风险投资不仅要在科研成果到市场这个阶段介入，还要在产品开发阶段介入；

（4）国家在软件、电信、医药、电子这些领域的传统能力要多样化，生物技术、与航天相关的技术，以及与生物、计算机、电子交叉的多学科课题要为新的产业部门提供发展潜力。

二、推进成效

以色列政府采取了一系列措施吸引鼓励移民，来自全球各地的犹太移民用他们的智慧和技能，为以色列的创新发展作出贡献。以色列中央统计局资料显示，1990 年的移民数量是 20 万人，之后逐年增长，2002 年累积的移民数量就达到了113.6 万人，特别是在前苏联解体后，大批掌握信息通信技术的东欧移民的到来促进了以色列信息通信技术产业的大发展。这些移民中有超过 10 万以上的科学家和工程师，使以色列每 1 万人中就有 140 名是受过高等教育的科学家和工程师，这个比例是美国和日本的 2 倍以上，居全球之首。高素质的移民带着他们的雄心、解决问题的创新方法和强烈的学院传统，结合以色列义务兵役制培养出来的创造力、接受挑战的能力和军用信息通信技术，为以色列高科技工业发展输送了强劲的动力，以色列拥有的人均专利数量是世界上最多的。

以色列在近 10 年里涌现了约 2600 多家高新技术公司，占全国具有 R&D 能力公司总数的 80%，高技术新兴公司的数目为世界第二，仅次于美国。以色列已在世界高技术产业的某些领域，如电子、通信、计算机软件、医疗设备、光电和激光技术、生物技术、制药和化学制品等领域确立了自己的地位。

许多突破性发明、颠覆性技术诞生于以色列，VocalTec 发明的网络电话VoIP 技术给电信运营商带来了巨大挑战，即时通信 ICQ 改变了人们的通信方式，奔腾和迅驰芯片提升了无线计算能力，Comverse 的语音邮件丰富了网络应用，世界第一部手机是摩托罗拉在以色列的研发中心开发的，移动硬盘存储技术获得了广泛应用……

除了这些首创技术，在许多市场应用前景广阔的领域，以色列也展示了旺盛的技术创新活力。Alvarion 战略市场部联合副总裁 Rudy Leser 介绍："2005 年,在全球总额 5.25 亿美金的宽带无线接入市场中,Alvarion 公司拥有 27% 的市场份额,而在基于 802.16 标准的 WiMAX 市场中,更是占到了 81% 的份额。"Converse 副总裁 Uri Olenki 说："我们是全球领先的网络多媒体增强通信服务及计费服务软件和系统供应商,拥有 40% 以上的市场份额,我们甚至能够帮助实现 ICQ 的收费模式。"Axerra 公司创始人和首席运营官 Gil Biran 自豪的是,他们研发的 Pseudo—Wire 技术可以让无线运营商在 IP 以太网络上传输语音和数据流量,以此解决带宽和费用难题,吸引了包括爱立信和北电应用其产品在韩国、中国香港等进行商业部署。现在,以色列 RAD 数据通信公司是 Axerra 的强大对手,而思科对 Pseudo—Wire 技术的兴趣将加快这一技术的推广应用。Allot 通信公司国际销售副总裁 Menashe Mukhtar 也十分得意于他们的创意技术,这家做网络流量管理的企业尽管外界知之不多,但其产品能够有效分析管理 Skype 等 P2P 技术带来的网络流量分配,吸引了不少运营商成为其客户。

以色列工业、贸易和劳动部外贸局局长 Boaz Hirsch 介绍,目前以色列拥有693 万人口,GDP 达 1234 亿美元,每年增长 5%。凭借在高科技领域的独创性,以色列的经济构成正在改变,高科技出口占总出口的份额在 1994 年是 26%,现在已经到了 34%;低技术含量出口 1994 年占 31%,2004 年则只占 23%。在国外上市的以色列企业中,多数也是高科技公司。来自以色列电信部的数据显示,以色列的信息通信技术应用广泛,移动电话普及率达 97%、固定电话普及率达95%、家庭宽带拥有率达 52%,吸引着全球的投资者都想来看看这一切是如何产生的。

第三节　日本开展技术创新方法推进机制概况

一、推进方法

日本政府推行对国内创新活动积极引导和重点扶持的强干预政策。日本通商产业省的作用是使日本产业随着最广阔的国际市场活力而长期发展最先进的新技术,并积极改善企业的外部环境和进行基础性投资。第二次世界大战后,日本确立了国家大规模发展资本密集、技术密集的产业结构方向。1952 年,通商产业省制定的"企业合理化法案"就是这一战略及基本政策的反映,该法案的主要内容为:第一,为企业新机器和设备的实验安装和运行检验提供直接的政府津贴；第二，实行税收减免和加速折旧政策，对于政府鼓励的产业，第一年可折旧50%；第三，委托中央和地方政府直接利用公共开支建设港口、高速公路、铁路、电力网、天然气管道、工业园区及其他合适项目。这样，在 20 世纪 50 年代，日本政府重点扶持了钢铁产业；在 60 年代和 70 年代，又转而扶持汽车和石化产业；接着又转向知识密集型产业，重点发展信息技术。这些关键技术的选择，有力地促进了日本企业技术结构的升级，对日本国内创新活动的开展，起到了重要的促进作用。

日本政府还通过各种措施，鼓励大力引进世界上最先进的技术，并加以改造。与美国等国家的创新制度相比，日本更偏向于过程创新、渐进创新，着眼于降低工业成本。例如，在 20 世纪 50 年代材料和外汇短缺的情况下，日本政府就已通过直接的物质分配和控制，开始支持能源、钢铁、化工等重点行业大规模流水线生产技术的引进和改造。经过这样的努力，日本同欧美发达国家在生产技术上的差距迅速缩小，至 20 世纪 80 年代，赶超基本完成。

在技术引进的基础上进行创新可以说是日本成功的关键因素之一。日本政府对于采取的技术引进方式，进行了积极有效的干预。例如，选择特定的企业批准其使用宝贵的外汇用于引进技术，为使本国企业在技术引进中获取更多的有利条件，有时候甚至直接介入本国企业与外国企业的谈判等。日本政府有关技术引进的政策选择也随经济环境的变化而及时进行了调整，20 世纪 50 年代，其重点是以创汇型产业、关系国计民生的重要产业、生活必需品产业、公用事业等。进入20 世纪 60 年代的经济高度成长期，其政策选择则侧重于以下几个方面：第一，有利于本国技术的发展；第二，维持现有的产业秩序；第三，有利于中小企业的发展；第四，有利于企业引进技术。此外，其他一些经济政策也间接地对技术引进产生了重大影响，例如，以促进设备投资为目的的各种税收优惠政策，以及政府金融机构的低息贷款在促进设备投资的同时也促进了技术引进。

（一）将科技创新作为建设创新型国家的首要选择和核心动力

1946 年颁布的《日本国宪法》规定："国家应奖励科学研究和发明创造，对科学技术的促进应在国民发展事业中占优先地位。"这个日本宪法规定了科技进步的优先地位，该法阐述了科学对社会、经济、生活水平，以及国家政治的作用。

20 世纪 40 年代，日本建立了以科技创新推动经济社会发展的基本思路后，到 1995 年 11 月 15 日，日本正式公布第 130 号法律，即"科学技术基本法"。这是日本第一部关于科学技术的根本大法，用法律的形式提出和实施"科技创新立国"这还是第一次。其核心是以科学技术创新为基础推动社会经济发展，它被称为日本实施21世纪科技战略的纲领，这一基本法制定的不是一般的科技立国战略，而是科技创新立国战略。在近半个世纪的发展中，日本始终坚持将科技创新作为支撑国家经济社会发展的首要选择与核心动力，把提高科技能力作为发展目标和主攻方向，依靠科技创新提升国家的综合国力和核心竞争力。

（二）制定战略规划，不断调整科技发展方向

日本于1995年11月公布《科学技术基本法》，1996年、2000年和2006年分别出台第一期、第二期、第三期《科技基本计划》。科学技术计划的主要内容是综合性推进研究开发（即基础研究、应用研究以及开发研究）的大政方针，根据现实生活的现状需要，调整科技发展方向。1996~2000年，第一期的《科技基本计划》提出要提升日本的科技水平，明确要构建一种新的R&D体制，完善R&D基础设施，努力改善研究开发的软硬件环境，增加人们对科技的学习、理解和兴趣；持续加大科学技术研究投入，逐步提高基础研究投入的比重，切实提升科学技术创新能力，尤其是创造性的基础研究能力等。

2001~2005年，第二期《科技基本计划》（2000~2005年）提出该期科技基本计划的特点是重点化战略，在综合欧美和世界各种信息的基础上，该计划选择了那些前途明朗、波及效果广泛、对未来技术有革命性价值的几个领域为重点发展领域，包括生命科学、信息通信、环境技术、纳米和新材料技术。在科技的牵引下，使日本经济摆脱了10年的困境，走出低谷。

在经济不景气的困难时期，日本许多企业坚持不懈地从基础研究入手，坚持研发自主品牌产品，终于开花结果。创新技术提高了其产品在世界市场的竞争力，并且增加了就业，同时，日益兴旺的环保产业和环保技术的创新对日本克服大气、水、土壤的污染和能源资源危机都明显地起到积极的作用。正在不断普及的太阳能住宅能源系统等先进技术的问世，使日本的能源效率达到世界最高水平。此外，医疗保健技术、防灾技术等为国民生活质量的提高作出了贡献，在建设人与自然和谐发展的道路上日本走在世界的前列。

第三期《科技基本计划》（2006~2010年）提出，出生率低和老龄化日益显著的日本要想在今后激烈的国际经济竞争中求生存，就必须通过发展科学技术实施变革、提高生产力、着力振兴以金融工程为代表的相关科学，并充分利用新发现的多功能诱导干细胞等科研成果、振兴相关产业。日本政府提出在重点领域除继续执行前期《科技基本计划》的内容外，特别提出"建设环境与经济和谐发展的国家"，特别强调要努力构建民主、共生、安全、环保的社会，推进社

会、教育、科技的体制改革，促进中央与地方、人与自然、资源与环境协调发展。政府制订战略计划、不断调整科技发展方向，是推动创新型国家跨越的发展模式。

（三）国家是创新型体系的主导力量

日本政府很重视科学技术的开发，以 1996 年制定的第一期《科学技术基本计划》作为科技发展的主要政策，每五年制订新一期科学技术基本计划，到 2006 年已经是第三期基本计划。日本政府选择生命科学、信息通信、环境技术、纳米和新材料技术作为重点领域，此外，能源技术、制造技术、宇宙航空技术作为关系国家安全的领域，在科技白皮书中也分别做了专题论述。在划定重点的同时还特别强调要把纳米材料技术、生物纳米技术、生物信息技术、系统生物学等当做重中之重。日本政府这样的做法，可以完善、调整、优化产业结构，以确保日本在创新型国家体系中以稳健的步伐走下去。

（四）政府导向，促进产官学结合

随着日本科学技术水平的不断提高，如何促进民间企业，特别是大企业加强独创性、基础性的研究，成为一个日益急迫的政策问题。在这里需要说明的是，重视小企业的技术进步，是日本政府制定科学技术政策的一大特色，1998 年，日本修改《研究交流促进法》。迄今，全日本 101 所国立大学中有 61 所设立了与企业合作使用的共同研究中心，各种产学合作研究项目迅速增加，2000 年超过了 4000 项，创日本这一领域历史最高纪录。

《促进大学等技术转让法》进一步为大学松绑，技术转让机构应运而生，目前已有 33 家。这种机构为促进大学科研成果的专利化、实用化和商品化研究作出了很大贡献，在大学与企业之间发挥了桥梁的作用。官方的最新统计表明，大学申请的专利在 2001 年年底累计达到 1008 项，一年间增加 713 项，在促进向企业转让科研成果方面，也已初见成效。为了促进产官学的结合，政府对科学技术体制进行了改革，具体内容如下：

（1）强化产业竞争力，改革产、学、官的构成系统；

（2）为振兴区域科学技术培育知识基础环境；

（3）改革人才培养和有关科技教育的实施体系；

（4）振兴科学知识的学习，构筑与社会沟通的渠道；

（5）加强与科技有关的社会伦理责任及风险管理；

（6）实施大学等科技基础设施的扩充和整治。

通过制定这些科学技术政策，在重要科学技术领域选定各种课题，主持产、官、学结合的共同研究开发计划，集中力量攻克科技难关，对全国科学技术发展进行导向，使日本能够在 21 世纪继续保持、巩固世界经济和科技强国的地位。

（五）基础设施加大支持力度

日本为了改变由于政府科研经费不足而导致的国立研究机构及大学的研究设施陈旧、研究辅助人员不足等问题，预定至 21 世纪初使政府支出的研究经费占GDP 之比，达到欧美科研经费的同等水平。为此，需要使政府支出的研究经费翻一番，继 1996～2000 年政府支出的研究经费总额达 17 亿万亿日元（实际投入达 15 亿万亿日元）之后，2001～2005 年政府支出的研究经费总额达 24 亿万亿日元，用于提供最新的研究信息、购置最先进的科研设施设备，以及改善科研的辅助、支援和后勤保障工作。日本大力改善和支持科学研究的装备，并以此为平台，发展科技造福本国人。上述说明，国家创新体系需要硬件条件的不断提高，它在总体上规定了科学技术运转流动的方向、规模与速度，为创新型国家提供强有力的支持。

（六）高强度的研发投入

日本领先的科技优势与日本政府对科技的巨大投入是分不开的。第二次世界大战以来，日本政府、企业、大学和非营利机构的 R&D 投入一直领先世界先进水平，从 1980 年开始到 1999 年，日本 R&D 投入占 GDP 比例一直持续在2.1%～3.0%，虽然中间有浮动，但是最终归于常态。

在泡沫经济时期，日本企业对研究开发没有丝毫松懈的表现，仍然加大对科技研发的投入。2001 年 8 月 20 日，日本《经济新闻》发表了对日本企业有关研究开发工作的调查，这项调查是 2001 年 6 月上旬至 7 月中旬以制造业、能源等领域的 461 家企业为对象进行的，调查的回卷率为 72%。从调查的回卷结果看，2000 年的企业研究开发费用比 1999 年实际增加了 4.4%，而 2001 年又比 2000年增加了 6.6%。在回卷的 332 家企业中，有 273 家还要增加研究开发的投入，其中，回答今后 5 年将增加基础研究费的企业约有 20%，为上次调查结果的 2倍。虽然有许多企业在压缩设备投资、减少雇用人员，但其研究开发的投入却连年增加。

调查显示，2001 年研究开发费用排在前十位的企业依次是：松下电器产业公司、丰田汽车公司、索尼公司、日立制作所、富士通公司、本田公司、东芝公司、NEC 公司、三菱电机公司和佳能公司。其中，松下电器公司和丰田汽车公司的研究开发费用高达 5800 亿和 5100 亿日元，第十位的佳能公司也达 2100 亿日元。而松下公司的研究开发费用占其营业额的 7.7%，索尼公司占 5.7%，这两家企业 2001 年的研究开发投入比 2000 年分别增加了 9.43% 和 9.78%。日本在经济如此低迷的情况下，仍然没有放松对科技的研发投入，像一匹蓄势待发的战马。庞大的 R&D 经费保证了日本研究开发的实力与水平，能够迅速提升国家整体创新能力。现在，一个国家 R&D 投入占 GDP 比例较高，这个国家科技越发达、国际竞争力越强，而 R&D 投入占 GDP 比较低的国家，其国际竞争力就会受到威胁。

（七）建立健全创新型国家人才的培养方案

日本很早就意识到，科学竞争其实质是人才竞争，要想发展科学技术，就要先培养和造就掌握和应用科学技术的相关人员。日本政府重视科技人才的培养，从多个层次方面推动劳动结构的升级。

1. 职业培训方面加强培养人才

第一，确立了单轨学制，保证职业教育的普及；第二，实行"后期中等教育"，其中增设职业课程（至 1973 年，日本高中教育已设置了 277 种学科，其中工业的学科以机械、汽车、电子、化工、建筑为重点内容，大体上适应了日本产业结构的变化和重化工业发展的需要，很受企业欢迎）；第三，设置培养中等技术人才的高等专门学科。据日本文部科学省公布的《教育指标的国际比较》，日本 2000 年全日制高等教育的入学率为 49.8%，如果包括函授制、广播电视大学的正规课程和专修学校专门课程的高等教育机构入学者，那么进入高等教育机构的入学率就达 71.9%。

2. 提高高级人才培养

2003 年，日本开始着手改革研究生院制度，当时的重要举措是设置专业职业研究生院，开始专业职业化学位的课程教育。专业职业学位的课程与一般的硕士课程是分离的，目的是"从广阔的视野传授精深的学识，培养各个专业领域所需求的研究能力，以及在此基础之上能够承担对职业有高度专业性要求的卓越能力"。进行不断变化的科学技术研究的多种多样的高级专门人才的培养，以及开拓尖端科学技术领域的、具有丰富创造性的高级人才的培养，是日本产业界的迫切需求。正是在此背景下，从政府到大学，日本的很多领域都开始了对新的人才培养模式的探索。应该说，这是适应社会变化的必要举措，也是高等教育服务于社会的重要体现。

3. 海外人才的吸收促进科技发展

除了美国，日本是目前吸收海外人才受惠最多的国家。首先是通过高薪聘请国外一些专家，来日本进行学术交流。其次是经常举办国际学术交流，例如，日本的重要科研机构，即以此方式接待上万人次的国外科学家来做短期研究工作。再次是在海外建立机构，日本通过在各国的国家实验室建立联系，招揽人才。例如日本在美国建立的 NEC 研究实验室，每年的经费超过 2000 万美元，高薪聘用美国科技专家进行高科技开发和研究。最后是日本通过本国的跨国企业，聘请各国的精英为己所用，特别是在亚洲，每年引进的当地精英以 20% 的速度在递增。日本企业还很擅长通过与政府的研发网络、海外的实验室及与其他公司的合作来获得重要的知识来源和人才。

（八）逐步将企业培育成创新主体

企业既是国家经济实力的基础和支柱，又是科技创新的主体。企业的创新能力既是企业自身发展壮大的根本动力，又是提升国家竞争力的重要因素。因此日本也像其他创新国家一样，将增强企业创新能力作为提升国家竞争力的重要措施，逐步将企业培育成创新的主体。日本企业能够不断提升科技竞争优势，并迅速将研究成果转化为国际市场中具有竞争力的产品。在全球经济不景气的大前提下，日本经济仍然可以脱颖而出，有人认为日本经济的奇迹实际上是科技奇迹，这句话很有道理。

二、推进成效

进入 21 世纪以来，日本每年新增专利近 20 万件，新增专利数连续十多年高居全球三甲，以政府为主导、学术机构和企业为主体的日本自主创新体系可谓硕果累累。

在当今 23 个尖端科技领域里面，日本已经在 16 个领域占优势，在 4 个领占比较优势（美国在 8 个领域占优势，在 15 个领域占比较优势）。美国国防部曾透露，美国在人工智能和自动化、光导纤维、半导体材料与微电子电路、超导、仿生技术材料与处理 5 个领域的技术落后于日本。

第四节　俄罗斯开展技术创新方法推进机制概况

在知识经济时代，国家竞争力已成为反映国家经济发展现状和发展前景的重要指标，而创新是影响国家竞争力的主要因素，国家创新激励政策对有效挖掘创新潜力具有积极的影响作用。俄罗斯也不例外，俄罗斯曾经多次尝试制定系统化的创新政策推进方法，表现在教育创新、企业创新、社会团体创新等方面。

一、推进方法

（一）教育创新

创新性教育是培养具有竞争力人才的基础，2004 年，俄罗斯教育部和科学部两部合一，成立俄罗斯教育科学部，以此促进创新性人才培养与科技创新之间的有效联系。目前，俄罗斯社会对优质教育和构建公民社会、建立有效经济，以及保证国家安全之间的关系形成普遍共识，促进教育创新性发展是国家教育战略头等重要的任务。20 世纪 90 年代，尽管当时的政策缺少有效的促进机制，但在俄罗斯教育体系内部，以及教育体系之外，俄罗斯对创新性教育实践进行了尝试。从 2006 年开始，俄罗斯促进教育创新发展的政策更具针对性，更为具体，且操作性强。

1. 创新性教育的特点

与传统教育相比，创新性教育与实践的联系更为紧密。创新性教育要求在创造新知识的过程中开展教学，也就是在基础科学、教学过程和生产过程相结合的基础上开展教学。创新大学的教学体系向现代科学研究和现代经济开放，教学过程中应当包括设计研究、在生产过程场地和科研组织中的训练、见习，教学设备应当符合先进的科学发展水平。为了保证教学过程的创新性特点，大学教育过程中同时包括以下三个内容：大学生参与制订各个经济部门现实的工作方案；大学生开展基础性研究和应用性研究；大学生充分利用教学技术，这些技术可以保证学生选择学习方向。

应当加强创新性大学对自然科学课程的重视程度，要重视学生基础性的自然科学素养和数学素养，没有基础性的自然科学和数学素养，不可能有高科技领域的创新性活动。要提高大学的科研水平，依靠创新性机构来保证大学科学活动与经济之间的关系，创新性机构可以是创新性大学的机构组成，也可创建具有独立法人资格的机构。

为了在教育、科研和工业领域开展创新活动，需要建立多层次的人才培养、再培养体系，不断提高专业人员的素养并向他们提供咨询服务。为了保证科研成果转化，在国立联邦科研中心、高校、俄罗斯科学院所属研究所，以及其他行业性研究机构的基础上创建技术转化中心。

2. 高等教育创新

在高等教育领域，传统高等教育体制的竞争力在不断下降，高等学校的科学研究和生产的联系不够紧密，有必要建立全新的高等教育体制。为了鼓励创新性大学的发展，根据联邦政府 2006 年 2 月 14 日的第 89 号决定（Постановление Правительства Российской Федерации от 14 февраля 2006 года № 89），在竞赛选拔的基础上，联邦政府于 2006 年向 10 所大学和 3000 所中小学校提供总额为 80 亿卢布的支持。2007 年，除了在 2006 年中选出的 17 所大学继续获得支持外，另有 20 所大学，以及 3000 所中小学校获得总额为 180 亿卢布的资助，在 2006 年竞赛中获胜的 17 所学校将获得总额为 50 亿卢布的资助。

3. 创建新型大学

在《国家教育规划》的框架内，2006 年以西伯利亚地区和南部联邦区现有的一些大学为基础建立两所新型联邦大学。新型大学首先要为国家创新型发展规划培养人才，培养能够促进现代技术发展的学者，大学发展规划中特别要求大学机构组成中要包括科学研究中心，以便让学生利用现代化的实验基地、掌握实践技能。这样，新型大学可以依靠吸引高水平的青年专家成为当地科学、经济改革和发展的中心。在建设新型大学方案的框架内，制订现代教学计划，采用新的教学法，配置新型的科研设施，对教师进行再培训。

西伯利亚联邦大学以克拉斯那亚尔斯克国立大学为基础，联合克拉斯那亚尔斯克国立建筑大学、克拉斯那亚尔斯克国立工业大学、克拉斯那亚尔斯克有色金属大学创建而成。南部联邦大学由罗斯托夫国立大学联合罗斯托夫国立建筑艺术大学、罗斯托夫师范大学等学校创建而成。2007 年 2 月 12 日，这两所大学成为联邦教育署直属联邦大学，并计划从俄罗斯现有最好的大学和国外大学吸收优秀教师加入。

2007 年，俄罗斯从联邦预算资金中为两所大学划拨了 30 亿卢布，2007～2009 年，计划为所创办的联邦大学划拨 134 亿卢布。除了联邦资金外，商业界和地方权力机构也积极参与学校建设。2007 年，克拉斯那亚尔斯克已投入 33000 万卢布，用于建设学校、实验室、行政楼和图书馆等设施，此外，还计划以专项资金的形式，增加预算外投入。创建新型大学是未来地方大学发展的一种模式，大学将实行新的管理形式，大学本身将成为创新技术发展的中心，也会成为培养在世界具有竞争力的人才基地。预计在 5~6 年，创建的新型大学将会进入俄罗斯十强大学行列，到 2020 年前，进入世界百强大学之列。

2008 年 3 月，俄罗斯教育科学部发布了由俄罗斯教育科学部教育政策和法规署牵头制定的《2020 年前的俄罗斯教育——服务于知识经济的教育模式》报告。2008 年 9 月 2 日，俄罗斯教育科学部召开部务委员会，讨论名为"教育与创新性经济发展——2009~2012 年实施现代教育模式"规划的主要内容。新的教育模式中进一步确定，2020 年前，在竞争选拔基础上，建设 40~50 所联邦级的新型研究型大学，其活动以长期发展规划为基础，并保证最优先发展方向的科学研究计划的落实。联邦研究型大学有责任保证俄罗斯科学和教育在世界的竞争力，为此，学校应获得必要的资源保证。

4. 学校创新活动促进机制

为了完成高校创新性发展的任务，在《国家教育规划》中已经提出相关的保障条件：

第一，要找到创新性发展的可能增长点，国家将会促进创新性的学校发展计划，奖励优秀教师，向有才能的青年学者提供保障，也就是寄希望于学术带头人，传播他们的经验，要奖励那些能够工作并愿意工作的人，包括学生和教师。

第二，推行新的管理机制，在学校创设督导和管理委员会，吸收社会组织参与教育管理，以便使教育体系变得更加透明、对社会需求更加敏感。

第三，调整学校的投资机制，教育发展计划的预算资金要直接投入到学校里，而新的教师薪酬制度会促进教学工作质量和成果的提高。

正在研究和完善中的《2020 年前俄罗斯教育发展模式》，对于高校创新活动的激励机制更为明确，提出在新的投资机制基础上，以及在广泛扩展大学研究性工作的基础上，将会对现有的教师队伍进行更新，大学教师不仅要拥有职业技能，而且要拥有科学潜力。参与科学研究的教师将从 2007 年的 16% 增加到 2015 年的 35%，2020 年增加到 42%，在俄罗斯联邦，研究型大学将达到 65%~75%。

除了基本工资外，高校要提供资助以及补充收入，其额度将与国外大学教师和俄罗斯商业界的收入等同。为了形成俄罗斯统一的科学工作者和大学教师市场，将为年轻教师提供启动资助和行业性资助。国家将会促进大学教师的国际和国内学术尖端性，包括长期资助研究生和大学教师的学术进修，支持俄罗斯大学和外国教师缔结合同。在此情况下，教师可以转而进入商业界，或从商业界进入大学，在任何阶段都有可能将学术领域和商业领域灵活结合。向年轻研究人员和教师提供目标性资助可以促进学术流动和新思想的传播，这些资助与具体的大学没有关系，因为资金将跟人走，获得联邦长期资助的研究人员可以自主选择工作地点，于是，大学就会产生吸纳这样的教师和研究人员的动力，为这些人员的科研工作提供有利条件。

为了资助最有天才的大学生，巩固他们的学术兴致，2010 年，俄罗斯将制定目标性硕士生和副博士研究生培养制度。2015 年前，这一体系将会涵盖联邦研究型大学 20% 的硕士生和 35% 的副博士研究生，到 2020 年前，这一数字分别为 25% 和 50%。

此外，将会扶植教授和研究人员的职业协会，为个人层面、团队层面和教学计划层面的跨学校合作创造条件。

5. 鼓励中小学校走创新性发展之路

正如联邦政府 2006 年 2 月 14 日第 89 号决议指出的，联邦政府在竞赛选拔的基础上，不仅支持创新性大学建设，而且，支持中等职业学校和中小学学校，以及学校教师和学生。在《教育规划》的框架内，已经开展了中小学校竞赛。而在 2008 年 11 月 5 日梅特维杰夫总统向俄罗斯联邦会议所做的国情咨文中，他用五个关键词指出了俄罗斯国家经济和社会发展的基础，这五个关键词在俄语中均以同一个字母开始，即制度（институты）、投入（инвестиции）、基础设施（инфраструктура）、创新（инновации）、智力（интеллект）。其中，前四个方面也是正在制定中的《2020 年前政府发展构想》的核心词。生产知识（将来要输出知识）、新技术，以及先进文化，将是俄罗斯社会发展的优先方面。这就意味着，俄罗斯要在科学、教育、艺术领域占据领先地位，俄罗斯要站在主要经济和社会生活领域的前沿。同时指出，"国家政策应当以国家思想为基础，国家思想的核心是人，个人一生的成绩取决于其个人的主动性和自主性，取决于他的创新活动和创造性劳动。培养这样的人，对我们比任何时候都重要"。

（二）企业创新

建立国家创新体系是一项极其重要的任务，是国家经济政策中不可分割的一部分。俄罗斯联邦制定国家科技政策的宗旨是通过选择优先领域使国家走上创新发展的道路，确定优先领域应该根据现代市场的发展情况，结合全球科技发展趋势和俄罗斯国内现有的科技和教育资源状况，发展科学技术要从属于最优先发展领域的要求，为国家经济社会进步服务。

俄罗斯有着明显的竞争优势，这不仅仅表现在拥有丰富的自然资源和多行业工业布局上，而且也表现在现有的科技潜力和高科技人才方面，俄罗斯具备庞大的科学基地（科学家人数占全世界的12%），但是在民用科技产品的国际市场中所占份额却只有0.3%，而美国占36%，日本占30%。对上述这些国家以及其他积极推行创新政策的国家进行分析表明，其中的重要因素之一就是支持小企业创新。国际经验证实，企业经济运转中智力资产引进和创新产品开发做得好，就基本会取得成功。俄工业科技部积极发展小科技型企业，目前在俄罗斯拥有企业孵化器50多家，各类科技园区约70家，形成了项目中介咨询的企业网络。

俄罗斯联邦工业科技部制定国家创新政策的宗旨是活跃经济领域中的创新活动，鼓励提高生产，扩大有竞争力的高技术产品在国际市场中的销售以及在国际合作和劳动分工中占据显要位置，以此增加国内生产总值和提高居民生活水平。

目前企业创新资金的主要来源仍是自筹，而且是非常有限的，政府的财政资金和私有投资也是少得可怜，这严重阻碍了企业竞争力的提高。这种状况的出现要求国家积极行动，克服俄罗斯经济结构中的某些变形现象，因此，有必要建立完整的和综合性的基础设施，近些年来在这方面已有了一些改善，效果显著，如建立了40个技术创新中心；微光电子、软件、科学仪器等产品全面投产；建立了第一批科技教育中心；扩大了高技术风险投资基金网络。

风险投资可以称作创新体系运行过程中的一个有效机制，这一投资形式消除了投资人和企业间的矛盾，根本上奠定了投资人和企业间的合作基础。为扩大风险投资的融资范围，俄联邦正在制定相应的法律法规，这将为退休基金、保险公司和商业银行参与这项活动提供可能。

国家创新政策的新机制之一就是制定国家级重大创新项目，这些项目具备完整的创新过程和周期，能完全占领高技术产品的国内外市场。俄工业科技部首先初步确定科技优先发展方向，由各部委的主要领导、国内大企业的代表和知名科学家组成专家委员会，所选定的方向为：信息通信技术和电子、航空航天技术、新材料和化工技术、新型交通技术、未来武器、军事特种装备及其生产技术、生命科学、环保和自然资源合理利用、节能技术，然后部内筛选，并确立国家级重大创新项目清单。

只有在私有资金部分投入时，国家财政才予以支持。这一扶持的效果不仅要体现在经济技术效益方面，而且要建立起管理方法，产生出善于继续独立组织和完成类似项目的执行团队。

建立起创新循环各个阶段间（即创意概念—详细方案—有市场需求的产品生产—占领部分市场份额）正确的协调与平衡，让它有益于俄罗斯经济所面对的各项任务的完成，这样就有可能使执行的计划和项目的规模发生质的变化。

国家创新政策可以促进俄罗斯建立完整的国家创新体系，保障它有效地发挥作用。国家创新体系要善于再生和自我发展，其发展目标定位是高技术、有高附加值的生产工艺和高技能服务领域，即面对知识经济，提高高技术产品的国际市场竞争能力和在国际合作与劳动分工中占据显要位置。

（三）社会团体创新

社会团体推进创新方法的体制，以 MATRIZ 为例。MATRIZ 协会制定了 TRIZ 创新方法认证体系，凡是通过认证考核的人士，都将获得国际 TRIZ 协会颁发的 TRIZ 证书。TRIZ 认证共分为 5 个级别，具体考核体制如表 9-1 所示。

表 9-1　TRIZ 认证的考核体制

级别	考核内容	考核要求	考核形式	学习时间要求／小时
1	TRIZ 来源及其内容； 技术系统概念及其功能，超系统和子系统； 创新形势及创新任务，小问题，不良效应，找出不良效应的因果链分析； 分析创新问题时，运用目标树分析； 理想度，理想化的最终结果，是寻找问题解决方案方向的助手； 资源，资源分类，寻找资源的系统分析； 物理矛盾、技术矛盾及其解决工具：创新原理和分离方法； 技术系统进化法则	了解什么是 TRIZ，并能用自己的话描述； 掌握 TRIZ 理论基本概念，并能举出实例； 能找出所分析系统的超系统和子系统； 用因果链分析找出主要的不良效应； 描述技术矛盾； 运用矛盾矩阵表；	口试或笔试	12～24

续表

级别	考核内容	考核要求	考核形式	学习时间要求/小时
2	技术系统进化法则； 深入学习问题初始情境分析； STC 算子； IFR，从 IFR 退后一步，IFR 解决问题实践； 物场概念，物场分析，借助物场分析汇总解决方案； 标准解，用标准解解决问题； 效应库（物理、化学、几何效应）及其运用； 了解 ARIZ85C，其结构、逻辑、全部工具，宏观、微观上的物理矛盾，小人法； TRIZ 与其他创新方法的区别分析：头脑风暴法，综摄法，形态分析法。各个方法的主要内容及其应用范围； 其他方法	自我举例解释 TRIZ 的主要概念； 用 IFR 解决问题； 掌握用物场分析解决问题； 掌握用标准解解决问题； 掌握用效应库解决问题； 了解 ARIZ 结构，学会陈述宏观、微观物理矛盾； 掌握用小人法解决问题； 运用学过的 TRIZ 工具解决教学案例； 了解解决问题的其他方法及其应用领域	课程学习作业及笔试	40~80
3	运用 ARIZ85C 解决问题； 技术系统进化路线、发展预测； FCA，主要内容及其应用领域，FCA 步骤； 用功能分析完善技术系统或技术工艺； 科研问题及解决方法； 风险分析（破坏分析）； TRIZ 在创新方法体系中的位置； TRIZ 在非技术领域中的应用例子； 现代 TRIZ 工具（特征转移、圣诞树等）	用自己的例子讲述 TRIZ 主要概念； 利用一种 TRIZ 工具进行创新问题情境分析； 用 ARIZ85C 解决问题； 掌握将科研问题转化为创新问题； 预测技术系统未来； 风险分析	撰写论文	40~80

TRIZ4 级申请流程及要求：

（1）需获得 TRIZ 3 级；

（2）需发表 3 篇或 3 篇以上国际 TRIZ 杂志文章，包括国际 TRIZ 学术会议演讲稿；

（3）用英文或俄语写 TRIZ4 及认证申请，发送到 MATRIZ 协会方法学委员会，申请中需列明 TRIZ 3 级证书号、照片、自我介绍、已发表的 TRIZ 著作；

（4）需递交用 ARIZ 解决 2 个实际问题的报告，需尽量详细地写出自己对工况原理的了解及 ARIZ 每一步的逻辑。

MATRIZ 协会安排审核申请者递交的论文，MATRIZ 协会将在论文审核后 10 日内给申请者答复。申请者需预先说明可与 MATRIZ 方法学委员会进行讨论的时间与方法（不一定非得面对面讨论），申请人可就 MATRIZ 的疑问加以论证并回复给 MATRIZ。

若通过审核，需交费获得 TRIZ4 级认证。

TRIZ5 级申请流程及要求：

（1）获得 TRIZ4 级认证或阿奇舒勒签名颁发的 TRIZ 方法学者证书；

（2）需有 TRIZ 著作，包括国际 TRIZ 学术会议演讲稿；

（3）需根据 MATRIZ 协会安排进行论文答辩，共 1.5 小时；

（4）5 分钟简短描述论文主要内容，30 分钟自述，5~10 分钟评委陈述，30 分钟评委提问，5 分钟结束。

论文需是 TRIZ 领域科研新成果，即开拓了 TRIZ 的应用领域，或某项 TRIZ 新理论，并且要附有实例验证。论文不能超过 30 页，论文摘要不能少于 5 页，论文及摘要均需提供电子版及打印版。论文至少一式 7 份，论文摘要至少 18 份。

答辩结束后，评委中需有 75% 投票同意答辩通过，才能获得 TRIZ 5 级认证。

除用认证方法推进创新方法发展外，MATRIZ 还采用竞赛、研讨会、学术交流等方式积极推进 TRIZ 的发展。

二、推进成效

（一）教育创新推进成果

1. 高等教育

从 2006 年起，以俄罗斯教育科学部作为主要组织者，在俄罗斯举办了"全国高等学校创新性教学计划竞赛"，该竞赛为开放性竞赛，任何一所俄罗斯大学，只要递交为期两年的创新性教学计划就可以参赛，获胜学校可以获得几亿到10亿卢布不等的资助。2006年，俄罗斯全国高校提交了200份竞赛申请，经竞赛选拔委员会投票评选出17所优胜学校，其中包括7所莫斯科的大学，如国立莫斯科大学、莫斯科鲍曼技术大学等。这些学校2006～2007年从联邦预算中总共获得100亿卢布的资助，这些资金用于支持学校制订现代化的教学计划，采用现代化的教学方式，购置现代化的教学设备和实验设备，并为提高教师技能而对他们进行再培训。以2006年为例，17所获胜大学获得了50亿卢布的资助，其中，70%用于购买实验设备，25%用于创新性教学计划和教学法的实施，5%用于提高教职员工技能和进行再培训。得益于该国家规划的落实，2006年获胜大学共建立了300多所实验室，学校添置了大型设施，近2000名教师参加了职业技能提高计划和培训。

创新性教学计划竞赛委员会的成员由教育界、商界、科学界和政府机构的代表组成，每个成员都平等参与，提出自己的分析意见。对于优胜者的选拔标准主要有以下两点：

第一，对创新性教学计划本身的质量以及计划的预期成果作出评价，对大学外部合作者参与计划及资金支持的情况进行评价。此外，还要对该计划将给经济、社会和科学领域带来什么样的预期影响进行评估。

第二，对大学自身的创新潜力作出评价。要根据以下标准对学校近3年来的发展变化作出评估，标准包括科学和创新性活动的效果；人才培养的现状；学校的智力资源；学校对于创新性活动的物质和信息保证。

2007年年初，俄罗斯举办了第二次高等学校创新性教学计划竞赛，共有267所大学提交了参赛申请，经选拔最后有40所学校成为优胜者，其中包括15所莫斯科的大学和25所地方大学，涉及医学、农业、建筑、石油、人文、师范等学科的院校。获胜学校将在2007～2008年从联邦预算中获得总额为200亿卢布的资助，同时获胜学校需要拿出不少于联邦资助额20%的配套资金。

2. 中小学教育

目前，俄罗斯正在讨论中小学现代化的基本参数，中小学现代化的主要目的是中小学教育要符合超前发展的目标定位。目前正在制定的国家教育发展战略主要包括五个主要方面的内容，其中第一个方面就是孩子在学校要有展现自己才能的可能，要为在科技竞争日趋激烈的世界中生存做准备，为此，需要更新教学内容，制定新的教育标准。中小学校教育要从形式、内容上发生重大改变，中小学校不仅仅是义务教育的中心，而且要成为自我培养、从事创造性活动的中心。

（二）企业创新推进成果

俄罗斯企业创新取得了明显的效果，例如，通过中小企业基金会实施国家支持，使企业在生产中开发掌握了 1000 多项专利发明，使用这些专利技术的产品产值达几百亿卢布，上缴的税收是他们从国家预算中所得到的资助资金的 2.4 倍，其总资本增加了 11.3 倍，人均产值增长 12.7 倍，与此同时这些公司还提供了大量新的就业岗位。

随着俄罗斯国家经济状况的好转、国家预算拨款的增加和小创新企业的发展，从 2004 年起，基金会启动了一个新的支持科技型小公司的"起点计划"，用于支持那些尚处于起步阶段的小型创新企业，即所谓的"播种式"资助。

支持创新基础设施的主要形式是为创业技术中心的发展提供资金，另一种支持是培养创新管理人才，基金会在许多大学都开设了创新小企业管理人才专业培训课程。

促进企业创新的风险投资是 1990 年在俄罗斯出现的，至今已有近 40 家风险投资基金，大多以石油财团为背景，虽然俄罗斯风险投资基金的总量近 40 亿美元，但在 1994～2001 年仅对 250 个项目投出了 5800 万美元。俄罗斯风险投资项目的收益率为 16%，主要投资领域有：食品加工业 27%，电讯高技术业 25%，医药业 9%，包装业 5%。目前俄罗斯小企业中创新公司所占的比例还比较小，对经济的贡献率约占到俄罗斯 GDP 的 6%，相比市场经济发达国家小企业的贡献率（占 GDP 的 40%～60%）尚有明显差距。为了缩小这一差距，俄罗斯政府 2004 年建立 300 万美元风险投资基金，尽管数目不大，但表明了政府投资的意向并希望以此引入国外的风险投资机构。为了加大支持力度，2006 年 8 月，俄罗斯政府又进一步决定拨出 150 亿卢布（约 5 亿多美元）正式建立国家风险投资基金，其主要投资领域恰恰是非政府风险投资基金不愿涉足的高技术项目和中小企业创新。随着国家经济的总体好转以及对创新支持力度的加大和加快，俄罗斯的科技型中小企业正迎来一个全新的发展时期。

（三）社会团体推进成果

全球多个国家的数千名人士已经拿到不同级别的国际 TRIZ 认证，已经具备讲授 TRIZ、运用 TRIZ 指导自己行业进行创新的能力。这里需要特别说明的是，有多名 5 级 TRIZ 大师，他们在对 TRIZ 创新方法的深入研究及将 TRIZ 与其他创新方法进行结合的研究中作出了很大贡献，从一定程度上促进了以 TRIZ 为代表的国际先进创新方法的运用与推广。

第五节　其他国家开展技术创新方法推进机制概况

一、推进方法

韩国的科技创新体系建设经历了 40 年的发展，1966 年成立了韩国科学技术研究院（KIST）；1967 年，韩国政府通过了《科学技术促进法》，组建了科学技术部（MOST）；1971 年，设立了科学院（KAIS），现名为韩国科学技术院（KAIST），实为一所培养科技人才的科技大学，从而构筑了韩国科学技术的三角体系，即 MOST 作为政府最高科技管理部门协调科技发展，KIST 和 KAIS 分别进行科学技术研究和科技人力开发。为了提高自主开发能力，政府于 1972 年出台了《技术开发促进法》，推动了企业的研究开发投入。

为了提高韩国企业在国际市场上的竞争力，全斗焕政府实施的第一项科技措施就是召开技术促进大会，220 名代表来自官、产、学、研机构，为落实大会精神，制定了一系列促进技术开发的政策，包括税收激励、金融优惠、免服兵役、提供风险资本、采用技术信誉担保制度、支持中小企业技术开发，以及产业 R&D 联合，等等。全斗焕时期韩国政府促进科技发展的另一项重要举措是从 1982 年起开始实施"国家研究开发计划"（National R&D Programs），为了使国家研发计划更有效地利用政府有限的科技资源，最大限度地促进韩国科技发展，所有大的项目都必须由产、学、研三方面合作才能得到政府的批示。这一时期政府政策的重点由技术引进转向提高自主开发能力，提高了韩国产业的国际竞争力，促进了技术密集型中小企业的发展。

1990 年 1 月，卢太愚宣布了韩国科技政策的新方向，主要内容是：10 年内将韩国的科技实力提高到 7 个先进工业国水平；大力发展产业技术和高科技；加强科学基础设施建设；培养科技人才；开展国际 R&D 合作；大力发展半导体、超级计算机、通信卫星、新材料和基因工程技术等。1974 年开始建设的大德科学城于 1992 年已经初具雏形。这一时期，卢太愚组成了"国家科技咨询委员会"，为总统提供咨询。通过该委员会，卢太愚采纳了许多来自社会各界的关于科技发展的政策建议。卢太愚执政期间，从着眼于中短期需求转向加强产业竞争力和基础研究能力的长远发展目标，推动了韩国科学技术的发展。

为适应内外部环境的变化，强化产业的竞争能力，韩国政府于 1994 年制定了《产业技术基础设施促进法》，其主要内容是：加强技术人员培养；建立技术信息网络，扩散产业技术信息；扩充对大学、研究机构和中小企业的研究设施；构建产、学、研合作体制；支持高新技术产业的孵化和创业等。其产业、技术政策开始强调建立以民间开发体系为主导、政府提供必要条件的国家科学技术创新系统，1997 年 3 月通过的《科学技术创新特别法》可视为韩国全面构建国家科技创新体系的法律基础。

1997 年 3 月政府制定了《科学技术创新特别法》，同年 5 月《科技创新五年计划（1997～2002 年）》出台，提出到 2001 年把韩国的科技实力由 1995 年的世界第 11 位提高到世界前 7 位之内，其中基础研究的实力由 1997 年的世界第 19 位提高到世界前 10 位之内的目标，其具体要求是：

（1）研究开发预算在政府中所占的比例由 1997 年的 2.9% 提高到 5%，基础研究预算在国家研究开发预算所占的比例由 1997 年的 14.8% 提高到 20%。

（2）每万人口中的科技人员由 1997 年的 28 名提高到 40 名。

（3）《科技创新五年计划（1997～2002 年）》的总投资预计为 24 万亿韩元（约有 260 亿美元），其中用于创新技术计划的为 8 万亿韩元，用于振兴基础研究的为 6.6 万亿韩元。

（4）确定重点发展能强化产业核心竞争力的技术，包括提升生活质量的技术、信息技术、新能源和资源保护技术、有望形成新产业的创新技术、大型尖端技术（如航天、海洋技术等）。例如，《尖端农业生物技术产业化研究开发计划（1995～2005 年）》、《地震科学技术研究开发计划（1997～2005 年）》、《创新研究振兴计划（1997～2006 年）》、《原子能开发第二期计划（1997～2006 年）》等。

金大中总统执政后不久，便提出了科技立国战略，1999 年 4 月 21 日，他在第 32 届韩国科学日纪念大会上说，政府将积极推进科技立国战略，大力挖掘科学技术潜力。政府的科技政策是：以民间为主推动科技发展，强化政府对民间科技发展的支持力度；加强对基础研究的支持，扩大对周期长、风险大的新科技的投资；完善经济部门和科技部门之间的协作体制，技术开发和推广要以实用性和经济潜力为先飞条件；加强教育和科研的结合，增加大学生和研究生参加科研的机会。

二、推进成效

LG 集团 2002 年导入 TRIZ 失败，于 2006 年重新导入。失败原因在于直接从俄罗斯雇用俄藉 TRIZ 专家，在工作态度与时间上有文化差异，管理上出现问题，语言沟通也有障碍，而这些 TRIZ 专家年纪较大，虽有部分产业经验但在企业衔接上仍有困难，成本虽较低，但成效不显著。

三星电子推进 TRIZ 则非常成功。在 1998 年之前，三星电子只是一家有名的韩国企业，但现在，它已成为世界著名的跨国公司。是什么力量使三星电子从一个世界上的二流企业变为世界一流企业，使之从一个技术上的跟随者成为领跑者？这其中，以 TRIZ 为核心的技术创新理论和方法实施所造就的创新企业文化功不可没。

2005 年 9 月 19 日，美国《财富》杂志 75 年专刊发表《三星：永久的危机机器》一文（图9-1），三星电子首次在主流媒体上揭示其技术创新成功的秘密是与实施 TRIZ 密切相关的。

让我们结合媒体报道、三星在国际 TRIZ 会议发表的论文和所做的报告，以及美国专利与商标局等资料来源，来看一下三星集团（Samsung Group），特别是三星电子公司（英文简称 SEC），实施以 TRIZ 为核心的技术创新工程所取得的成就。

图 9-1　《财富》杂志 75 周年专刊对三星技术创新和实施 TRIZ 的报道

1995 年，三星电子设立内部设计学校——三星创新设计实验室。

1996 年，董事长李健熙宣布本年度为"设计革新年"，强调设计人员在产品规划方面应处于领导地位。

1997 年，三星电子成立价值创新计划（value innovation program），引入 TRIZ，邀请 10 多名前苏联 TRIZ 专家在研发部门进行 TRIZ 培训。

1998 年，仅三星先进技术研究院（SAIT）实施 TRIZ 就节省 0.912 亿美元的研发费用，同年，三星电子第一次进入美国发明专利授权榜前 10 名，随后至今，三星电子的美国发明专利授权量和排名稳步上升（表 9-2）。

表 9-2　三星电子专利授权量的增长

年份	美国发明专利授权数	企业排名	年份	美国发明专利授权数	企业排名
2006	2 453	2	1998	1 304	6
2005	1 641	5	1997	582	17
2004	1 604	6	1996	495	
2003	1 313	9	1995	440	
2002	1 328	11	1994	414	无数据
2001	1 450	5	1993	355	
2000	1 441	4	1992	251	
1999	1 545	4	1991	146	

1998～2004 年，三星电子共获得美国工业设计协会颁发的 17 项工业设计奖，连续 6 年成为获奖最多的公司。

2000～2004 年，三星电子在美、欧、亚的各项顶级设计大赛中共获得 100 多项大奖，其中 2004 年 33 项。

2001 年，三星电子引入创新能力认证计划（innovation master program），TRIZ 在半导体和打印机项目中的成功应用为三星电子产生的经济效益超过 1000 万美元，并产生 12 项发明专利。

2002 年，三星集团在全集团内部开始实施创新能力认证计划，TRIZ 被引入每个六西格玛黑带课程中，三星电子首次举办年度 TRIZ 节，从 2002 年开始，三星电子一直是在中国申请发明专利最多的外国企业。

2003 年，三星集团（包括三星电子 SEC、三星视界 SDI、三星先进技术研究院 SAIT、三星机电 SEM）在 67 个研究开发项目中应用 TRIZ，节约研发经费 1.5 亿美元，并产生了 52 项专利技术。同年，三星 TRIZ 协会成立，由于三星集团在推广实施 TRIZ 过程中取得的突出成就，三星 TRIZ 协会成为国际 TRIZ 协会唯一的企业会员，三星机电 SEM 首次举办年度 TRIZ 竞赛。

2005 年 1 月 16 日，CEO 尹钟龙表示："未来的发展取决于技术，而专利是技术的核心。在 2005 年和 2006 年要分别注册 2000 多件专利技术（以申请美国专利为准）进入世界前 5 大专利企业排行榜，并于 2007 年进入前 3 位"。

2005 年，三星电子以 1641 项美国发明专利授权超过 Micron Technology 和 Intel，在全球排名第五，领先于 Intel 和日本竞争对手索尼、日立、松下、三菱和富士通公司。

三星集团，特别是三星电子，从技术引进到技术创新的成功之路给渴望在经济全球化竞争中占有一席之地的中国企业带来很多有益的、可借鉴的启示。

（1）三星集团基于 TRIZ 实施技术创新的思路如图 9-2 所示。

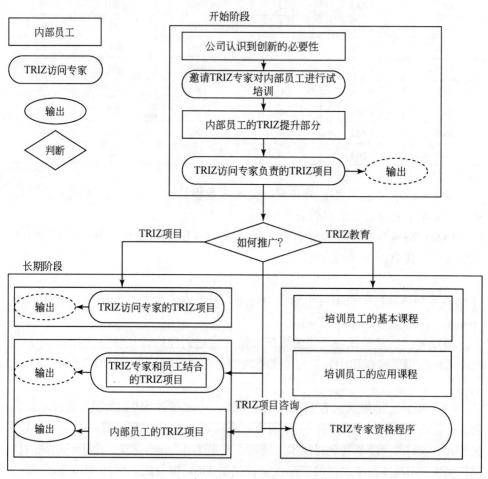

图 9-2　三星电子 TRIZ 实施流程图

邀请前苏联 TRIZ 专家对研发人员进行培训认证，TRIZ 专家以项目咨询方式帮助研发人员解决实际问题；加强技术创新组织建设，成立三星 TRIZ 协会（图

9-3），由三星自己的 TRIZ 专家进行集团内全员培训认证。同时，研发人员和
TRIZ 专家共同解决实际问题。TRIZ 核心团队在三星电子研发体系中的位置如图
9-4 所示。在三星电子，TRIZ 已经成为一种创新方法学，无论是公司的管理层，
还是研发人员、工程师，都普遍认识到 TRIZ 对创新的指导意义，而且在三星电
子的六个主要部门（技术运营部、数字媒体部、电信网络部、数字应用部、半
导体部和 LCD 部），TRIZ 都得到广泛的应用。

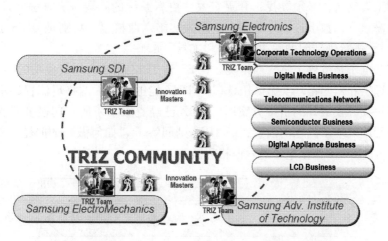

图9-3　三星集团各公司的 TRIZ 核心团队组成三星 TRIZ 协会

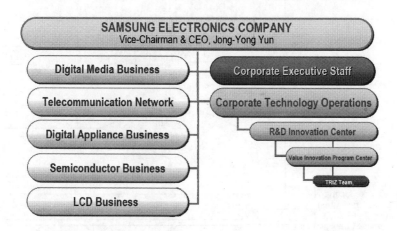

图9-4　TRIZ 核心团队在三星电子研发体系中的位置

（2）三星电子将实施 TRIZ 与实施六西格玛结合起来，利用 TRIZ 弥补六西
格玛的不足。

国外著名企业在实施六西格玛过程中，实施策略经历从 DMAIC 到 DMADOV 的转变，即越来越关注和重视产品生命期中的最前端，即研发的重要性。

　　在企业追求流程改善的过程中，往往会碰到许多产品设计或工艺上的技术问题或瓶颈，这时仅靠单纯的 DMAIC（定义、测量、分析、改进、控制）或 DMADOV（定义、测量、分析、设计、优化、验证）流程，已不足以解决这些需要创新的技术问题，即在问题的分析与定义、概念方案的生成阶段缺乏有效的方法和工具支持，必须寻找一套更有效、更有系统的问题解决方法。TRIZ 就是在这种需求下，被引进国外著名企业作为实施六西格玛，特别是 DFSS（六西格玛设计），进行创新问题解决的方法和工具。

　　三星电子是世界上将六西格玛、DFSS 与 TRIZ 相结合得最成功的一家公司。三星管理层和六西格玛实施队伍认识到 TRIZ 能够弥补六西格玛流程的不足：当六西格玛在寻找最好的折中方案时，TRIZ 已经克服了矛盾；在很多问题上，六西格玛帮助发现了问题的因素，而 TRIZ 则回答了"如何做"的问题。图 9-5 显示了融入 TRIZ 的三星电子的六西格玛流程。

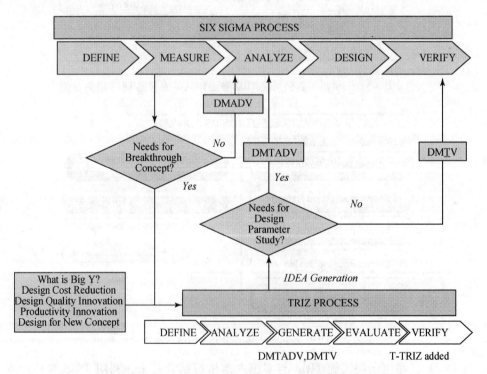

图 9-5　融入 TRIZ 的三星电子六西格玛流程

（3）三星电子应用 TRIZ 解决工程问题，掌握各种相关核心技术后，不但减少研发费用和周期、降低成本，使它在激烈的市场竞争中立于不败之地；而且它实现了在对技术深入掌控之上的深度产品创新，这是游刃有余的自主创新，是所有中国有志企业应该努力达到的境界。

第六节　技术创新方法推进机制比较

根据本章以上各节内容可以得出一些重要的结论。

美国技术创新的成功经验在于以下几个方面：

（1）政府重视：美国从独立以来，历届政府都比较重视科学技术的发展，在科技投入方面，无论是政府还是企业，美国都位于世界前列。

（2）政治稳定：美国除了独立战争和南北战争两次大规模战争外，基本土很少遭受战争之害，社会政治长期稳定为科技发展提供了稳定的社会条件。

（3）体制先进：19 世纪，美国推行机器零部件标准化生产；20 世纪初，美国垄断组织最发达，有利于工业生产迅速发展和科技的推广；20 世纪 30 年代，干预主义最早在美国大规模运用；20 世纪 40~50 年代，国家垄断资本主义广泛运用于社会各个领域，国家体制有利于科技的发展。

（4）理念进步：美国长期重视对外国人才的引进，并给予优厚的待遇，因此，科技界活跃着大量的外国人才；美国政府重视教育，教育体制发达，教育理念先进；重视人才的培养，重视创新，长期推行"科教兴国"战略；美国人民科技意识很强，科技氛围宽松，20 世纪 90 年代，知识经济首先在美国兴起，后来扩大到全世界，影响深远。

日本技术创新的经验概括起来就是一条，即有一个好的机制。这种机制是在政府诱导下，以科技同经济相结合的创新观念为前提，以市场为导向，以实现商业利润为目标，以企业为主体，以大学和科研机构为辅助的民间性科研开发体系。在激烈的市场竞争中，受利润动机和市场信息的支配，日本企业技术创新方向对消费者需求的动态极为敏感，技术创新战略以消费者需求为导向，重点是着眼于研究开发消费者需求量大、需求紧迫、开发周期短且投资少、收益高的项目。正是这样的技术创新机制，成为日本战后经济高速发展的驱动器。

以色列是在培养和吸引具有创新精神的人才以及运用多渠道筹集的资金支持 R&D 项目上进行国家创新体系建设的。

俄罗斯主要是在教育创新、企业创新、社会团体创新等方面积极推进创新的应用。

韩国实施外向型经济发展战略，在早期以引进技术为主，在引进、吸收、消化国外新技术的同时，在高起点上创新，培育自主知识产权的高新技术产业。

借鉴上述国家在技术创新方法方面的推进机制，对我国的技术创新方法工作可以得出一些有益的启示，主要包括以下六个方面。

1. 转变政府职能，建立技术创新支撑体系

我国是一个发展中国家，企业技术基础差，规模普遍小，不可能有发达国家跨国公司那样巨额的技术创新投入。因此，必须坚持有所为、有所不为的方针，充分发挥政府在国家技术创新中的引导推动作用，集中力量在关键性领域取得突破性进展。

（1）政府要把提高产业技术创新能力作为经济和科技发展的重点，在财政、税收、金融等方面制定配套优惠扶持政策，并将新技术、新产品的研究开发，以及人力资源开发、核心竞争能力的培育和发展等反映企业长期竞争力的一系列指标，列入国有企业的考核指标体系中。

（2）切实转变政府职能，从直接组织技术创新活动为主，转向宏观调控、创造条件和环境、制定法律法规、提供政策指导和服务、促进产学研三者合作为主。政府要提供信息服务、培育市场体系、完善市场功能；发展专利事业、保护知识产权、严厉查处假冒伪劣产品和侵权行为；加大对 R&D 投入，政府应通过立法形式规定重点行业、重点企业技术创新的投入比例，使企业的技术创新活动有充足的资金保证。

2. 确立企业技术创新的主体地位

从外部机制看，必须深化管理体制改革，实现政企分开和政资分开，依靠政策倾斜、法律保护和市场培育等手段，真正使企业成为技术创新的投资主体、利益主体、风险主体、研究开发主体和决策主体。从内部机制分析，必须推行现代企业制度，通过企业产权制度、分配激励制度、内部组织制度等方面的改革推动企业的技术创新。通过资本市场实现企业的战略性重组和优胜劣汰，要改变国有企业经营者单纯由上级任命的方式，逐步建立和完善企业经营者市场选择和淘汰的机制，建立有效的企业家激励、约束和监督机制，充分发挥企业家在技术创新中的灵魂和核心作用。

3. 高度重视对创新人才的培养

我国科技人才缺乏，科技人员流失现象严重，对科技人员的利用效率不高，

科技人员分布也不合理，主要集中在科研院所，2/3 的研究开发力量分布在企业之外，企业缺乏创新能力。要在全国营造尊重知识、尊重人才的氛围，形成一整套人才的引进、培养、使用、评价和激励机制，加大对有突出贡献人才的奖励力度，鼓励科技人员以成果、专利入股，把企业技术创新的风险同经营者和职工的利益挂钩，充分调动和激发科研人员的智慧与创新潜力，形成高校和创新企业间人才与资金的良性循环。

4. 加强技术引进后的消化吸收和二次开发

引进技术固然重要，但建立一个引进、消化、吸收和再开发的机制更为重要。长期以来，我国对技术装备盲目、重复引进的问题没能得到很好的解决，由于不重视消化、吸收和创新，致使国家每年的技术装备进口额持续上升，不仅造成国家资源的巨大浪费，而且从某种程度上抑制了国内自主创新能力的提高。为此，国家应统一规划产业共性技术、关键技术的引进，然后组织产学研联合攻关，在消化吸收的基础上进行二次开发，最后再转移到企业中去。要调整技术引进的结构，从企业单独引进向科研、制造系统联合引进转变；引进目的从生产使用、进口替代方式为主向消化创新、参与国际合作等方式转变；引进方式从单纯进口生产线向重视引进软技术和必要的关键设备转变；引进对象从以"产品导向"为主向引进产业基础技术和关键技术为主转变。

5. 积极鼓励和扶持中小企业技术创新

借鉴发达国家的经验，针对当前我国中小企业技术创新中存在的政策支持不足、融资困难、技术落后等具体问题，必须重点做好如下几方面工作：一是加快中小企业技术创新的法制建设，把有关政策、措施用法律形式固定下来，促进中小企业技术创新法制化；二是成立专门负责中小企业的国家机构，落实中小企业技术创新的各项政策法规，促进技术创新的高效运作；三是在融资、财政、税收等方面重点扶持中小企业技术创新，增强其创新和竞争能力；四是加强中小企业与高校、科研机构、国家实验室等单位的科研合作，降低中小企业研究开发费用，加快科技转化为生产力的步伐，并为中小企业培养、输送创新人才。

6. 深化教育体制改革

基础教育应该是国家创新体系中的重要环节，从国家的最高利益出发改变基础教育的现状、实施创新教育是我国基础教育改革的重要方向。我国目前的基础教育状况不利于培养创新人才，应加快教育改革步伐，从娃娃抓起，从基础教育抓起，培育创新文化，加大创新教育推广力度。可以从以下方面入手：

（1）加大教育经费投入，改革教育体制；

（2）转变教育观点，培养创新意识；

（3）营造教学氛围，提供创新舞台；

（4）训练创新思维，培养创新能力；

（5）掌握研究方法，提高实践能力；

（6）利用新的信息，触发创新灵感。

思 考 题

1. 韩国三星集团如何将 TRIZ 理论和企业研发实践相结合？

2. 国际 TRIZ 协会 MATRIZ 在发展和推广 TRIZ 理论上做了哪些工作？

3. 以色列具体推进技术创新的机制是什么？取得了哪些成绩？

|第十章| 创新方法的推广普及

第一节 辅助创新体系

目前，全国各地掀起了推广创新方法的浪潮，这无疑对社会的发展有极大的促进作用。但是，通过对国外引进创新方法领先企业的研究得知，企业引进创新方法并不是搞几天方法培训这样简单。引进创新方法是一项系统工程，如果没有软硬件基础做保障，创新方法的普及只能是海市蜃楼。

为什么得出这种结论呢？如图 10-1 所示。

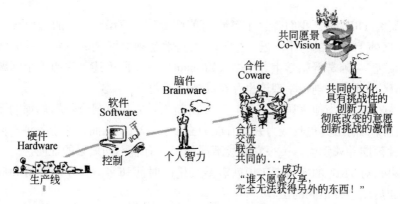

图 10-1　企业创新进化 S 曲线

现在，我们的创新方法普及工作基本上都是从中间"脑件"做起的，这样做的结果并不能保障创新方法取得成功。因为，没有坚实基础的大厦是不牢固的，所以建筑软硬件基础是我们的当务之急。

通过对国内技术创新案例研究我们发现，我国企业技术创新还是以集成创新为主，很少有突破性创新。究其原因，主要是我国基础领域的科研水平比较低，一些关键的技术我们只能依靠引进。而且，我国的产学研机构呈现创新功能定位相似的趋势，很难开展交叉学科的技术交流，以致不能在其领域内开发出令人瞩目的成果，所以建立跨学科知识数据库乃大势所趋。

现在，国家大力推广技术创新理论，而这些理论大都为舶来之品，尤以西方理论为胜。东西方文化与思维方式的巨大差异，使得我们在学习西方理论时感到困难。因此，我们必须要坚定地走创新理论的本土化、通俗化之路。这个问题应该引起各方面的足够重视。

在创新方法培训中，我们的教师过于偏重理论的讲解，而忽略了学员的实用性需求。另外，太多的概念性术语、过于庞杂的体系增加了人们掌握创新方法的难度。科学地管理创新方法与理论，从中提炼出简洁、实用的工具是有必要的，这样才能更便于向大众普及。

由于创新方法推广与培训仍处在尝试阶段，因此，存在着诸如教师水平良莠不齐、培训教材风格各异、培训及软件费用成本偏高、课程效果评估也没有可借鉴的标准等诸多问题。这些问题都需要有专业人士去组织、管理。

一、创新方法的集成研究

在研究 TRIZ 时，我们曾经了解到前苏联专家对 TRIZ 进行的全面评价，指出了 TRIZ 本身存在的一个问题："TRIZ 工具都是独立发展的，各工具无法形成整合的系统。"阿奇舒勒学生苏士文（Zusman）有一段论述，说明这个问题不仅仅是 TRIZ 的问题，创造学理论也存在同样的问题：

"……每一次当他（阿奇舒勒）开发出新工具之后，阿奇舒勒都预期新的工具将会比现有的工具更具威力并且有能力去取代它们。然而，基于各种不同的原因，这种预期并未发生。……它变成不同的工具有着不同效果的证明。……作为一种结果，对 TRIZ 的实践者来说就需要大量的时间和努力，才能够得心应手地去驾驭和运用这些不同的工具。……"

TRIZ 对于那些急于学习创新方法的企业工程师来说，显得过于庞杂而难于掌握。分析其原因，这一切都是由于 TRIZ 本身疏于管理造成的。如果能够对 TRIZ 稍加管理，TRIZ 就不会给人错综繁杂的印象，掌握起来也会相对容易一些。

目前还有一种不好的势头，那就是把创新方法的培训向综合设计理论过渡，从而形成一种无限量变的趋势，使得创新方法的普及与培训陷入新的迷途。所以，要投入一些精力对创新与设计理论进行必要的管理。

其实，创造学理论所涉及的成百上千的创造技法也缺乏管理，我们非常有必要制定出这些技法的应用策略和管理方法。凭借对创造学理论的管理方法，管理与指导创新理论的发展。建立管理方法很大程度上要体现出动态发展性，让所有人都可以轻易地看出理论的发展方向与管理的思想，给理论的传承者提供更大的演化空间。

在研究创新成果分析模型的时候，曾经通过运用成功学的成功要素，并借助阿基米德杠杆图形建立了分析模型。另外，成功要素与创新理论要素的"互通性"在分析模型基础上建立了创新理论管理模型。

利用创新理论要素，可以对创新理论与方法进行分类、汇总、提炼，运用杠杆原理就可以实现创新理论的定性与定量分析，并对其进行科学的管理。创新理论管理模型如图 10-2 所示。

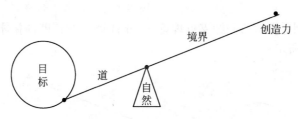

图 10-2　创新理论管理模型

通过这个模型可以很直观的进行定性、定量分析，通俗易懂。杠杆原理对创新理论的自身管理起到了很大的作用。

在图 10-2 中，目标是指针对目标所做的定性、定量分析，其中包括问题分析与成果分析。自然是指对自然规律、知识、经验及技巧的总结，通过整理使其与实际问题相对应。道是指如何利用"自然"实现目标的捷径、方法，使知识与经验融会贯通。境界是指事物所达到的程度或呈现出的情况，是创新的标尺。创造力是指产生新思想、发现和创造新事物的能力，在创新中起着至关重要的作用。

对 TRIZ 的分析结果可以发现其存在一些问题，如分析问题方法过于依赖想象，往往会脱离实际，因此建立科学的定性、定量分析是我们将来努力的目标；工程参数、功能和属性等标准化的问题总结的还不够全面，需要进一步扩充；ARIZ 过于繁杂，不易于掌握，将来要努力达到简易之道；知识库总体上有些落伍，需要不断及时的更新。这些问题的关键在于该理论没有产生新事物和提升人们创造力的明确的方法，使得人们很难实施具有突破性的方案。

其实，国外也有相关论文阐述："TRIZ 的推广和渗透速度缓慢的原因不是

TRIZ 太过贫瘠，反而是它太过庞大了，必须在重组简化方法后才能更有效更迅速的推广。TRIZ 真正得到推广要看有朝一日能否将 TRIZ 体系表述得更加系统全面，但是其基本原理却像爱因斯坦的相对论那样出奇的简单。"

了解目前创新理论存在的问题，有目的地进行管理与改造，及时注入一些新的科研成果，尽快形成具有中国文化特色的创新理论是我们奋斗的目标。相信经过大家的努力，将来创新会变得相对容易一些。

二、辅助创新体系的构成研究

创新是一项"系统工程"，有诸多因素制约着创新的成败，例如思维定势、知识面、技能、技术支持及创意实施等。创新不是单纯普及创新方法就能够取得成效的。

下面利用创造性解决问题支点理论——FTCPS，对辅助创新体系进行定性分析，如图 10-3 所示。

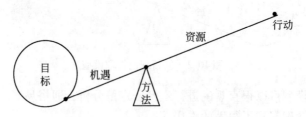

图 10-3　成功指标量化分析模型

成功学中对成功的定义为成功＝目标＋方法＋资源＋机遇＋行动。经过多年从事创造学理论研究与实际工作的所得，FTCPS 总结出成功创新的要素，并通过要素类比建立了成功创新量化分析模型，如图 10-4 所示。

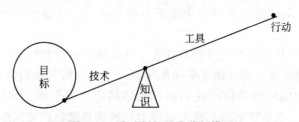

图 10-4　成功创新量化分析模型

如何解读成功创新量化分析模型呢？制定明确的目标是首要任务；而实现创新目标，知识的储备与管理也不可或缺；掌握运用知识的技术同样很重要；拥有实现创意的物化工具（设备）是必备的硬件条件；付之行动和努力将是创新成功的关键。

那么，如何辅助创新呢？可以利用辅助创新杠杆模型进行分析，如图 10-5 所示。

图 10-5　辅助创新体系模型

以上模型就是辅助创新体系，该体系由目标分析、资料信息、技能训练、技术支持和物化孵化等要素组成。

现在，各种计算机辅助创新软件价格高、互动性差、知识库缺乏概括性，很大程度上影响了创新方法的普及与实效。当然，也有投入"巨资"后利用率低的情况发生，不乏重复建设造成大量的资金的流失。物化设施短缺、孵化基地不健全也是制约创新出成果的重要原因。

通过以上分析，我们极力倡导国家建立辅助创新共享平台，使更多的人都能有条件进入到创新的行列中来，为建立创新型国家作出自己的贡献。我们建议这个平台由五个分平台组成。

1. 创新资信检索平台

目前的 TRIZ 和其他软件还不具备对专利及其他科技文献的分析、管理功能，虽然国内已经有大学或公司合作立项（支持技术创新的发明专利文献分析、萃取和知识课目建设），台湾的某些机构也从这方面开展工作，更有比利时的 CREAX 公司建立的 DIVA（directed variation）。但这是一项庞大的工程，不是某一所（家）机构所能完成的事情。我们只有利用举国体制才能够实现这项造福于人类的工程。

（1）专利检索数据库：可以提供 TRIZ 标准化专利，依据事先的专利资料处理，将各专利分成 TRIZ 相关的各种类别，从而大幅缩短创新研发工作者从大量文字、知识库中获取信息的时间，并大幅提升研发效率、引发发明灵感。未来更会针对各类创新研发案例进行分类，预期提供更佳的参考方向与信息。

（2）功能、属性数据库：当我们为实现某种功能、属性而寻找一种替代或更有效的方法时，我们可以利用功能、属性数据库。这种功能、属性数据库已经做了一次知识的提炼与管理（详述已知的提供某些关键功能、属性的方法），知识的这种功能、属性分类是一种去除不同行业和学科之间的界限非常有效的方式。该数据库提供的主要是使大家了解到不同的方法，而且也帮助大家了解如何应用每一种方法。

2. 技能训练平台

现在的创新方法培训还停留在口传的阶段，许多培训师把大量的时间放在讲解上，使学员不能得到技能训练的机会，就是有训练的机会时间也很少。学员回到各自的岗位后，因为缺少软件支持、没有创新的"氛围"和"压力"，使得所学的知识被抛在了脑后，国家投入巨大的人力、物力和财力也因此付之东流。

建立技能训练平台，使学员能够在平台上按照"技术"流程，利用各种工具解决实际问题，最终达到熟练掌握创新技能的目的。该平台可以借鉴网络游戏的模式，利用过关、秘籍、拜师等提高大家的兴趣，使更多的人都乐于接受这种训练。

3. 交流咨询平台

创新过程中缺少足够的技术支持也是许多"创友"苦恼的事情，我们建议，为大家建立交流的平台或场所，这可以很大程度上促进大家创新水平的提升。在交流中取长补短，获得创新经验。这也是在我们培训后学员比较关心的问题。在平台上设立答疑、咨询栏，邀请专家学者为大家提供解答、咨询。同样，专家学者也可以从中发现普及、培训中存在的问题。

4. 物化孵化平台

人们许多好的创意，往往因为物化条件的原因而不能实施，这也给广大的"创友"造成很大的打击，甚至失去了创新的兴趣。如果能够为"创友"建立虚拟仿真、快速立体成型、试验及成果孵化基地，这也是推动创新方法普及、辅助创新的有益举措。

5. 目标分析平台

解决问题专家常说：一个定义清楚的问题已经解决一半了。而现实中定义问题（目标分析）的科学方法并不是很多，如何定义问题，找到问题的核心所在，这是许多人的困惑。为广大"创友"提供目标分析平台可以使创新方法的推广达到事半功倍的效果，只要软、硬件基础设施完备，广大民众投身创新不再有门槛限制，那么，我们的创新事业就会蓬勃发展。

因此我们建议，国家科技部门应制定相关的政策法规，鼓励与提倡各技术领域建立自己的创新知识库。理工类大专院校将是创新主力军，因此更应参与知识库的建设。另外，及时制定出奖励与考评制度，使科研成果共享落实到实处，更能为创新方法的推广起到推动作用。

三、预期效益

辅助创新平台的建立可以为国家节省大量用于购买相关软件、试验设备的资金，使广大科技工作者都能够参与创新，利国利民，长远经济与社会效益十分可观。建立辅助创新平台不仅可以提升创新技能与知识的运用，还可以促进创新文化的快速形成，为建立创新性国家提供动力。

第二节　社会需求与问题

一、企业的真实需求

"自主创新，方法先行"已经在科技界持续贯彻已有两年。在此期间，上至科技部，下到各地政府科技主管部门，关于创新方法推广、运用的指导性意见出台不少，相关的各类培训活动也逐步展开。

根据调研的结果，我国企业对创新方法曾有如下几点反映。

（1）医疗器材公司老总的心声："在当前经济危机的环境下，产品销量大幅下挫，公司情况也越来越危险，对这种情况，我想问问，引入创新方法能使我们企业绝地求生吗？"

（2）改制科研院所的问题："我们很重视创新，也充分意识到创新对企业来说生死攸关。但是，我们遇到的一个最大问题是，如何把技术的创新同企业的经营真正结合起来，如何利用创新来高效地解决市场中出现的问题。我们天天都在探索好的方法，却总还是感觉有点不得其门而入。"

（3）国家核电公司下面的某个二级子公司："我们原先是市工程研究设计院里的一个部门，原本很多方面我们都是依照科研院所的管理体制运营，现在成为独立的经营主体之后，一下子感觉非常茫然，日常管理中出现了很多问题。例如，改制后我们补充了很多新的力量，这些'新人'与原先在科研院所体制下待惯了的'老人'格格不入，公司管理制度又跟不上这样的变化。面对这一系列的问题，我们很困惑，不知道有没有可能引进创新方法来解决？"

（4）核工业部某院民品部主任："我们听过刘部长所做的报告，觉得创新方法对我们的设计人员会有很大的帮助，我们也有设计人员参加过几天创新方法的培训。但是，感觉讲的都是深奥的理论，短期内无法掌握。你们是否安排实际应用的课程，只要教给设计师如何解决设计中遇到的问题就可以。"

（5）中石化某设计院总工："刚才听了你们的介绍，觉得这个创新方法正是我们需要的。现在，我们在设计过程中遇到了困难，你们能给我们提供技术支持吗？有这方面的培训我们非常愿意参加。"

（6）电力公司教育中心主任："我们花了几十万买了 TRIZ 软件，也培养了两名培训师，但始终搞不出成果。我们只能反推一些以前搞过的项目，并且还需要软件公司的帮助。目前，我们公司主管领导承受了很大的压力，希望你们能够帮助我们渡过难关。"

（7）某试点省主管领导："目前我们只能从事一些普及性的培训，现阶段出成果很难。我们请来许多培训机构，都存在不同的问题。外国专家语言与文化的差异大，培训费用高；有的培训理论性太强，填鸭式的教学方法学员无法接受，短期内掌握诸多理论是不可能的；再有就是软件公司的培训，商业味太浓，培训只能围绕软件进行，最多是普及性培训，再深层次地培训他们就不行了。现在企业需要实用性强的培训，通过培训能够让学员解决实际问题。希望你们能到我们这里来搞务实的培训。"

以上这些意见，真实地反映了我国创新方法推广的现状与企业需求。虽然不能包括所有的层面，但是了解这些已经足够了。找到了问题的所在，我们必须针对实际的情况制定出相应的对策，尽快满足他们的需求，使国家与企业投入大量的人力、物力得到应有的回报。

二、学员的需求

通过我们的了解，学员对培训的需求大致有以下几个方面：①快速成功；②最少的课堂时间；③熟悉的术语、情况、实例。

还有第 4 个需求不是学员自己直接提出来的，而是经过观察得到的，这个需求就是"自我保护"。就是说，他们拒绝使他们感到窘迫的课程。他们反感教师告诉他们，自己的工作是不合格的，认为他们取得的成功应该被尊重。他们认为自己是骄傲的专业人士，他们原来掌握的知识是有用的，应该得到大家的赞赏。

这些看法与 TRIZ 理念格格不入，TRIZ 的教学设法让学生认识到他/她自己的"心理惯性"（或思维定势），强调传统的思维模式和分析方法的区别，以 TRIZ 的力量，克服心理惯性。对此，这些学生有较强烈的抵触的情绪："让我知道有什么不同，要教我使用它。不要对我进行宣讲，我需要改变，如果我不想改变，我就不会来这里学习了！"

从学员这简单的言语当中，我们就可以了解到我们应该去怎样做。

三、创新方法推广普及中存在的问题

经过推广实践，我们发现创新方法在推广过程中存在一些典型的问题。

（1）资料中有许多容易产生误解或是定义上较模糊的信息。学术界应该在基础概念与名词解释方面仔细研究与推敲，例如，在 TRIZ 的工程参数、创新原理的名称确定与解释上做些工作，尽可能使应用者能见其名知其意。

（2）过多的概念性、专业性、抽象性知识难以理解。在面对以应用为目的的企业工程技术人员，应尽量少的讲解概念性的东西，并且要努力使专业性、抽象性的内容变得通俗化。

（3）教与学的方法上都存在一定的问题。许多讲师把大量的时间放在讲解上，使学员失去了很多训练的机会。另外，一些学员不是基于问题而学习，学员本身没有融入课程之中。

此外，有许多没有从事过工程设计的培训教师讲授技术创新方法，讲师不能很好地"悟道"，无法把应用方法的技巧传授给学员，因此，师资也是创新方法推广中一个重要的问题。

因此创新方法在进入企业的同时，理论的本土化、科普化改革很重要。在科普化的前提下，再有"实战派"讲师做支持，相信在较短的时间内，创新方法会很快地在中国大地上普及与发展，最终会产生可观的社会与经济效益。

第三节　培训与企业引进方式

一、课程设计、讲师与培训管理研究

根据前面所介绍的企业提出的需求，为企业解决实际问题，突出课程的简单实用，结合以上学员提出的 3 个明确的需求，即快速成功和最少的课堂时间与熟悉的术语、情况和案例，我们就可以设计出能取得成功的课程。其主要特点有以下几点。①把课程的知识设计成问题，让学员通过解决问题掌握知识；②利用相关"技术"传授给学员循序渐进的解决问题程序（简明、有序的流程）；③展示利用循序渐进的程序解决实际问题的例子；④在讲解时选用学员普遍关注和熟知的问题作为案例；⑤在训练时让学员解决自己的问题。

以上课程都是从言传到亲身体验，从听到做，从课堂的配角转到训练场的主角。我们用角色的转变来实现提升培训的效果和效率。当然，人们对任何新鲜事物都会有适应的过程，只要我们坚信走的道路是正确的，就应该义无反顾地推行下去，相信成功总会到来。

在目前，国内能够提供这样的课程的培训团队确实很少。这其中包括多方面的原因：培训师自身的解决问题能力和专业水平普遍存在着讲解创新方法的人不能很好地领悟方法的实质，所以作为创新方法讲师本身是否具有创新的素质也很重要，身教对学生的影响要远远大于言传。这又提出了新的问题，即讲师的能力、职业倾向测评与选拔问题。

培训质量的优劣跟承办方、学员与业务主管部门有很大的关系。如果需方不能给供方提出要求，或者供方无视需方的要求，这样的结果自然就会很糟糕。业务主管不懂专业，无法对"专家"进行管理，放任其所为也是个大问题。我们提议应当加强对培训师的管理。

二、寻找 TRIZ 的理想教学方法

TRIZ 的推广机构已经认识到改善 TRIZ 教学方法是很有必要的。因此，要积极观察这些改变的有效性——当培训师更清晰地讲解课程，用更好的例子，或者使用更适应某一群学员的学习风格的方式来构建课程时，学生就能更好地学习某种技能。

露丝·科尔文·克拉克（Ruth Colvin Clark）是教育设计方法学的先驱，她的方法学应用于很多企业培训。她是美国培训发展社团的前任社长，是多项专业社团中很多终身荣誉奖项的获得者，她的著作《发展中的技能培训》是综合性的著作。教育心理学家 Benjamin Bloom 和他的同事创立了《教育目标分类学》，以著于 1956 年的《Bloom 分类学》而著称，他们确定了 6 个级别的认知领域：即认知、理解、应用、分析、综合和评估。2001 年的修订版把这些级别由名词变为动词：即创造、评估、分析、应用、理解和记忆。两位学者的著作是教学设

计的专著，所以可以应用于各门类的学习。没有教学设计背景知识的培训 TRIZ 的专业人员同样也能应用他们的方法。

Clark 列出了教学设计的 4 个相关方面，她还警告说很多专家只是专注于内容或者内容和媒介，忽略成功的培训中以下 4 个方面是同等重要的：①内容；②学习成果；③教学方法；④媒介。

这些方面必须影响到设计者设计培训 5 种信息的方法：①事实；②概念；③过程；④步骤；⑤原则。

以下一系列的表格相对直接地解释了 TRIZ 课程材料的 5 种信息和 4 个需要考虑的方面。5 种信息的解释和每种不同信息中使用的方法之间的不同之处和相似之处如表 10-1 所示。

表 10-1　Clark 对于 5 种信息的定义和选择的概要

	事实	概念	过程	步骤	原则
定义	特定的信息；具体的数据	表述带有相似之处的观念和目标	"它"是如何运行的；一个过程是由很多步骤构成的	日常任务；清晰定义的步骤	战略性任务；以价值为基础的；以知识为基础的
子范畴	（1）具体的事实，确定的目标；使用图表 （2）确切的数据；使用表格或者列表 （3）陈述概念之间特定的关系；使用缩略语	（1）具体的 （2）抽象的	（1）商业体系——有组织的工作流程（例如某个步骤） （2）技术体系 （3）科学体系（事物如何自然地运行）	（1）直线式的步骤和每步的成果 （2）决定性的步骤和每步不同情况下产生的成果	
培训方法	参考；归纳学习（学生从实例中归纳）	识别新的或者不同的术语；确定特点和功能	过程知识可以改善每个步骤的表现；先概述，然后详细剖析	快速过渡到应用、练习、反馈；提供工作目标，不背诵步骤；如何做	什么、为什么和怎么样；培训经过验证的指导方针；学员要开发自己的步骤
陈述	先进的描述	有格式的信息；定义；实例；无实例；类比；制图	图表、流程图、模拟；事实和概念第一，然后是过程	带插图的行动表（表格形式的流程图）	形式；故事；最佳练习；案例研究；相反的实例；类比（慎重）

续表

	事实	概念	过程	步骤	原则
教室练习	演练有限的任务；使用记忆法；使用工作情景中的事实；使用作业辅助程序	培训相关的概念	研究真实的案例来解决问题	演示行动表中的步骤，然后缩短学生的练习	应用于不同的案例中
评估	在类似工作的环境下观察	歧视：他们是否能举例	观察练习	表现测试；评估产品或者行为，或者两者都评估	应用于新情况

表 10-2 概括了每种信息下的学习目标。教学风格和目标之间存在着很大的联系，例如，在培训物理矛盾时，学生能够成功地学会为新的矛盾分类。假如有一组矛盾，学生们可以辨别出哪些是物理矛盾。教学方法是有格式的定义，有可能带图表——如果是物理矛盾，重点应该是放在相同参数的两种不同价值上，要有物理、社会和商业生活上的案例。例如，①咖啡必须是热的（享受饮用），又必须是凉的（避免溢出伤人）；②职员必须连续工作（为顾客提供服务），又必须周期性工作（以符合劳动法，保证身体的精神健康）；③飞机必须把轮子降下来（以便在陆地上操作），又必须不把轮子降下来（飞行中以保持流线型、最小限度地燃油和最大的飞行速度）；④培训课程必须很短，又必须很长。

表 10-2　五种信息的学习目标

	事实	概念	过程	步骤	原则
应用	N/A	为新案例分类	解决问题；进行推论	执行步骤	执行任务，解决问题
记忆	记住事实	记住定义	记住步骤	记住步骤	记住指导性方针

在此例子中，培训物理矛盾的概念（通过举例）可以使学生有能力在物理矛盾、技术矛盾和其他陈述等混合的列表中辨别出物理矛盾。这是过渡到过程下一步的先决条件——学员用物理矛盾叙述他们自己的问题，然后在冲突中应用分离原则。

这一体系可以应用于单一情况，例如培训物理矛盾的概念，它也可以用于一系列的事实、概念、过程、步骤和原则中。表 10-3 是一个完整表格的例子，展示了想象力的教室教学方法和教学元素，还有在定义问题和解决问题中的应用。

表 10-3　想象力的教学方法和教学元素

	事实	概念	过程	步骤	原则
教学元素	真实的；环境形成的利益，成本和损害	什么是"想象力"——"价值"、成本和利益之间的等式和关系	如何把想象力放入整个 TRIZ 体系；精炼问题定义部分；有结构的问题/时机确定	（1）等式方法（2）一览表（3）"它本身"方法	理想最终结果（IFR）及其发展；更好的想象力＋更好的理念
教学方法	展示；解释；征集教室实例	讲师演讲举例；学生举例	解释；举例；学生问答	展示等式、"它本身"和一览表是如何保持一致的；学生练习，提供反馈	故事

　　TRIZ 教学方法的改进无疑会促进 TRIZ 的推广普及。如果培训中没有需要克服的基本障碍，那么除了一小部分 TRIZ 痴迷者之外，还会有更多的人在工作中从 TRIZ 中受益，他们的企业也会从他们的培训投资中获得更大的回报。

　　TRIZ 的一个基本原则是问题的突破性进展都是在本领域之外的地方产生并通过使用方法论而产生的。使用教学设计的规范方法是一种认识学习领域与 TRIZ 方法发展领域不同的方式，而且对教学/学习领域的广泛研究有利于 TRIZ 的发展。

三、关于在企业引进创新方法的建议

　　在研究了国内外企业引进创新方法的经验与教训后，我们又对创新方法本身存在的问题进行了改善，并建立辅助创新体系与平台及完善培训体系的基础，再辅以政策的支持。有了良好的软硬件基础，我们就考虑制定在企业引进创新方法的系统化流程、方法与建议，以加速创新方法推广普及向科学、有序的方向发展。

　　以下，我们将以企业引进创新方法为例，提出在引进创新方法上，应循序渐进的规划。其程序有以下几点。

1. 相关人员的创新方法普及教育与研讨

规划相关研发人员参加创新方法普及教育，并介绍相关理论与业内成功案例，必要时可请专业培训机构协助规划训练课程，培训骨干人员。

2. 实施创新方法需求调查表

如果创新方法得到认可，请你针对公司研发产品引进创新方法系统，依你个人的意见填写表10-4，可以初步了解员工需求并沟通共识。

表10-4 实施创新方法需求调查表

问题	是	否
（1）是否曾经针对研发流程采取各种改善措施，但成效却极为有限？		
（2）你对客户或同行所提出的新产品需求问题清楚吗？		
（3）你对客户在产品开发上因我方延误所遇到的问题清楚吗？		
（4）你相信客户会因为新研发产品延误转向与其他厂家合作吗？		
（5）竞争者提供的研发服务，其质量是否优于我们？		
（6）新产品研发流程循环时间是否太长？		
（7）研发流程成本是否过高？		
（8）你是否担心在公司中会成为被裁员的对象？		
（9）你是否有一些问题很想改善，却又力不从心？		
（10）你的问题是否重复出现？		
（11）你是否想要系统地改变现况？		

3. 引进层面评估

公司如果要引进创新方法系统，除上述的调查表外，尚需要对以下几个层面进行评估：

（1）领导层是否准备充分，以实施创新方法系统到研发产品上？

（2）相关研发人员程度、观念、向心力是否充足？

（3）公司的管理制度、绩效评估制度及奖惩制度是否健全？

（4）公司现行结构中财务与资源是否能够支持该创新方法系统相关活动？

4. 引进模式

当领导层已经决定实施，组织便可以进入引进模式，建议模式如下。

（1）创新方法相关资料收集。这一阶段包含先进企业、关键成功因素、辅导培训机构、硬件配备、软件需求等。

（2）引进创新方法系统的计划设定。第二阶段包括财务支持计划、组织再造计划、人员培训计划、流程评估计划、软硬件资源分配计划、策略规划、质量标准建立、经营计划书、企业资源规划、精简研发流程工作、客户关系管理系统、企业策略联盟、知识管理、专利数据库与作业管理等。

（3）相关人员培训。首先领导层必定需要培训，其次所有主管需要培训，再次各单位关键人员需要培训，使其培训相关骨干人员。

（4）创新方法系统实施目标设定。从研发部门中的单一单位实施或全面实施，再推广至全公司。

（5）试行实施阶段

全公司研发的引进，创新方法相关方法/理论与软件的使用，创新方法相关方法的应用，在3～6个月以上就能出现效果。

（6）评估建议

定期评估相关指标达标率及进度，并提供相关资源以促成该系统的全面推行。

5. 建立研发人员对施行创新方法系统的信心

实施新管理制度需要面对未知的结果与资源投入的不确定性，领导者与组织的不安是可预料的，企业想减少引进创新方法系统的冲击与缩短组织的适应期，建议可采取两种方式。

（1）向行业内领先企业学习。可以先搜集已成功实施系统的企业，研究实施方式与步骤，并截取相关方面（研究公司的规模、公司的地点、愿景、策略规划、组织制度、组织文化等相关因素），先进行引进模拟评估，以增加成功的概率。

（2）专业的辅导人员。国内现行实施创新方法系统的企业不多，因此可以先聘请具有推行创新方法系统经验的专家、机构协助，先行拟定实施计划；也可以考虑公司规模与需求，单独实施创新方法系统的引进计划。先指派公司内部相关研发主管到培训机构培训，以担任该系统的骨干主管，试行有一定成效后再推广以减低冲击。

6. 总结引进创新方法的关键因素

在引进创新方法的案例中，我们发现推行创新方法的难点与注意事项，并提供了后续相关企业参考及后续研究者评估改善，包括在领导职能层面需要领导层的支持与参与、组织策略层面重要明确的指标与研发人员参与及营造基础环境、在财务规划层面包含使用创新方法软件方式及建立新研发指标与知识库系统。试行创新方法过程中可能出现的问题与建议如表 10-5 所示。

表 10-5　试行创新方法过程中可能出现的问题与建议

试行创新方法发现的问题	建议方式
对创新方法相关知识的怀疑	邀请知名学者举办创新方法相关教育训练、收集行业相关成功案例
相关专业教育训练的不足	加强相关统计观念及实验设计能力的训练
排斥分享专业经验成果	请相关主管沟通、并定期召开内部跨部门成果发表会分享成功经验
缺乏有效的绩效评估制度	人事考核制度及绩效奖金的系统制度化、规划专利申请奖金及创新奖金等制度
需要高层领导的积极参与及承诺	高层主管要参与相关训练课程、提出愿景及目标、提供资源以促成相关创新活动
缺乏适合的创新方法软件	评估选购相关软件功能及费用，以利提升应用效率

四、在我国企业执行创新方法的建议

我们花费很大精力研究各国推广执行技术创新方法的案例，主要的目的还是要找到如何在我国企业执行技术创新方法、建立适合于我国企业技术创新的体制。现在，我们借鉴其他众多公司的经验提出初步的建议如下。

1. 明确目标

企业或运用创新方法于产品开发、技术预测、质量管理，或运用创新方法于流程创新、新构想的产生、经营模式的创新，不同阶段目的与目标都影响创新方法发展的规划与工具选择。因此，在初期，应设立明确的目标以利于未来创新方法在企业的发展及运用。

2. 不同发展阶段，运用不同工具

创新方法已发展出多种工具，每种工具的特性与功能有其适用的需求与阶段。企业在运用创新方法时应了解自己的需求及发展阶段，以选择适当的工具帮助企业创新。

3. 良好问题定义

创新方法讲究问题的定义。唯有良好的问题定义，才能有效地将特定问题转换为一般性问题，进而帮助使用者从一般解中求得特定问题的解答。

此外，经由公式化成创新方法形态的问题，挑选适当的创新方法工具，也才能使所运用的创新方法工具的效能得到有效发挥。

4. 训练人才以系统化方式寻求创造性问题解答

瓦列里（Valery Krasnoslobodtsev）与里查德（Richard Langevin）认为，应用创新方法的最大困难及障碍往往来自对创新方法本身的不熟悉而导致对创新方法的不信任。

创新方法本身不像一些令人熟知的方法，如六西格玛，拥有大公司的支持或广告宣传。当使用者无法对创新方法有整体性的了解，在工具的使用及运作过程中，可能导致错误或偏差，甚至会造成使用者对创新方法产生怀疑，减弱创新方法的成效。

因此，要使组织内成员都熟悉创新方法，习惯以系统化方式思考问题，提升个人创造力的程度，寻求创意与创新，则企业内部创新方法人才的培养，是企业运用及发展创新方法相当重要的一环，也是企业寻求创新的根本之道。

5. 积累企业内部创意知识库

企业内部创意知识库提供创意性法则、科学与技术性法则的实时存取，将企业运用创新方法的经验及成果加以积累、分析，使企业从中取得经验，增加成功创新概率。

6. 奖励制度

如果缺乏奖励制度，不能鼓励个人或团队的优秀表现，那么创造力与创新能力将可能无法活跃展现。因此，除了对创新及研发成果有公正的评估标准外，建议企业内也应具备公平及完善的奖励制度，如额外红利、假期、职务提升等物质奖励，或满足自我实现、肯定等精神奖励，以激励员工展现其创意与创新。

第四节　企业应用创新方法效果评估

　　随着创新方法推广普及工作的不断深入，及时准确地掌握企业应用创新方法的创新效果已成为越来越多的企业及科技管理部门关注的重点。现将在影响企业创新效果有关因素分析的基础上，建立企业应用创新方法创新效果评价指标体系，旨在为各级政府部门和有关企业推广创新方法及创新管理提供科学依据和决策参考。

　　企业应用创新方法的效果是指企业通过应用创新方法开展自主创新活动所带来的直接和间接的经济效益以及自身创新能力的提升。反映创新效果的因素较多。例如，有学者认为，创新效果体现在直接经济效益的增长、市场销售能力的提高、产品制造能力的提高、研究开发能力的提高和创新管理能力的提高等方面；也有学者把反映创新效果的因素细化到产品创新率、创新产品的商业成功率、创新产品的销售率、创新工艺数、产品的创新频数等具体方面；最新的科研成果认为创新效果主要反映在创新的技术产出、创新的经济效益、研发能力、创新潜力和创新管理水平等 5 个方面，并提出企业应用创新方法创新效果评价指标体系，如表 10-6 所示。

表 10-6　企业应用创新方法创新效果评价指标体系

评价目标	一级指标	二级指标
企业应用创新 方法创新效果	创新的技术产出	专利增长率 发明专利比例 新产品增长率 新产品技术水平的提升
	创新的经济效益	新产品销售收入增长率 新产品利税增长率 新产品出口额增长率 新技术销售收入增长率
	研发能力的提升	项目研发平均周期缩短率 项目研发成本的节约额 R&D 人员人均专利增长率

续表

评价目标	一级指标	二级指标
企业应用创新方法创新效果	创新潜力的提升	R&D 资金增长率
		创新项目增长率
		TRIZ 专家数量增长率
		对外科技合作水平的提升
	创新管理水平的提升	创新理念的先进性
		创新模式的合理性
		创新机制的有效性
		信息采集及创新预测水平提升
		专利战略管理水平提升

我们通过研究一些典型的案例及参考以上学者的观点，以实际创新项目作为评估应用创新方法效果的手段，确定目标、成本、成果、效益及能力5个评估要素，并结合 FTCPS 分析模型得到创新方法效果评估模型如图 10-6 所示。

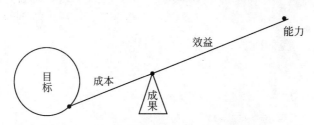

图 10-6　创新方法应用效果评估模型

在这个评估模型中，创新目标、项目成本、经济效益、创新成果与综合能力是我们关注的焦点。

其中创新目标的选定起着至关重要的作用，这将考验工程技术人员是否有敏锐的观察力。项目成本关系到产品的市场竞争力，尤其在经济危机的时刻，降低研发与生产成本对企业很重要。

企业应用创新方法进行创新的最直接目的就是为了获取更多的经济效益，而经济效益的高低直接影响企业对创新方法的推广应用。如果经济效益高，则有利于提高企业应用先进的创新方法及管理理论方法的积极性，创造良好的创新氛围，加快企业创新进程；否则，将影响企业推广应用创新方法的积极性。

创新成果是指企业应用创新方法开展创新活动所得到的技术性成果，它是企业创新系统运行的目标，其能力的强弱反映了企业创新系统运行的效果，是判定企业创新效果的重要指标。如专利数量、发明专利比例、创新点数量等。

综合能力包括研发、管理等能力，这是一个企业的综合素质，也是技术创新的保障。以往我们常常忽视对管理能力的评估，把技术与管理能力分相径庭。其实，现在大部分企业的管理能力制约着技术创新的实施与发展。

前面曾经多次提到，技术创新是一项系统工程，这些观点也同时反映在我们对本研究的整体设计上，并在各个方面体现出来。只要我们时刻牢记系统观念（整体观念），创新的风险才会减小，我国推广普及创新方法的成功率才会提高。

思 考 题

1. 什么是辅助创新体系，其构成要素有哪些？
2. 把握企业真实需求应注意哪些问题？
3. 应如何评价企业运用创新方法的效果？

第四篇　技术创新方法发展

|第十一章| 创新方法的改进

在前面介绍了许多外国专家、学者对 TRIZ 改进的建议，好像我们置身于事外。其实并不然，我们也在为推动创新理论的发展贡献者自己的力量。在本章中，我们将通过对 TRIZ 经典应用案例的研究，介绍在教学与应用中发现的问题。我们也会针对问题，提出可供大家参考的改进建议，为今后 TRIZ 的推广打下良好的基础。

第一节　视角锁定"善、恶"

按照以往书籍里介绍与教师传授使用 TRIZ 矛盾矩阵解决问题的方法与流程，在利用矛盾矩阵解决技术问题时，确定工程参数（改善与恶化）是一件比较难的事情，尤其是恶化工程参数很难确定。因为在我们没有找到解决问题方案的时候，猜想哪个工程参数会发生恶化确实有些难为大家。我们该如何解决这个 TRIZ 应用中常见的问题呢？还是先看一下典型的案例。

一、传统扳手的改进

1. 问题描述

实际应用中，标准的六角形螺母常常会因为拧紧时用力过大或者使用时间过长而使其外表面被磨损，此时，使用普通的传统扳手不但不能松动螺母，甚至会产生更加严重的破坏。传统扳手之所以会损坏螺母，其主要原因是扳手作用在螺母上的力主要集中于六角形螺母的某两个角上，如图 11-1 所示。

2. 确定矛盾

扳手的设计属于对一个成熟系统的改善，所以必须找出矛盾点，并设法予以

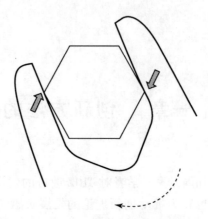

图 11-1　传统扳手受力图

消除。

　　若想彻底解决这一对技术矛盾，我们首先需要将我们所希望的"降低螺母的损坏程度"转换为 TRIZ 标准问题——矛盾矩阵中的某一个或几个工程参数。在这一问题中，很明显，"副作用"就是我们希望消除的。

　　现在，我们需要分析在降低螺母的损坏程度时，又有哪些技术特性恶化。相对于确定得以改善的技术特性而言，确定恶化的技术特性则比较难。最简单的方法是分别将 39 个技术特性对号入座，寻找适合的技术特性。

　　这里我们使用的是一种较为系统的方法。首先，我们设想，"如果没有任何目标，我们该如何解决这一问题"？

　　我们可以尝试从下列几个方面得到答案：

　　（1）使扳手的各个表面与螺母的外表面完全吻合，从而使得用扳手拧螺母时扳手的表面与螺母表面完全接触，则避免了螺母的角与扳手平面的接触。

　　（2）在扳手上增加一个"小附件"，使得扳手开口到与螺母尺寸相吻合（类似活口扳手）。

　　（3）使用一种比螺母材料硬度小的材料制造扳手，这样在操作过程中损坏的只是扳手。严格说来，这些都不是扳手设计过程中的"恶化的工程参数"。"改变扳手的精度"应是一个解决方案的选择，因此，"制造精度"即为恶化的工程参数。

　　3. 解决矛盾

　　根据上述分析可得到下面的结论：

我们要改善的是物体产生有害的因素（31）

会变恶化的是 制造精度（29）

矛盾矩阵的建议原理：

No. 4 不对称

No. 17 多维化

No. 34 抛弃与修复

No. 26 复制

4. 原理分析

No. 4 不对称：如果一个物体是不对称的，增加不对称程度。

方案：扳手本身是一个不对称的形状，改变其形状，加强其形状的不对称程度。

原理 17 多维化：将一维直线形状的物体变换成为二维平面结构或者是三维空间结构的物体。

方案：改变传统扳手上、下钳夹的两个直线平面的形状，使其成为曲面。

No. 34 抛弃与修复：废弃或改造功能已完成或没有作用的零部件。

方案：变换在扳手工作过程中对螺母有损害的部位，只接触螺母的六角形外表面，使其无法破坏螺母的尖角。

No. 26 复制：使用物体本身的影像，来取代物体本身（或者系统）。

方案：扳手的开口尺寸要复制螺母尺寸（注：作者的思路）。

5. 方案合成

如图 11-2 所示，H 为扳手手柄的中心线；W 为扳手上、下两个钳夹面的平分线；X 为两条线的交点；直线 P 通过点 X 且与直线 W 向垂直。上、下两个钳夹各有一个突起。由图示可以看到，上钳夹上的凸起的圆心 C 点到直线 P 的距离为 S，而下钳夹上的凸起的圆心 C 点到直线 P 的距离为 $1.5S$。因此扳手的上、下两个钳夹并不对称。在上、下钳夹的突起两端各有一个凹槽与之平滑连接。扳手实物图，如图 11-3 所示。

这一设计可解决使用传统扳手时遇到的问题。当使用扳手时，螺母六角形表面的其中两条边刚好与扳手上、下钳夹上的突起部位相接触，使得扳手可以将力作用在螺母上。而六角形表面与扳手接触的角则刚好位于扳手上的凹槽中，因而不会有力作用于其上。螺母不会被损坏。

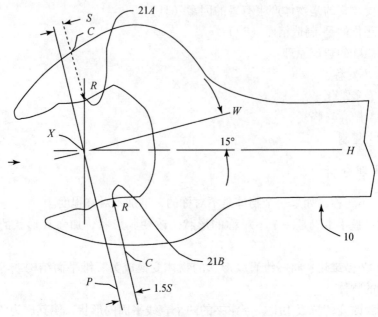

图 11-2　扳手改进图

图 11-3　扳手实物图

二、进一步深入探讨问题

1. 确定矛盾

螺母受力表面的不规则，有可能会造成扳手操作时螺母表面受力不均，而产生表面材质损耗。所以缩小制造公差或许可以使得螺母受力表面均匀分布。

2. 解决矛盾

根据上述分析可得到下面的结论：

我们要改善的是应力、张力（No. 11）

会变恶化的是制造精度（No. 29）

矛盾矩阵的建议：

3. 局部特性

35. 状态和参数变化

3. 原理分析

3. 局部特性：让物体不同的部位或零件可以执行不同的功能。

在新扳手的设计当中，应当使螺母表面上的所有点都能与扳手接触，这样就改善了扳手的局部特性。

35. 状态和参数变化：改变弹性的程度。

增加扳手的弹性（适应性）可变程度。

4. 方案合成

通过以上的原理分析，我们产生了这样一种思路：当扳手在锁紧和放松螺母的时候，用力越大扳手对螺母的夹持力越紧，这样就避免扳手与螺母局部接触产生的伤害。如图 11-4 所示。

图 11-4　液体杠杆推进扳手

三、案例分析

从上面扳手改进的案例可知，在不同的角度考虑同一个问题，所得到的结果往往不同。而后者则是较为实用的方案。

其实，选取这个案例我们关注的焦点并不是在扳手将如何改进上，而是探讨工程参数怎样选择才更合理。如前介绍得知，矛盾矩阵是在分析了大量的专利后总结出来的，是在知道了解决方案后分析出改善与防止恶化的工程参数的。如果我们在应用矛盾矩阵时候，把"问题"视为改善的工程参数，那么确定恶化参数就只有"凭空"想象了，这样我们得到的提示就会"不准确"。

四、改进方案

怎样才能使确定工程参数变得容易呢？我们就以此案例进行说明。

传统扳手对螺母的损害，就是 TRIZ 标准问题"物体产生有害作用"。这种有害的作用（或发现的问题）我们可以理解为是已经恶化的工程参数。什么造成这种损害（问题）的产生呢？是扳手与螺母间的误差，这种误差来自于制造的精度或者说是扳手的通用性差。假如没有误差这种损害就会减少（扳手与螺母接触面增大了）。这样确定工程参数不仅使应用矛盾矩阵变得容易，而且还有一个好处，让设计人员把关注的问题转移到解决产生的原因上，而不是对恶化工程参数的"修补"。

第二节　创新设计理念

东西方解决问题的方式有天壤之别，如果用医学的说法就是，西方人头痛医头，脚痛医脚；而东方人头痛医脚、脚痛医头。根据个人理解，东方人解决问题的方式更具有创造性。那么这种创造性是否可以运用到设计之中呢？当然可以，只要我们愿意改变思路，就能实现突破性创新。

一、汽车安全气囊改进设计案例1

汽车正面碰撞是造成交通事故 65% 伤亡的原因。安全气囊就是为了在汽车正面碰撞过程中最大限度的保护驾驶员及前排乘客。当驾驶员及乘客系上安全带时，安全气囊对人的保护效果最佳。但对很多装有安全气囊轿车的交通事故调查发现，每 20 人中就有 1 人因安全气囊设计不当而死亡，死亡的人多是身材较矮小的儿童或妇女。

1. 系统分析

轿车是一个系统，安全气囊只是其中的子系统，该子系统简图如图11-5所示。汽车是气囊的超系统，碰撞物可能是另一辆汽车或其他物体。气囊装在气囊筒内，气囊筒装在汽车方向盘前端。安装在汽车前端的传感器感受到汽车减速度信号，传给激发器并使气囊迅速膨胀，膨胀后，囊内的压力阻止了司机和乘客在惯性力作用下对汽车碰撞而发生伤亡。

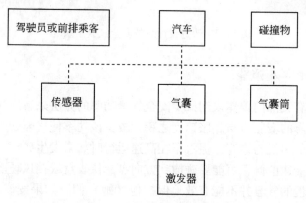

图11-5 安全气囊子系统

轿车安全气囊的功能是在汽车正面碰撞时保护司机与乘客，但目前的设计保护了身材较高的司机与乘客，而有可能伤害身材较矮的司机与乘客。其原因是身材矮的司机为了踩刹车及油门，身体较接近于方向盘，汽车碰撞时，在气囊膨胀过程中，身体矮的司机可能碰上了气囊，膨胀过程中的气囊动能很大，像是一个运动中的刚体，会伤害与其碰撞的司机。上身长、腿短的司机受伤害的可能性更大。妇女一般身体矮，儿童不仅身体矮而且经常不戴安全带，因此更容易受到伤害。

设安全气囊与司机和乘客组成一个系统。安全气囊目前的设计保护大部分司机与前排乘客，但有可能伤害身体矮的司机与乘客。该设计可用如下的物质—场模型描述：气囊 S_2 在机械能 F_M 的作用下迅速膨胀保护了司机与乘客 $S_{1.1}$，却伤害了司机与乘客 $S_{1.2}$，如图11-6所示。这说明，原设计存在技术矛盾。

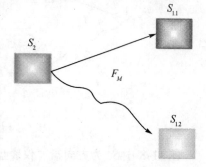

图11-6 安全气囊与司机
乘客物质－场模型

图 11-6 中，F_M 为机械能；$S_{1.1}$ 为身体较高的司机与乘客；$S_{1.2}$ 为身材矮的司机与乘客；S_2 为气囊。

如果要进行创新设计，其标志是要彻底的克服现设计中存在的矛盾，即新的安全气囊不仅要保护身材较高的司机与乘客，又要能保护身材较矮的司机与乘客。改进设计后的最终模型应该如图 11-7 所示。

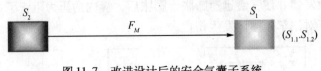

图 11-7　改进设计后的安全气囊子系统

2. 技术冲突及消除

美国政府有关部门曾建议用减少安全气囊功率的方法来解决该问题。所谓气囊功率是指气囊的膨胀力与膨胀速度之积。减少该功率使气囊膨胀速度减慢，可以保护身材矮的司机与乘客，但汽车在高速运行时如果发生碰撞，所有身材矮的司机与乘客均高速前倾，可能要碰撞到方向盘、仪表盘或挡风玻璃，从而受到伤害，膨胀速度慢的气囊并不能有效地保护他（她）们。如果按该设想进行设计，设计中的技术冲突为，要减少气囊功率可以减少其膨胀速度，从而减少司机、乘客与气囊碰撞所造成的伤害；但汽车在高速行驶过程中发生碰撞时，由于气囊未能及时膨胀将会带来更多的伤害。如图 11-8 所示。

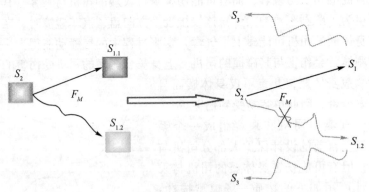

图 11-8　系统变换

图 11-8 中 S_3 为方向盘、仪表盘或挡风玻璃等。

无论是原始设计还是改进建议，都存在技术矛盾。现将技术矛盾标准化并应用矛盾矩阵确定可用的发明原理，通过这些发明原理去发现消除矛盾的基本思路。

矛盾的一方是要改变气囊的膨胀速度，以保护一部分司机与乘客；另一方是速度的改变使另一部分司机与乘客受到伤害。该技术矛盾可用 39 个通用工程参数中的 No. 15 及 No. 31 个工程参数描述。

No. 15 移动物体作用时间：物体完成规定动作的时间及服务期，两次误动作之间的时间也是作用时间的一种度量。

No. 31 物体产生的有害作用：有害作用将降低物体或系统的效率或完成功能的质量，这些有害作用是由物体或系统操作的一部分而产生的。

由冲突矩阵可以查出，可用发明原理序号为 21、39、16 和 22。

21. 急速作用：以最快的速度完成有害的操作。

加快而不是减小气囊的膨胀速度，只有当完全膨胀后才能保护司机或前排乘客。

39. 惰性介质：用惰性环境代替通常环境。

在汽车碰撞过程中对人的伤害是由于膨胀过程中的气囊动能的作用使其像一个刚体。如果某种物质能够软化气囊表面，使碰撞处于惰性的环境，就可保护司机与乘客。

16. 未达到或超过的作用：如果 100% 达到所希望的效果是困难的，稍微末达到或稍微超过预期的效果将大大简化问题。气囊体积减小，功率增加，使其迅速膨胀，可以保护司机与乘客。

22. 变有害为有益：①利用有害因素，特别是对环境有害的因素，获得有益的结果；②通过与另一种有害因素结合消除一种有害因素；③加大一有害因素的程度使其不再有害。

增加气囊的膨胀速度，当其完全膨胀后司机或乘客才可能与气囊碰撞。

表 11-1 是采用发明原理消除技术冲突的一个总结。

表 11-1　消除技术冲突

发明原理序号与名称	消除技术冲突的方法
21. 紧急行动	加快而不是减小气囊的膨胀速度，当完全膨胀后才出现身材矮的司机或顾客与其碰撞的可能。则能保护所有的司机或前排乘客
39. 惰性环境	在汽车碰撞过程中对人的伤害是由于膨胀过程中的气囊的动能作用，使气囊像一个刚体。如果某种物质能够软化气囊表面，使碰撞处于惰性的环境，就可保护司机与乘客
16. 不足或超过的作用	气囊体积减小，功率增加，使其迅速膨胀，可以保护司机与乘客
22. 变害为益	增加气囊的膨胀速度，当其完全膨胀后司机或乘客才可能与气囊碰撞

表 11-1 所示的消除技术冲突的方法已给出了安全气囊改进设计基本思路，或已完成了概念设计的初步内容。根据这些思路，领域专家（安全气囊设计人员）可根据本企业设计与生产安全气囊的实际或根据可实现的能力进一步完善已提出的概念，画出工作原则简图及实现简图，完成概念设计。

二、汽车安全气囊改进设计案例 2

1. 问题描述

（1）问题简单描述。如果安全气囊的膨胀速度太慢，当交通事故发生时，将导致驾驶者或乘客受到车祸冲击力的伤害；但若安全气囊的膨胀速度太快，当交通事故发生时，安全气囊弹出的冲击力将会导致乘客或司机受到比交通事故更大的伤害。

（2）超系统—系统—子系统的问题详细描述。超级系统：如何在两车发生交通事故时，有效保护司机或乘客不受到车祸冲击力与安全气囊不合适的膨胀速度的伤害。系统：如何在车子发生交通事故时，提供一个适合的安全气囊膨胀速度，能够有效保护该车的乘客或司机。子系统：安全气囊内引爆器的触动与吸入气流量的控制机制。

（3）过去—现在—将来的问题详细描述。过去：当受到过大的冲击时，才能启动引爆器，造成膨胀的速度太慢。现在：当汽车受到轻微冲击时，即启动引爆器，造成膨胀的速度太快。将来：引爆器应有稳健可靠的触动方式与更符合实际的可调节的气流吸入量。

（4）引起问题原因—问题—后果的问题详细描述如表 11-2、图 11-9 所示。

表 11-2　引起问题原因、问题与后果

引起问题原因	问题	后果
安全气囊膨胀速度太慢	乘客易与汽车设备（如仪表盘、方向盘、座椅等）产生严重碰撞，甚至飞出车外	乘客易受到车祸冲击伤害
安全气囊膨胀速度太快	乘客被迅速压制而无法动作	儿童乘客易受到安全气囊膨胀冲击伤害

（5）输入—转换过程—输出的问题详细描述如表 11-3 所示。

（6）过去—现在—将来与超系统—系统—子系统的九宫格如表 11-4 所示。

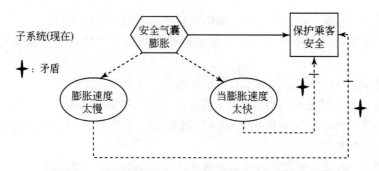

图 11-9 引起问题原因—问题—后果的功能作用连接图

表 11-3 输入、转换过程、输出详述

输入	转换过程	输出
汽车膨胀速度太慢 汽车当膨胀速度太快	感测器	门槛值设定可能有误或不够精准

表 11-4 九宫格

	过去	现在	将来
超系统	汽车受损后,正前方安全气囊才膨胀	汽车受到轻微冲击,正前方安全气囊即膨胀	应可按照汽车受力的大小与方向性以调整正前方与侧向安全气囊启动与膨胀的速度
系统	安全气囊膨胀速度太慢	安全气囊膨胀速度太快	安全气囊应可自动调整其膨胀速度
子系统	当受到过大的冲击时,才能启动引爆器,造成膨胀的速度太慢	当汽车受到轻微冲击时,即启动引爆器,造成膨胀的速度太快	引爆器应有稳健可靠的触动方式与更符合实况的可调节的气流吸入量

2. 矛盾模式建立

步骤 1:列举并描述各对工具与物体,如表 11-5 所示。

表 11-5 工具与物体

	工具	物体
超系统	汽车	乘客
系统	安全气囊	乘客
子系统	引爆器	安全气囊

步骤2：选择上述一对工具与物体并说明为何选择它的原因。

为了避免选择范围过大，或涉及比较专业的技术，故选择"安全气囊"与"乘客"。

步骤3：列举并描述这对工具与物体的各个工具特征。

工具（安全气囊）：作用时间（膨胀速度）与物体（乘客）

安全性：当安全气囊作用时间（膨胀速度）不合适，则会对乘客造成负面伤害（不良的副作用）

步骤4：选择一组或一对相互矛盾的特征，解释为什么选择它。

当安全气囊反应时间（膨胀速度）很快，可以即时反应（+），但过快则会对乘客造成负面伤害（不良的副作用）（−）。

步骤5：使用口语化叙述与简单图示描述矛盾，如图11-10所示。

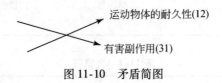

运动物体的耐久性(12)

有害副作用(31)

图 11-10　矛盾简图

3. 矛盾分析与参数设定

步骤1：选择最合适的创新原理应依以下顺序：

1）解决技术矛盾的问题

欲改善的工程参数：移动物体的耐久性（No. 12）

被恶化的工程参数：有害副作用（No. 31）

发明原理：40、3、37、6、11、30、4、39、14

发明原理显示顺序为"最有可能"解决此类技术矛盾，应先思考这几个发明原理。

2）解决物理矛盾的问题

您希望所选择的工具或物体在不同时间具有不同的状态或表现

您希望所选择的工具或物体在不同空间或地点具有不同的状态或表现

您希望所选择的工具或物体在同一时间地点具有不同的状态或表现

发明原理：1、9、10、11、15、19、21、34

3）如何利用自然资源（如空气、水、空间、重力等）

发明原理：8、29、39

4）配合进化模式解决问题

五种最常用的进化模式如下：①系统的零组件与特性不均匀进化；②往更宏观或整合型的系统进化；③往更细微或化整为零的系统进化；④增加系统间的交互作用；⑤先扩充再修整简化系统。

发明原理：40 个发明原理皆可。

5）如何达到理想的最终结果

发明原理：6、22、25

步骤 2：原理分析

No. 37 热膨胀：吸气式充气器安全气囊利用引爆产生的超音速气流，以吸入大量空气，与引爆后的氮气混合，以快速流入并张开安全气囊。由于引爆后产生的氮气与外界空气同时快速流入安全气囊，使流入安全气囊的混合气体质量流入率较传统气囊大，因此可快速充填安全气囊，缩短充气时间，且由于汇入大量外界空气与引爆后的氮气混合，便可降低充填安全气囊气体的温度，以改进传统安全气囊的缺点。

No. 39 惰性介质：以往的车只有前面有安全气囊，现在装有 8 个气囊，包括前面的气囊和 4 个侧边的气囊，还有车窗气囊。在发生状况时，有 2 段式安全气囊，让气囊膨胀到非常准确的位置，使人与车之间处于一个完全隔绝的状况，以防止坚硬的车子外壳伤害到司机和乘客。

No. 11 预先防范：设置一个"预防碰撞安全系统"，无论车辆是在行驶中或静止的状态下，利用雷达进行感应，当判断后方车辆即将追尾时，利用发出警报声的方式来提醒司机注意，可能会弹出安全气囊，并主动的拉紧安全带和调整好头枕位置来防止颈部因为冲击而受到伤害。

步骤 3：方案合成

交通事故的发生与司机的注意力和执行力有很大关系，安全气囊的设计与改善也只是发生事故后的补救措施。按照规避问题的思想，我们解决的将是预防交通事故发生的问题。这个观点的实施将与上述的"预防碰撞安全系统"不谋而合。利用现有的电子技术完全可以很好的解决预防交通事故发生的问题。

三、案例分析与创新理念探究

如果我们的设计思路都建立在规避问题的基础上，而不是我们哪儿发现了漏洞只会弥补漏洞，这样会在很大程度上促进事物的发展，解决问题的流程也会变得简单。

上面汽车安全气囊的两个改进案例是利用 TRIZ 解决的同样问题，但最终的结果却完全不同。这种差异的根本原因就取决于我们设计人员所持有的设计理念，采取的是事后补救还是提前防范。虽然只是一前一后的问题，但本质上有着很大的差别。这种规避问题发生策略对克服思维定势起到很大的作用，也为技术取得突破性创新提供了指南。

第三节　经典与现代 TRIZ 的比较研究

一、"超空泡"鱼雷的改善案例研究

1. "超空泡"现象及应用简介

"超空泡"是一种物理现象。当物体在水中的运动速度超过 100 节时，后部就会形成奇异的水蒸气泡，从而产生"超空泡"流体——机械效应。这种"超空泡"现象应用在鱼雷或者潜舰上将可大幅的增加水面下航行的速度。"超空泡"是俄罗斯发明的产物，利用"超空泡"现象所发明的鱼雷称为"风雪超空泡"鱼雷，航速已达到 370 公里/小时（约 200 节）。所谓"超空泡"就是当鱼雷在海面下快速前进时，流动的海水会在鱼雷特殊设计的机构上产生负压甚至接近真空状态，水在 1 个大气压的沸点是 100℃，但在 0.02 个大气压时沸点是 20℃，如图 11-11 所示。

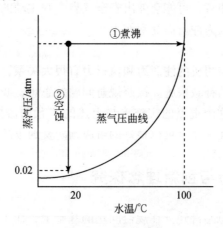

图 11-11　空蚀现象

因此在鱼雷周围快速的产生大量的细小气泡，如果利用喷嘴在适当位置向空泡部位注入空气或燃气，则空泡的负压将变成正压，形成一个较大型的桶状空洞并包围鱼雷，其表面就不被水附着，进而大幅降低运动时的摩擦阻力。由于空气的摩擦力是水的八百分之一，因此鱼雷的速度可以超出极限 60 节（111 公里/小时）的限制，达到 200 节（370 公里/小时），因此几乎没有任何潜舰或军舰可以闪躲。

在牛顿杂志第 260 期中提到日本东京大学机械工程学教授松元洋一郎对于"微气泡使船舶的燃油消耗率（specific fuel consumption）提高"的研究，经实验结果后，他们让船底产生微气泡，使船身与水的摩擦阻力（frictional resistance）平均减少 10% 左右，只是摩擦阻力减少的原因不清楚，此为日本民间的研究成果，由此也能证明经 TRIZ 所得到的方案是正确的。

2. TRIZ 与"超空泡"鱼雷

将利用"超空泡"鱼雷的发明导入 TRIZ 并反推回去，来探讨是否能找出新的发现。按照 TRIZ 的解题方法第一步将问题最小化，就是考虑增加鱼雷的速度，但是不能增加能源的消耗。在课题中存在正负两方的影响因素，因此从 TRIZ 的角度来分析，这是属于技术矛盾，改善了某工程参数的性能，却会造成另一个工程参数性能的恶化。技术矛盾的解题方法便是利用矛盾矩阵表，矛盾矩阵表有相对的 $X - Y$ 坐标（39，39），X 轴和 Y 轴的相对应参数是相同的，Y 轴代表要改善的工程参数，而 X 轴代表着可能产生恶化的工程参数。在本书中我们先将这两个参数找出来，再对应到矛盾矩阵表中寻找建议的发明原理。而矛盾矩阵表又分为经典的和新版的两种，经典的矛盾矩阵表距今有几十年的历史了，在这几十年中，世界科技发生了巨大的变化，这在经典矛盾表中是不可能反映出来的；新版的矛盾矩阵表在 2003 年由 CREAX 公司发表，将原有 39 个工程参数增加到 48 个，是比较符合现代发明的方法。现在分别利用经典矛盾矩阵表和现代矛盾矩阵表来分析为解决"超空泡"鱼雷发明物体所推荐的发明方法。

1）应用经典矛盾矩阵表

在矛盾矩阵表中，找出最适合解本题的工程参数分别是

No. 9 速度

No. 22 能量的损失

No. 19 运动物体消耗的能量

No. 31 有害副作用

再将这些工程参数利用矛盾矩阵排列，就可以得到建议的发明原理。矛盾矩阵表如图 11-12～11-14 所示，所得到的建议发明原理描述如表 11-6 所述。

图 11-12　速度 9 相对能量 22 的损耗

图 11-13　速度 9 相对移动物体消耗能量 19

图 11-14　速度 9 相对有害的副作用 31

　　表 11-6 为统计上述 3 种矛盾矩阵表格的建议发明原理，其中 No. 35 "状态和参数变化" 共出现了 3 次。这个发明原理按照建议的方法是 "物体的集合的状态、密度的浓度、柔软度、温度的改变"。

表 11-6　描述建议的发明原理

编号	描述
14	曲面化
20	有效持续作用
19	周期性动作
35	状态和参数变化
08	反重力
15	动态性
38	强氧化作用
02	抽出
24	中介
21	急速作用

2）应用 2003 矛盾矩阵表

　　将需要改善的工程参数 No. 14 速度和可能造成恶化的工程参数 No. 16 移动物体消耗的能量代入矛盾矩阵表中所得到的矛盾矩阵如图 11-15 所示。

图 11-15 速度 14 相对移动物体消耗的能量 16

由图 11-15 中可以发现到，发明原理 35. 排列在第一位，且对于发明原理的解释也有所不同，如表 11-7 所示。

表 11-7 发明原理 35. 的描述

编号	描述
A	物体的物理状态变更（如气体、液体、固体）
B	浓度均匀性的变更
C	柔软性的程度变更
D	温度的变更
E	压力的变更
F	其他状态的变更

由上述的讨论中，我们得到了解题的答案，如表 11-7 所示，即 A 将水的物理状态变更成气体或 B 水的浓度均匀性改变或 C 水的柔软性程度改变，就能在不增加能源的情形下，将鱼雷的航行速度增快 3～4 倍之多。在前面的章节中提到，改变大气压力，则水的沸点温度就会改变，此结果与创新原理 35 中的 D 及 E 建议相符。在匹配经典矛盾矩阵和现代矛盾矩阵后，我们发现利用现代矛盾矩阵表所得到的结果较符合需求。

二、21 世纪的飞机

空气在支持飞机飞行的同时也产生了对飞机的阻力，该阻力随飞行速度的提高成比例地快速增加。飞机消耗的燃料主要就是用来克服阻碍飞机向前运动的空气阻力，炽热的空气会将飞机的前端被加热到无法承受的温度。

这就是以超音速如 10 马赫（马赫数表示速度与音速间的倍数）飞行的飞机为什么需要在空气稀薄的高空甚至外层空间飞行的原因。然而，开发超音速飞机尚有一系列技术问题需要解决：①高速引擎的结构；②系统能源的供应；③供应引擎的燃料；④飞机前端的过热。

下面我们使用不同的方法进行解题。

1. 采用经典 TRIZ 方法解题

为了能使飞机以超音速飞行，我们使用了直流喷气式引擎，其工作原理如图 11-16 所示。其功能主体是进入引擎的空气 1，燃料 3 在引擎中燃烧，加热功能主体。被加热的空气膨胀，以炽热的气体与燃烧的产物一起从喷口冲出，致使飞机获得以超音速向前推进。

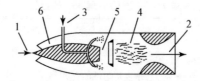

图 11-16　直流电空气射流引擎工作原理

为了使飞机获得加速，通常的做法是通过一个加力燃烧室，将排出的混合气体给予再度升温，但这种做法要想达到 10 马赫或更高的速度根本是不可能的。况且，空气在进入燃烧室 5 前必须充分压缩，这是由通过入口 6 的特殊加压器来完成的，经充分压缩的空气形成机械阻碍会导致飞机制动减速。

这里存在着两个物理矛盾。

（1）引擎燃烧室前的空气压缩对保障引擎运转来说是必要的，但又不应该压缩，因为压缩空气会使飞机产生制动减速的有害效应。

（2）为达到飞机的超音速，燃气必须加速从喷口喷出，但又不应该加速喷出，因为喷口加速与为通过加力燃烧室而要达到升温的目的是相矛盾的（混合气体的升温与气体通过燃烧室的时间成正比，与气体通过燃烧室的速度成反比）。

图 11-17 为提高运输速度的各类技术系统的 S 曲线（其中曲线 5 为喷气式飞机系统进化的 S 曲线）可以看出，提高喷气式引擎速度的潜力已进入衰退期，即使增加引擎的功率和消耗更多的燃料，也难以实现超高速飞行。

对于引擎入口处和喷出口处存在的上述两个物理矛盾可以通过以下两个途径求得解决。首先运用阿奇舒勒的分离原理来解决，即通过结构分离的方法，新的引擎应该是分成两级，第一级要实现对有害效应的转换，第二级是需要增强有用效应实现燃气的超高速喷出。

运用效应知识解决上述两个物理矛盾，查效应知识库获得：

No：6 控制物体的位移；

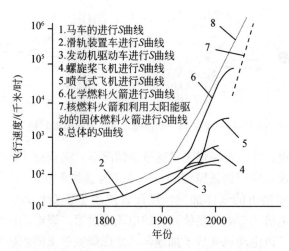

图 11-17　提高运输速度的各类技术系统的 S 曲线

No：12 感应控制；

No：17 可移动物体和固定物体相互作用；

No：28 控制电磁场。这里给了我们启示，采用电磁场的方法替换机械系统，通过场的作用实现燃气的超高速喷出。

我们在技术文献中搜寻如何产生电磁场，马上就会找到磁流体动力发生器（MHD）的概念，在现实中它是用于发电的。磁流体动力发生器工作原理如图 11-18 所示。

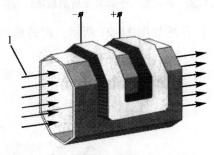

图 11-18　磁流体动力发生器工作原理

在第一级发电机入口处将空气电离。当电离后的空气粒子 1 高速通过发电机磁场时，在产生强大电流的同时，由于空气粒子被制动而降低了速度，从而使消除了由于压缩空气会使飞机产生制动减速的有害效应，上述的第一个物理矛盾获得了完满的解决。解决第一个物理矛盾的物场模型转换如图 11-19 所示。

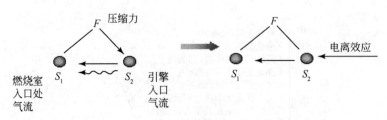

图 11-19　解决第一个物理矛盾的物场模型转换

应用电离效应，在不会减慢飞机速度的情况下，又获得了产生强大电流的附加动力，显现了成功应用创新原理 21——变害为益的典范。

但我们如何使喷出的气体加速？设计者使用了创新原理 11——逆向思维。将来自第一级发电机出口处的足够强大的电流通过第二级电动机线圈，由此产生的强大磁场，第二级电动机变成了加速器，使燃烧室排出的炽热气体获得惊人地加速，第二个物理矛盾获得了解决。解决第二个物理矛盾的物场转换模型如图 11-20 所示。

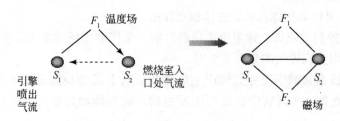

图 11-20　解决第二个物理矛盾的物场模型转换

超音速飞机引擎工作原理如图 11-21 所示，就是通过使用两级磁流的原理（发电机和电动机）为超音速飞机开发出一个新引擎。电离空气 1 作为初始功能主体，经燃烧室后排出的电离气体 2 在电动机 3 的磁场中被加速到 25M（马赫），这就达到了第一宇宙逃逸速度。

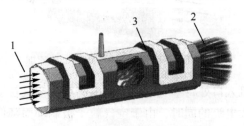

图 11-21　超音速飞机引擎工作原理

利用组成引擎第二级的电动机，为技术解决方法组成了一个系统非常有效的一个反系统。

当前仍然存在的问题是我们如何使引擎得到电离空气。这是又一个物理矛盾：为了消除了压缩空气而产生制动减速的有害效应，电离空气对引擎来说是必需的；但因为空气在自然状态下是中性的，所以在正常环境下电离空气却是很少存在。

显然我们需要使用状态和参数变化原理对空气进行电离。如果我们翻阅一下参考书就会明白电离空气的最有效技术方法是使用激光束。其方法是在空气入口前使用激光束以产生电离空气流进入引擎，激光束 2 将中性的空气 1 转化成负离子 3。负离子空气 3 流进第一个磁流发电机，得到减速并发电。再用小部分电来产生激光，如图 11-22 所示。

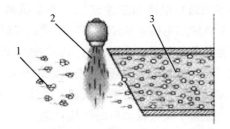

图 11-22　使用激光束电离空气

现在我们来研究解决有关供应飞机引擎的燃料以及飞机前端过热的问题。

喷气发动机的主要燃料是煤油。在燃烧室内，煤油经加热气化并燃烧，由此可见，燃料燃烧的一部分能量是用于煤油的加热和气化。这样就形成了物理矛盾：燃料必须加热，以利于进行燃料的气化和充分燃烧；但燃料又不应该加热，因为加热煤油需要消耗能量。

整个引擎的结构和功能分析显示，飞机上需要一个能量源来促使煤油的加热和气化。回顾超高速飞机设计中问题的初始描述，你可能会找到一个免费能量源，我们可以使用煤油冷却飞机的前部。请大家注意这是对创新原理 21. 变害为益的又一次应用。

实施方法是，将机身前端建成双层夹套式结构，煤油在夹套间循环，可以吸收飞机端部的热量，使飞机端部避免过热现象发生，还可以获得预热的免费能源。有关供应飞机引擎的燃料以及飞机前端的过热的问题同时获得了很好的解决。用于预热煤油的飞机前端冷却结构如图 11-23 所示。

好的解决方法总是有意想不到的、无法计划的正面超级效应。

图 11-23　预热煤油的飞机前部冷却结构

（1）入口空气动能由一个负面因素转化到有益因素，飞机上获得的发电机功率可以高达 100 兆瓦！这样的电量几乎相当于一个小城市的用电量。激光和电动机消耗了其中的一部分能量，剩下的能量可用于完成飞机的其他功能和其他工作如燃烧空间垃圾、为外层空间修复臭氧孔洞等。

（2）对功能主体空气进行电离和加速使用的不是机械系统结构，而由一个系统和反转组成的一个特殊的电磁系统结构——使我们可以在飞行中达到第一宇宙逃逸速度。需要的能量来自电离流并用于电离和加速电离流。

（3）机身前端的冷却问题在没有构建专用系统的情况下获得了最终理想解决。没有引起任何附加问题，也不需要消耗资源。事实上，循环的煤油冷却了飞机前端，预热了煤油，提高了喷气发动机的燃烧效能。

（4）一个全新的超级效应是，电离的空气不仅进入引擎，而且也流过飞机，借助于强大的电磁，增加了飞机下方的气压，同时减少了飞机上方的气压，从而形成了额外的飞机升力。

（5）最后一个特别的效应是，在燃料的组合中除了煤油外，还有水。在使用催化剂的电解过程中，会从水中分解出自由氢，与使用液态氢的发动机相比，燃烧速度可以提高 5 倍。燃料的燃烧过程明显地获得了加速。

开发商展示的超音速飞机 Neva 外观如图 11-24 所示。超音速飞机在地球上飞行线路图如图 11-25 所示。

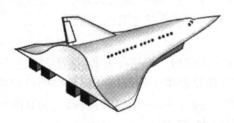

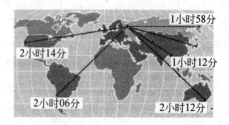

图 11-24　超音速飞机 Neva 外观示意图　　图 11-25　Neva 的飞行线路示意图

我们应该注意到，为使更多人容易理解，这里所使用的例子已经过适当的简化与改编。它们专门用于教学，也就是说，它们只是用来说明使用 TRIZ 工具的例证材料。TRIZ 建议我们使用不同知识领域的例子——这样可以帮助我们克服心理上的惯性（来自专业知识、兴趣、传统习惯的限制）。TRIZ 工具只有基于专业知识和一定的应用基础上才能发挥良好功能。

2. 运用 2003 矛盾矩阵表解题

Darrell Mann 在 2002 年搜寻美国及欧洲 10 年内专利局与机械有关的专利同矛盾矩阵表建议的原理做比较，结论是经典矛盾矩阵表得到的建议原理其效用只有 48%，并于 2003 年再度搜集 1985～2002 年的专利再加以分析之后，除了提出了一些新的趋势以及原理外，将原有的 39 个工程参数扩充到 48 个，成功地更新了 TRIZ 的经典矛盾矩阵表。其于 2004 年用了 100 项专利比较经典矛盾矩阵与现代矛盾矩阵产生建议原理的差异，结果显示经典矛盾矩阵只有 27% 正确率，现代矛盾矩阵却能提出近 98% 与专利相符的建议原理。关于 2003 年公布的 48 个通用工程参数矛盾矩阵表见下一部分。

现在，我们利用 2003 矛盾矩阵表来验证 21 世纪飞机引擎问题。21 世纪飞机以超高速为特征，速度提高必然导致飞机耗油量猛增，即为了改善飞机的速度，却产生了不希望的移动物体消耗能量的恶化，

1）利用 2003 矛盾矩阵表，将要改善的参数与恶化的参数两者相交，提供了以下 6 个解

No. 35 状态和参数变化原理（电离空气，改变其状态）

No. 28 替换机械系统原理（以电磁系统替代机械系统）

No. 38 强氧化作用原理（在使用催化剂的电解过程中，会从水中分解出自由氢，与使用液态氢的发动机相比，燃烧速度可以提高 5 倍，强化了燃料的氧化燃烧过程）

No. 19 周期性作用原理（无效）

No. 12 等势原理（无效）

No. 15 动态性原理（无效）

上述的解达到了经典 TRIZ 方法的效能。

2）运用经典的 39 个通用过程参数矛盾矩阵表只能获得以下 4 个解

No. 8 反重力原理（无效）

No. 15 动态性原理（无效）

No. 35 状态和参数变化原理（有效）

No.38 强氧化作用原理（有效）

其中只有 2 个有效解，没有最关键的替换机械系统原理，致使不能获得清晰的解。

3）运用创新问题解决引导表解题

在 Darrell Mann2003 矛盾矩阵表的基础上，我们提出利用《创新问题解决引导表》解决矛盾不明确的问题。运用该表的好处是不需要定义矛盾，这样可以迅速找到解决问题的方向。

21 世纪飞机以超高速为特征，速度的提高导致飞机消耗能量的猛增，但一架大型飞机对地球外层环境的破坏相对于地面数千辆小汽车造成的污染，因此，不允许飞机消耗能量（即消耗的燃料）的增加实质是一个致命的物理矛盾，即飞机速度的提高必然消耗能量增加，而为了保护大气环境却要求消耗能量减少。通过查《创新问题解决引导表》，在移动物体消耗能量一栏里推荐有以下 8 个解：

No.35 参数改变原理（电离空气，改变空气的物理状态）

No.19 周期性作用原理（无效）

No.28 替代机械系统原理（以电磁系统替代机械系统）

No.03 局部特性原理（在引擎的入口，采用激光特别处理）

No.02 抽出原理（在引入电磁流时，采用二级处理，第一级为发电机，第二级为磁力加速器（电动机），各级发挥着各自特有的功能）

No.10 预先作用原理（预先用激光处理空气，使其产生负离子）

No.24 中介原理（电解水时充分运用催化剂的作用）

No.13 反向作用原理（第一级发电机使进入的空气粒子减速，从而降低引擎入口的反推力；第二级为磁力推进引擎，使带电的燃气以 25 马赫的高速喷出）

比较以上的 3 种解题方法可以看出，运用创新问题解决引导表可以获得较为全面的创意和概念（有 7 个有效解），最接近最终理想解，且大大简化了解题过程。

三、现代工程参数介绍

一些学者认为矛盾及解决技术中的 39 个标准工程参数及 40 项发明原理还不完善。近年来 TRIZ 应用实例表明，有些设计中的明显矛盾用 39 个参数不能表述，因此，也就不能选择矛盾解决原理。因此，增加标准工程参数不断受到大家的关注，现代工程参数也就出现了。下面是达雷尔曼恩科研团队新整理的工程参数及解释，以下"物体"还可以理解为系统、物质、对象等，括号内数字为经典 TRIZ 的工程参数编号。

1（1）．移动物体的重量，指重力场中的移动物体作用在阻止其自由下落的支撑物上的力。

2（2）．静止物体的重量，指重力场中的静止物体作用在阻止其自由下落的支撑物上或者放置该物体的表面上的力。

3（3）．移动物体的尺寸，指移动物体的任意线性尺寸，而不一定是自身最长的长度。它不仅可以是一个系统的两个几何点或零件间的距离，而且可以是一条曲线的长度或一个封闭环的周长。

4（4）．静止物体的尺寸，指静止物体的任意线性尺寸，而不一定是自身最长的长度。它不仅可以是一个系统的两个几何点或零件间的距离，而且可以是一条曲线的长度或一个封闭环的周长。

5（5）．移动物体的面积，指移动物体被线条封闭的一部分或者表面的几何尺寸，或者移动物体内部或外部表面的几何尺寸。面积是以填充平面图形的正方形个数来衡量的，如面积不仅可以是平面轮廓的面积，也可以是三维表面的面积，或一个三维物体所有平面、凸面或凹面的面积之和。

6（6）．静止物体的面积，指静止物体被线条封闭的一部分或者表面的几何尺寸，或者移动物体内部或外部表面的几何尺寸。面积是以填充平面图形的正方形个数来衡量的，如面积不仅可以是平面轮廓的面积，也可以是三维表面的面积，或一个三维物体所有平面、凸面或凹面的面积之和。

7（7）．移动物体的体积，指以填充移动物体或移动物体占用的单位立方体个数来衡量，体积不仅可以是三维轮廓的体积，也可以是与表面结合、具有给定厚度的一个层的体积。

8（8）．静止物体的体积，指以填充静止物体或静止物体占用的单位立方体个数来衡量，体积不仅可以是三维轮廓的体积，也可以是与表面结合、具有给定厚度的一个层的体积。

9（12）．形状，指物体的外观或轮廓。形状的变化可能表示物体的方向性变化，或者表示物体在平面或空间两种情况下的形变。

10（26）．物质的数量，指制造一个物体所需要的物质的数与量。

11．信息的数量，指一种附属系统的信息资源的数量。信息在两个或更多物体之间变换。

12（15）．移动物体的耐久性，指移动物体可以运行的时间长短，即物体失去功能前的寿命。

13（16）. 静止物体的耐久性，指静止物体可以运行的时间长短，即物体失去功能前的寿命。

14（9）. 速度/速率，指一个动作或一个过程的时间或速率。

15（10）. 力/转矩，指改变物体的状态，或者产生部分或完全的、暂时或永久物理变化的能力。

16（19）. 移动物体消耗的能量，指移动物体在作用其间所耗费的能量。

17（20）. 静止物体消耗的能量，指静止物体在作用其间所耗费的能量。

18（21）. 功率，指系统做功的速率。

19（11）. 压力/压强，指作用在物体上的压力或应力。

20（14）. 强度，指物体抵抗外力而使其本身不被破坏的能力。

21（11）. 结构的稳定性，指整个物体为了抵抗因为相关物体之间的互动，而致使本身产生改变的能力。

22（17）. 温度，指系统运作时热状态的变化情形。

23（18）. 物体明亮度，指照明强度、照明质量和各种光的特性。

24. 运行效率，指效率涉及一个物体的主要有用的功能或者相关功能。

25（23）. 物质的损失，指对本身运作并没有贡献却会消耗的物质。

26（25）. 时间的损失，指完成一个指定的任务所额外耗费的时间。

27（22）. 能量的损失，指对物体本身作用并没有贡献却会消耗的能量。

28（24）. 信息的遗漏，指资料或者系统输入项的遗漏。

29. 噪音，指问题与噪音产生有关，承认进入物体或者系统或者其他环境有益或者有害，涉及物理噪音或者噪音数据，包括像标准、频率和音色一样的参数。

30. 有害的扩散，指一个物体产生任何形式的污染物或者向环境扩散。

31（31）. 有害副作用，指造成系统效率或质量降低的不良影响。

32（35）. 适应性，指物体对于外在条件改变后，仍能正面的响应。

33. 兼容性或连通性，指该个系统和其他系统能够联合程度。

34（33）. 可操作性，指物体在使用或操作上的容易程度。

35（27）. 可靠性，指物体能够正常执行其功能的能力。

36（34）. 易维护性，指物体发生故障或损坏后容易修护与恢复功能的程度。

37. 安全性，指系统保护自己的能力，免受未批准的进入、使用、窃取或其他不利影响。

38. 易损坏性（易受伤性），指一个物体保护自己或者其用户不受危害的能力，即一个物体经得住外部损害的能力。

39. 美观，指一个物体的外观是否漂亮；例如美丽、高雅等。

40（30）．有害作用敏感性，指作用于物体外部的影响力，而造成系统效率或质量的降低。

41（32）．可制造性，指物体在制造上的容易程度。

42（29）．制造的精度，指物体本身的真实特性，与规范的或需求的设计特性接近的程度。

43（38）．自动化程度，指物体执行操作，不需要人控制的程度。

44（39）．生产率，指在单位时间内物体完成执行指定动作的次数。

45（36）．装置的复杂性，指构成物体的组件数量以及组件间的差异性。

46（37）．控制或测量的复杂性，指用于测量或操作系统所需的组件数量与差异性。

47. 测量难度，指测量工作复杂、昂贵、耗时的程度。

48（28）．测量精度，指物体性质所测量到的值，与其实际值接近的程度。

作者经过对技术进化理由及 QFD 等的分析研究，发现现在的工程参数中还缺少"可控性"与"舒适性"两个常用参数。因此，在最新更新的引导表中把现有的 48 个工程参数增加到 50 个。

四、尝试追逐新的感觉

目前，一些从事 TRIZ 培训的人员还在沿用经典 TRIZ 的工程技术参数与矛盾矩阵，并对更新的矩阵持怀疑态度，不愿去尝试验证它的效率，甚至采取排斥态度。我们应当这样考虑，随着科学技术的不断发展，我们解决问题的方式与手段肯定也要发展。几十年前的经验不足以解决当今的技术难题，尝试利用新的技术参数与手段还是有益的。

第四节　知识效应库的更新研究

上一节提到了知识更新的问题，作为设计人员提供的知识库更需要更新，只有不断的更新知识库才能为设计人员提供更有效的知识。

2008 年，奶制品出现了人为质量问题，科技部面向全社会征集快速检测奶品质量的方法，希望创造学和创新方法的先驱们能够把握为国家与老百姓排忧解难的机会。其实物体成分检测有许多可以借鉴的方法，在 TRIZ 的科学效应库中就能够找到。我们翻阅国内出版的涉及 TRIZ 的所有书籍，看到的都是同一个年代的物理效应表（表11-8）。

表 11-8　物理效应应用

实现的功能	物理现象、效应、方法
测量温度	热膨胀和改变它的振荡频率、热电现象、辐射光谱、改变材料的光电性能、超越库里点、霍普金斯效应、巴克豪森效应、热辐射
降低温度	热传导、对流、辐射、相变、焦耳－汤姆逊效应、兰克效应、磁热效应、热电现象
提高温度	热传导、对流、辐射、电磁感应、电介质加热、电加热、放电、吸收辐射材料、热电现象、物体收缩、核反应
稳定温度	相变（例如：超越库里点）、热隔离
指示物体的位置和位移	引进标记物质，它能改造外界的场（荧光粉）或形成自己的场（铁磁体），一次易于发现。光的反射与辐射、光电效应、变形、X-射线和放射线、放电、多普勒效应、干涉
控制物体位移	磁场作用于物体和作用于与物体相结合的铁磁体、利用电场作用于带电的物体、利用液体或气体传递压力、机械振动、离心力、热膨胀、光压、压电效应、马格努斯效应
控制液体及气体的运动	毛细管现象、渗透、电渗透、汤姆逊效应、伯努利效应、波浪运动、离心力、韦森堡效应、引进气体到液体里、康达效应
控制浮质（灰尘、烟、雾）的流动	电离、电磁场、光压、冷凝、声波、次声
搅拌混合物，形成溶液	溶液的创造、特高频声音、气穴现象、扩散、电场、与铁磁体相结合的磁场、电泳、共振
分解混合物	电磁分离、在电场和磁场作用下液体分选剂的视在密度发生变化、离心力、相变、扩散、渗透
稳定物体位置	电磁场、在电场和磁场中凝固的液体的固定、吸湿效应、反冲运动、变形、融化、扩散融化、相变
产生/控制力；形成很大压力	磁场通过铁磁物质起作用、相变、热膨胀、离心力、改变磁性液或等电液在磁场中视在密度使液体静压力变化
改变摩擦力	约翰逊－拉别克效应、辐射的影响、克拉格尔斯基现象、震动、用铁磁颗粒影响磁场、相变、超流、电渗

续表

实现的功能	物理现象、效应、方法
破坏物体	放电、液电效应、共振、特高频声音、气穴现象、感应辐射、相变、热膨胀、爆炸
积蓄机械能与热能	弹性变形、摆动轮、相变、静水压力、热电现象
传递能量（机械能、热能、辐射能、电能）	变形、震动、亚历山德罗夫效应、波动、包括冲击波、辐射、热传导、对流、光反射（光导体）、感应辐射、塞贝克效应、电磁感应、超导、从一个到另一个形式转变就是为改善能量传递、次声、形状记忆效应
确定活动（变化）物体与固定（不变化）物体间的相互作用	利用电磁场去移动某物质（从物质的联结过渡到场的联结），充分利用流动的气体和液体，形状记忆效应
测量物体大小	震动频率的大小、标上磁或电标记并读数、全息
改变物体尺寸	热膨胀、双金属片结构、形变、磁电致伸缩、压电效应、相变、形状记忆效应
在空间和表面上控制物体的状态和性质	放电、光反射、电子发射、摩尔效应、辐射、全息
改变表面性质	摩擦、吸附、扩散、鲍申格尔效应、放电、机械和声音震动、放射、凝固、热处理
控制物体内的状态和性质	引进标记物质、它改变外界的场（如荧光粉）或形成取决于被研究物质状态及性质的场（如铁磁体）、改变取决于物体结构及性质变化的比电阻、吸附、反射、分裂光、电光和磁光现象、偏振光、X-射线和放射线、电子顺磁和核磁共振、磁弹性效应、超越库里点、霍普金斯和巴克豪森效应、测量物体固有震动、特高频声音和次声、穆斯堡尔效应、霍尔效应、全息、声发射
改变物体空间性质	电场和磁场作用下改变液体性质（密度，黏度）、引进铁磁性物质和磁场作用、热效应、相变、在电场作用下电离、紫外线、X-射线和放射线、扩散、电磁场、鲍申格尔效应、热电、热磁和磁光效应、气穴现象、光致变色效应、内光电效应，利用气体代替液体、发泡、高频辐射
形成要求的结构，稳定物体结构	波的干涉、衍射、驻波、莫尔效应、磁电场、相变、机械和声音震动、气穴现象

实现的功能	物理现象、效应、方法
指示出电场和磁场	渗透、物体充电、电晕放电、放电、压电效应、驻极体、电子发射、电光现象、霍普金斯和巴克豪森效应、霍尔效应、核磁共振、水磁和磁光现象、电致发光，铁磁
指示出辐射	光声效应、热膨胀、光塑效应、放电
产生电磁辐射	约瑟夫森效应、感应辐射现象、隧道效应、冷光、汉内效应、切伦科夫效应、策曼效应
控制电磁场	保护、改变环境的状态、例如，增加或减少它的电导率、改变表面形式物体与场相互作用、收缩效应
控制光	破坏和反射光、电和磁光现象、光柔性、克尔和法拉第效应、汉内效应、弗朗茨克尔德什效应、转变一个光束进入到电信号和反面，受激辐射
产生及加强化学变化	特高频声音、次声、气穴现象、紫外光、X-射线和放射线、放电、变形、冲击波、催化、加热

我们通过前面介绍的 TRIZ 的发展简史可以了解到，这个物理效应应用表是 1971 年由苏联专家整理的。其在阿奇舒勒 1979 出版的 *Creativity as an Exact Science* 中就出现了，至今，国内有十几本 TRIZ 书籍都在转载，并在实践中应用。

当然，这个 1971 年版物理效应应用表不能给我们解决物理成分分析提供任何的信息。在迈克·A. 沃劳夫（Michael A. Orloff）所著 *Inventive Thinking with TRIZ* 中更新的物理效应应用表就有物体成分分析，这也是更新唯一的内容，如表 11-9 所示。

表 11-9　更新内容

物体成分分析	吸附，渗透，电场，辐射效应，从物体反射中分析辐射，光声效应，穆斯堡尔效应，电子顺磁和核磁共振，偏振光

在这个物理效应提示表中，我们应该能够找到快速检测奶品质量的方法。在这些方法中也包括 1991 年的一项"发明"所采用的技术，这项技术是利用电场检测酒制品的质量——无须打开酒瓶盖检测酒的成分。即把带包装的酒制品作为一种介质，利用电场检测这种介质的电容量。因为各种酒的成分不同，介电系数就会不同，这样就能检测出酒的品牌（成分）。

同理，我们也可以用这种方法检测奶品质量，这就是 TRIZ 的价值所在。只要我们掌握如何利用原有的知识与经验解决实际问题，无论哪种方法我们都可以尝试。我们通过不断的尝试就可能会找到更准确、快捷的方法。

第五节　东西方解题哲学

在黑格尔的哲学中提出了有价值的辩证法思想，认为整个自然的、历史的和精神的世界是一个过程，是在不断地运动、变化和发展着的，而其内在矛盾乃是发展的源泉。

在 TRIZ 中，认为在高水平问题背后一定有矛盾的存在，只有解决这个技术矛盾才能产生高水平的发明。这也说明，他是把一个问题一分为二看待，并定义为矛盾。其中就体现出西方文化的特色——西方人强调由一到多的思维方式。

另外，TRIZ 还有相同的观点，一般来说，技术矛盾的存在往往隐含着物理矛盾的存在，有时物理矛盾的解决比技术矛盾的解决更容易。图 11-26 显示了技术矛盾与物理矛盾的相关性，当找出技术矛盾的两个矛盾的工程参数时，可以尝试推论出是否有物理矛盾的核心工程参数特性（特性 A、特性 $-A$）存在，同时控制着矛盾的两个工程参数。

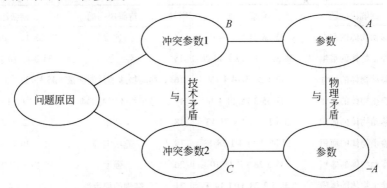

图 11-26　技术矛盾与物理矛盾的相关性

物理矛盾的提出更能体现出西方哲学的思想，"在黑格尔的辩证法中，正题后面是反题，这一矛盾由合题来解决，其推理的最终目标是解决（消除）矛盾……"遗憾的是 TRIZ 没有明确"合题"，因为这不是西方人所擅长的事情。

而中国的辩证法与黑格尔的辩证法不大一样。中国的辩证法是通过矛盾来了解万事万物之间的关系，来超越或同化对立面，或者吸收相冲突但却有启发性的观点。中国的传统观念中根本不存在 A 与非 A 之间的对抗。相反，以道家的精神或阴阳学说来看，A 实际上也暗含了非 A 的情况或者很快就会向非 A 转化。TRIZ 中的物理矛盾，正是 A 与非 A 之间的对抗。如上所述，物理矛盾在中国的辩证法中是不存在的。按照我们的传统观念解决物理矛盾的问题，只需解决 A 或非 A 的问题就可以了。我们的合二为一思想如图 11-27 所示。

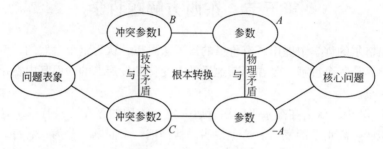

图 11-27　合二为一思想

我们根据英国与我国台湾学者的研究成果，尝试应用《创新问题解决引导表》解决"物理矛盾"。这种方法可以使矛盾不明确的问题得到初步的方案，拟定解决问题的方向和思路后，为下一步避免冲突打下良好的基础（表 11-10）。

表 11-10　创新问题解决引导表

序号	待解决问题	创新原理	序号	待解决问题	创新原理
1	移动物体的重量	35 28 31 8 2 3 10	14	速度	28 35 13 3 10 2 19 24
2	静止物体的重量	35 31 3 13 17 2 40 28	15	力	35 3 13 10 17 19 28
3	移动物体的尺寸	17 1 3 35 14 4 15	16	移动物体消耗的能量	35 19 28 3 2 10 24 13
4	静止物体的尺寸	17 35 3 28 14 4 1	17	静止物体消耗的能量	35 3 19 2 13 1 10 28
5	移动物体的面积	5 3 15 14 1 4 35 13	18	功率	35 19 2 10 28 1 3 15
6	静止物体的面积	17 35 3 14 4 1 28 13	19	应力/压强	35 3 40 17 10 2 9 4
7	移动物体的体积	35 3 28 1 7 15 10	20	强度	35 40 3 17 9 2 28 14
8	静止物体的体积	35 3 2 28 31 1 14 4	21	结构的稳定性	35 24 3 40 10 2 5
9	形状	3 35 28 14 17 4 7 2	22	温度	35 3 19 2 31 24 36 28
10	物质的数量	35 3 31 1 10 17 28 30	23	物体明亮度	35 19 32 24 13 28 1 2
11	信息的数量	2 7 3 10 24 17 25 32	24	运行效率	3 2 19 28 35 4 15 13
12	移动物体的耐久性	3 10 35 19 28 2 13 24	25	物质的损失	35 10 3 28 24 2 13
13	静止物体的耐久性	35 3 10 2 40 24 1 4	26	时间的损失	10 35 28 3 5 24 2 18

续表

序号	待解决问题	创新原理	序号	待解决问题	创新原理
27	能量的损失	35 19 3 2 28 15 4 13	38	易损坏（易受伤）性	31 35 13 3 10 24 2 28
28	信息的遗漏	24 10 7 25 3 28 2 32	39	美观	3 7 28 32 17 2 4 14
29	噪音	3 9 35 14 2 31 1 28	40	有害作用敏感性	35 24 3 2 1 40 31
30	有害的扩散	35 1 2 10 3 19 24 18	41	可制造性	1 35 10 13 28 3 24 2
31	有害副作用	35 3 25 1 2 4 17	42	制造的精度	3 10 2 25 28 35 13 32
32	适应性	15 35 28 1 3 13 29 24	43	自动化程度	10 13 2 28 35 1 3 24
33	兼容性或连通性	2 24 28 13 10 17 3 25	44	生产率	10 35 2 1 3 28 24 13
34	可操作性	25 1 28 3 2 10 24 13	45	装置的复杂性	28 2 13 35 10 5 24
35	可靠性/稳健性	35 3 40 10 1 13 28 4	46	控制的复杂性	10 25 37 3 1 2 28 7
36	易维护性	1 13 10 17 2 3 35 28	47	测量难度	28 32 26 3 24 37 10 1
37	安全性	28 2 10 13 24 17 3 1	48	测量精度	28 24 10 37 26 3 32

以上，我们谈论了 TRIZ 理论改善中的重点问题，还有一些包括工程参数、标准解法的扩充、分析与评估模型的建立等，这些都需要我们今后通过教学与实践去验证。只要我们不断地去完善创新理论，相信创造学总有一天会成为真正的科学。

思 考 题

1. 在运用 TRIZ 方法的过程中，如何平衡视角的好坏？
2. 在运用 TRIZ 方法时，如何创新设计理念？
3. 更新知识库对于有效运用 TRIZ 方法有什么意义？

|第十二章| 国际金融危机与中国开展技术创新方法的思考

第一节 西方金融危机对中国经济的影响

2008 年的西方金融危机对中国经济具有巨大影响，大大降低了中国的经济增长率，但是并未给中国造成深重的经济灾难。中国政府在危机爆发后采取了坚决的反危机措施，实施了一系列扩大总需求、特别是扩大国内需求的经济政策，使中国没有陷入明显的经济萧条。中国在这一次世界性的经济衰退中发挥了巨大的影响，凸现出一个经济大国的形象，国际地位显著上升。但是，这次的国际金融危机也深刻地说明，中国的经济安全存在着重大的隐患；为保障中国的国家安全，中国经济还必须进行重大的战略调整。

2008 年的世界性金融危机主要由美国的金融危机引发，并且以 2008 年 9 月美国的雷曼公司倒闭为危机大爆发的标志。而美国的金融危机则直接由美国的"次级抵押贷款危机"发展而来。美国住房次级抵押贷款大批违约而造成的这场危机从 2007 年 3 月就开始，其不断地深化和蔓延最终导致了美国乃至世界性的金融危机。

这场金融危机的最直接后果是西方发达国家陷入了严重的经济衰退，总产出下降，失业剧增。危机的策源地美国的 GDP 增长率 2007 年为 2.1%，2008 年下降到 0.4%，2009 年则为负的 2.4%，危机使美国的 GDP 在 2009 年实际下降了 2.4%。美国官方公布的失业率则从不到 5% 迅速上升到高于 10%。而日本的 GDP 在 2008 年也只增长了 0.7%，2009 年更是下降了 5%。

一、西方金融危机对中国经济的直接影响

美国引发的这次西方金融危机，主要是通过中国与发达市场经济国家的各种

经济关系而直接影响了中国经济。到目前为止，西方金融危机基本上还是通过影响中国的对外贸易而直接影响中国经济。

综合中国与西方发达市场经济国家在各方面的经济关系可以推测，西方的这次金融危机可能通过下述途径直接影响中国经济：

第一，减少中国的出口和对外贸易，由此而减少对中国产品的总需求，使中国的总产出和总收入减少，显著地降低中国经济的增长率。

这次金融危机使西方发达国家的经济显著衰退，特别是美国的经济明显衰退。西方发达国家的经济显著衰退本身会减少中国对这些国家的出口和净出口，美国的经济衰退本身更是会减少中国对美国的出口和净出口。特别是中国对美国的出口和净出口，不仅数额巨大，而且对美国的净出口实际上构成了中国对外净出口的主要部分；而中国对美国的出口受美国国内宏观经济形势影响极大，对美国的经济增长速度高度敏感。美国由于金融危机而陷入严重衰退必定会导致中国的出口和净出口增长速度急剧下降，甚至导致出现负增长。对外出口的停滞和下降本身会减少中国的就业，增加失业，尤其可能从经济上严重地打击高度依赖对美国出口的广东等中国沿海地区。

中国的大批企业依靠出口特别是对美国的出口而生存。出口市场的萎缩可能使这些依靠出口的企业陷入财务上的困境甚至倒闭。它们的倒闭会增大中国内地的失业问题，它们的财务困境会对中国的金融业造成巨大的冲击，甚至可能由此造成中国的银行业出现巨额坏账、证券市场面临崩溃。

第二，在中国内地的许多外资企业是美欧国家企业的子公司或分支，西方的金融危机造成的金融混乱可能使这些美国甚至西方企业的资金链断裂，从而牵连到其在中国的子公司和分支经营陷入困境。中国的这些外资企业的经营困境可能暂时加剧中国国内的就业问题。

第三，中国最近几年对外有大量的证券和其他投资，西方金融危机造成的金融业亏损可能波及中国对外所进行的这些投资，降低这些对外投资的收益甚至使其亏损，造成中国人财富的损失；西方金融危机所造成的恐慌情绪还会造成对外投资亏损的预期，由此减少了中国的对外投资。最近中国官方透露，中国68家央企涉足金融衍生产品业务浮亏了114亿元，就是这种金融投资亏损的具体案例。

不过，中国对外流出的资金主要是外汇储备中持有的外国政府债券，对外流出资金中的商业性投资数额并不大，而西方金融危机到目前为止还没有造成中国外汇资产投资的巨额直接损失，因此这次西方金融危机到目前为止还没有给中国的对外投资造成很大的直接损失。

需要注意的是，中国以其外汇储备所购买的许多债券，实际上并不是真正的国债债券，而是与政府有关联的债券，如政府隐性担保的公司的债券。这次西方金融危机发展的最终结果，仍然可能导致这样的债券不能及明足额偿还；就是美国等政府欠中国的债务也有不履行偿还约定的可能。这种债务违约可能给中国政府及全体中国人民造成一定的财富损失。

第四，这次西方金融危机大大降低了国外的资金盈利率，使美国的名义利率接近于零，而中国的利率并不需要降到如此之低。中国的利率高于美国，加上国际投资者普遍预期中国的资金回报率高于国外，已经在 2009 年导致外国资金大量涌入中国，造成了超人规模的外国投资。这在短期中虽然可能进一步增大中国国内的总需求，提高中国的经济增长率，但是也会同时提高中国的通货膨胀率，拉高中国的房地产价格和股票价格，造成中国更为严重的经济泡沫。而当这样的经济泡沫破灭时，中国就会发生 1997 年东亚金融危机式的经济危机。这是西方金融危机在长远中可能对中国经济造成的最大威胁。

以上所述西方金融危机对中国经济的 4 种直接影响，第一种影响主要集中在影响中国的对外贸易，后 3 种影响则基本上是通过跨国的资金流动发生作用。到目前为止，西方金融危机对中国的影响还主要表现在通过中国的对外贸易对中国发生的影响上，通过跨国的资金流动而对中国经济发生的作用尚未清楚地表现出来。尽管如此，我们必须密切关注西方金融危机通过跨国资金流动对中国经济可能发生的影响。特别是在长期中，美国的低利率可能在中国催生新一轮的经济泡沫并最终导致未来的经济崩溃。这种长期影响才可能是西方金融危机对中国最严重的坏影响，我们最需要防范的是这样的长期恶劣影响。

到目前为止，西方的经济和金融危机主要通过中国的进出口和对外贸易顺差而影响中国经济。

2007 年中国进出口总额为 21 738 亿美元，外贸顺差为 2622 亿美元；2008 年中国进出口总额为 25 616 亿美元，比上一年增长 17.8%，其中进口 11 331 亿美元，出口 14 285 亿美元，顺差 2 954 亿美元；2009 年中国对外贸易进出口总值 22 072.7 亿美元，比 2008 年下降 13.9%，略高于 2007 年的对外贸易进出口总值。2009 年中国进口 10 056 亿美元，出口 12 016.7 亿美元，外贸顺差为 1900 多亿美元，比 2008 年下降约 1000 亿美元。中国 2009 年的国内生产总值（GDP）为 335 353 亿元人民币，当年减少 1000 亿美元的贸易顺差，直接降低中国经济增长率 2 个百分点左右。

2005 年到 2007 年，中国的贸易顺差每年增加约 600 亿到 1000 亿美元，这本身直接增加了中国的经济增长率约 2 到 3 个百分点。西方金融危机爆发后，中国的贸易顺差在 2008 年增加不大，2009 年大幅下降，使对外贸易对中国经济增长的作用从提高增长率 3 个百分点变为降低增长率 2 个百分点。综合计算这一增一减的相反作用，可以说，西方金融危机使出口对中国总需求和经济增长的拉动作用降低了大约 5 个百分点。

二、这一轮的中国经济增长率下降

在西方金融危机降低出口对中国经济增长的拉动作用 5 个百分点的同时，中国的经济增长速度发生了显著的波动：中国的经济增长率 2006 年为 11.1%，2007 年为 11.9%，2008 年第 4 季度降低到与上年同期相比增长 6.8%，2008 年全年的经济增长率下跌到 9.6%，2009 年中国政府为保证经济增长率不低于 8% 而付出了巨大的努力，但是中国的经济增长率仍然降低到 8.7%。

如果一国本年的对外贸易顺差等于上一年的对外贸易顺差，则该国的出口和对外贸易对该国本年的总需求和经济增长的拉动作用就为零，出口既没有提高、也没有降低该国本年的经济增长率。据此计算，中国的对外贸易顺差 2007 年比 2006 年增加近 1000 亿美元，2008 年只比 2007 年增加约 300 亿美元，2008 年比 2007 年对外贸易顺差增加额减少了约 700 亿美元，这本身就直接降低了中国经济的增长率 2 个百分点左右。单纯从数字上看，似乎中国 2008 年的经济增长率低于 2007 年的经济增长率 2 个多百分点完全是由于对外贸易顺差的减少。

但是实际上，2008 年中国经济增长率的降低首先不是由于西方金融危机降低中国对外贸易顺差的增加额，而是开始于中国自主实施反通货膨胀的宏观经济紧缩。

中国经济的"潜在生产能力"（潜在产量）每年增长大约为 9% 多，而到 2007 年为止中国已经连续 5 年每年经济增长大约为 10% 甚至明显高于 10%。到 2007 年，中国实际产出已经超过其当年的潜在产量大约 2%。实际产出高于潜在产量是由于总需求过旺，总需求过旺同时就造成了通货膨胀：中国的居民消费价格指数（CPI）与上年同期相比，2006 年增长 1.5%，2007 年增长 4.8%，2008 年甚至增长 5.9%。而中国的工业品出厂价格（PPI）与上一年同期相比，2008 年 6 月上涨 8.8%，7 月上涨 10%，达到 1996 年以后的 10 年最高增幅。

只是以 2009 年，由于中国的总需求不旺导致经济增长可能低于 8%，整个经济的实际产出已经不比潜在产量大多少，通货膨胀的局面才消失，而出现了通货紧缩的威胁：2009 年中国的 CPI 与上年同期相比，1 月增长 1%，2 月增长就为 −1.6%，由此开始了连续 9 个月的负增长，到 10 月还为 −0.5%，只是到 11

月才回升到0.6%，全年平均的增长率可能为负。PPI与上年同期相比，2009年1月下降3.3%，5月下降7.2%。

这中间的转折实际上从2007年年底开始。2007年底中国政府采取了坚决消除金融泡沫和反通货膨胀的政策，开始收紧银行信贷。紧接着这一资金紧缩的是股市暴跌，城市住宅售价的上涨也基本停止。到2008年10月，全国70个大中城市房屋销售价格同比上涨1.6%。

这一紧缩政策对实际宏观经济增长的影响并不明显，CPI和PPI的涨幅在2008年上半期甚至还很高，这表明了货币政策在当代对宏观经济运行的影响有明显的滞后。2007年中国全社会固定资产投资137 239亿元，比上年增长24.8%；2008年中国全社会固定资产投资172 291亿元，比上年增长25.5%。固定资产投资增长的速度似乎还有增加。

但是实际上，由于2008年中国的工业品出厂价格增长极快，以实物计算的固定资产实际投资增长率在2008年应当已经低于2007年。而且这种投资增长率的下降在下半年应当特别明显。这在房地产投资中可以清楚地看到：中国2008年房地产固定资产投资总额为35 215亿元，比上年增长23%，房地产（开发和销售）投资完成总额30 580亿元，比上年增长20.9%，但是这个投资完成额2008年上半年却比上一年同期增长了33.5%。虽然没有更进一步的数据来作准确推断，但是可以相信房地产（开发和销售）投资完成总额2008年下半年比上一年同期增长不到17%。到10月，PPI比上年上升的幅度就降到了6.6%。

中国就是在这样一种宏观经济紧缩政策开始起作用，以及2007年过热的经济已经降温的情况下遭遇了西方金融危机的冲击。2008年第三季度，美国的金融危机震惊了世界，西方金融危机导致中国出口下降的作用也清楚地表现了出来。前文已经指出，单是由于西方金融危机造成的中国对外贸易顺差不再增加，就可以直接降低中国2008年的经济增长率2个百分点左右。中国2008年的经济增长率恰好也低于2007年的经济增长率2个多百分点，这表明中国单纯由于国内需求增加而拉动的经济增长率在2008年与2007年大约相等，都为9%多。而如果中国政府不在2007年底实行紧缩国内需求的宏观经济政策，中国2008年单纯由于国内需求增加而拉动的经济增长率会明显高于9%，2008年中国的经济增长率还将在10%以上，经济过热和通货膨胀的格局不会有根本性的改变。

这些数字表明，西方金融危机打乱了中国宏观经济调整的进程。中国2007年的经济过热本来要求中国政府实行坚决的宏观经济紧缩，但是中国无法影响的西方金融危机本身就造成了更为巨大的总需求紧缩，这使中国本来幅度还太小的宏观经济紧缩突然变得幅度过大。在这种情况下，中国政府为了防止宏观经济紧缩导致整个经济陷入严重衰退，不得不紧随西方国家政府进行了大规模的"救市"，转而于2008年年底开始推行一系列的宏观经济扩张政策。

尽管2009年中国的经济增长率只有8.7%，但是，由于2009年中国对外贸易顺差减少1000亿美元直接降低了约2个百分点的中国经济增长率，2009年中国单纯由于国内需求增加而增加的总需求应当占整个GDP的10%以上，单纯由于国内需求增加而拉动的经济增长率会显著地高于10%。一量中国的对外贸易顺差不再减少，不再因此而直接降低中国的经济增长率，再以这种比率增加国内的总需求就会使中国的实际经济增长率明显高于10%，由此而重新造成经济过热和通货膨胀，因为中国的生产潜力的增长今后不可能高于每年9%。

对中国宏观经济形势与对外贸易顺差的这种复杂互动关系的分析表明，西方经济波动造成的中国对外贸易顺差波动有可能加剧中国国内的经济波动，极大地增加了稳定中国经济的难度。

第二节　金融危机对企业的影响

一、外部经济环境恶化对企业发展目标的压力和调整

全球出口市场萎缩，实体经济受到直接冲击，次贷危机爆发后，金融市场的融资功能丧失，企业的融资通道被切断，投资需求受到抑制。国际金融危机进入第二阶段后，实体经济受到直接冲击，美国、欧元区、日本以及一些新兴市场国家相继陷入衰退。在经济衰退的背景下，企业主动缩减投资规模，对商业贷款的需求大幅减少，企业的投资需求受到金融市场抑制与主动缩减投资规模叠加，导致实体经济中的投资需求加速下降。世界各国房地产市场和证券市场持续回落产生了负财富效应，消费者的信心下降，失业率上升和收入降低，迫使消费者紧缩开支。随着经济形势恶化和失业率飙升，消费信贷坏账率快速上升，从事消费信贷业务的金融机构从2008年三季度开始削减消费信贷规模，2009年的削减规模进一步扩大，发达国家的负债消费行为受到抑制。美联储的报告显示，2008年12月的消费信贷连续第三个月下跌，为17年来的首次。世界各国投资和消费的下降导致全球国际贸易量减少，根据国际货币基金组织预测，世界贸易今年会收缩2.8%，世界贸易2008年已经收缩了4.1%，2007年收缩了7.2%。

实体经济衰退正构成对金融市场的反向冲击，由于市场需求下降，近期一些大型企业盈利大幅下滑或陷入经营困境。实体经济领域的企业业绩下滑使金融市

场面临的冲击由次贷业务扩展到企业债务，企业业绩的下滑导致企业债务违约的风险上升。企业业绩下滑后，证券市场对企业价值进行重估，结果企业的财务状况恶化，不得不实施去杠杆化，资产价格进一步跳水，企业业绩的下滑导致金融机构经营状况进一步恶化。

二、金融危机对企业员工的影响

由于美国次贷危机引发的金融危机迅速蔓延全球，其影响也在一步步的扩大，从金融业到各行各业都不同程度地受到影响。面对金融危机的巨大冲击，大多企业都在酝酿裁员计划以度过危机，从华尔街掀起的裁员潮已经蔓延到全球范围，危机也从金融行业扩展到其他多个行业。雷诺、摩托罗拉、劳斯莱斯等企业都宣布了裁员计划，如表 12-1 所示。

表 12-1　国外主要企业裁员情况

企业名称	领域	裁员数
AT&T	电信运营商	1.2 万人
维亚康姆	媒体公司	850 人
意大利电信	电信运营商	4000 人
尼康	数码厂商	1500 人
美联社	通讯社	1500 人
花旗银行	银行业	5.2 万人
英国电信	电信运营商	1 万人
飞思卡尔	芯片制造商	2400 人
摩托罗拉	通信行业	3000 人
Qwest	电信运营商	1200 人
惠而浦	家电生产商	5000 人
Gannett	美最大报业	3000 人
高盛	投资银行	3260 人
施乐	IT 行业	3000 人
雅虎	互联网门户	1430 人
eBay	交易网站	1000 人
惠普	IT 厂商	2.46 万人

相对于主要发达国家来说，金融危机对我国经济的影响还是比较小的，在我国并没有出现大规模的裁员现象。但在金融危机的影响下，我国部分地区的企业也因为亏损而进行裁员，TCL 电脑、久游网、悠视网、富士康等企业都缩减了员工数量，由于一些出口导向的中小企业倒闭、裁员，导致部分农民工也开始提前返乡。

企业在经济低迷时自身的生存都存在问题，往往通过裁员节省开支，降低成本，从而勉强维持生存，增加其对抗金融危机的能力。而对于企业员工而言，首先，企业在经济低迷时进行裁员，未履行对员工的社会责任，员工及其家庭是最直接的利益受损群体。被裁员工失去收入来源，家庭陷入经济困境，有的甚至可能是家里的唯一经济支柱，特别是农民工，由于企业倒闭、裁员使其失去经济来源，而在城市的生活成本较高，在短时期内又无法找到新工作，只能选择返乡。其次，企业裁员使在职员工也承受着极大的心理压力，相关数据显示，由金融危机导致的心理抑郁情况有所增加，因工作压力、经济因素导致的抑郁者中 85% 以上担心被裁员和收入锐减。

而裁员方式从长期来看，如果企业在危机期间缺失社会责任，尽管企业可能因为削减成本而获得生存机会，但企业的长远发展却会受到阻碍。员工作为企业的重要资源，既是企业的内部成员，同时也是企业直接面对的社会公众。首先，企业在危机时刻并未考虑员工利益，会降低员工对企业的信任感，一旦危机过去，不排除留下的员工因为对企业缺乏信任而选择跳槽的可能性。其次，企业裁员这一举措会给新的就业人群留下工作不稳定的印象，因此，他们可能会将工作的稳定性作为择业的考虑因素，从而影响企业吸引优秀人才。再次，企业是否很好地履行社会责任已经逐渐成为消费者购买商品时的一个判断标准，金融危机下企业缺失社会责任，损害了企业的自身形象，会影响消费者购物时的品牌选择。最后，企业大规模裁员的消息将导致投资者与金融机构对其经营状况产生不信任，增加其融资成本。倘若企业忽视社会责任，不切实保障员工利益，那么这种企业的长久生存和持续发展就会受到影响。

危机时刻，企业不能仅仅想着裁员，而应通过紧缩不必要开支、压缩生产成本、提高产品竞争力等措施来应对困境。善待员工，是企业的基本社会责任，不论企业盈亏与否，维护员工利益都是必须做到的。企业不仅要在经济形势良好的时候保障员工权益，在金融危机期间，更应考虑员工利益，与员工共渡难关。企业在危机时刻进行裁员，只是一味地追求自身的生存机会，而没有顾及员工的利益，这是企业社会责任缺失的表现。

第三节　技术创新方法对中国企业应对金融危机的作用

一、对调整中国企业战略目标和研发策略的作用

改革开放以来，我国企业引进了大量的国外先进技术和管理经验，有力地促进了技术的发展和提升了产品的竞争力，同时，员工素质也有了相当大程度的提高。但由于缺乏核心技术，缺少自主知识产权，我国企业依然主要靠廉价劳动力、资源消耗和优惠政策赢得竞争优势，在国际市场上处于劣势的位置。面对日益紧迫的资源环境约束及以创新和技术升级为主要特征的激烈国际竞争，自主创新能力薄弱的问题已普遍成为制约企业发展的瓶颈，这种状况如不改变，自主创新能力不强，将会严重制约企业的自身发展。金融风暴引起的全球性经济危机，首当其冲的是制造型企业利润被劫，从而引起数以万计的中小民营企业倒闭、停产，甚至迁至劳动力成本更低的东南亚。

作为技术创新的主体，企业在自主创新战略推进过程中所面临的问题可以说是数不胜数：要关注技术发展趋势，要提高企业的创新能力，要做好技术创新的知识储备和消化吸收等。但很多企业就是在这些高要求下手忙脚乱，穷于应付，顾得了这一头又失去了那一头，最后往往是既错判了技术发展趋势，企业的创新能力又未见有效提高，智力资产的管理却愈加混乱。造成这种局面的原因是多方面的，但最关键的还是没有掌握一套科学的、系统的技术创新方法。

这次经济危机对中国的企业来讲既是危机，又是机会。1998 年，刚刚经历了亚洲金融危机的三星电子负债 170 多亿美元，处在破产边缘，到了 2004 年，三星电子实现了 552 亿美元的销售额，利润为 103 亿美元，并已经成为半导体和数码电子领域的全球性领导品牌。分析三星的成功背后，原因可以归纳三条：学习和模仿、自主创新和品牌战略。品牌是以好的产品为根基，三星能颠覆性地超越索尼，最重要的是基于在创新方面的核心能力。中国的企业如果能借助这次危机，转被动为主动，抓住机会，实现企业的转型，就能在未来全球市场上博取高端产品的丰厚利润。但是，自主创新往往是听起来激动，回去后感动，执行起来难动，这是中国企业普遍存在的"三动症"，所以温家宝总理及时提出，"自主创新，方法先行"。中国企业不缺少人才，缺的就是可快速执行、可复制的创新方法。中国有句古话，"授人以鱼，不如授人以渔"，在经济低迷时期，创新方法比创新技术要重要。

企业是技术创新的主体，其创新目标主要侧重于创造新产品直接介入市场竞

争，实现价值。相对于以创造新知为主要目标的科学创新而言，在企业技术创新推进中具有以下几个方面的特点。

（1）企业技术创新的研发对象和目标具体明确，因此，需要有的放矢地进行技术攻关，寻找能够解决难题的方案。

（2）企业技术创新的命题绝大多数是来自激烈市场竞争中迸发出的需求，又要回去参与市场竞争使企业成为竞争中的赢家，再则，当代的高技术创新竞争遵循短周期、快节奏变化的摩尔定律，这就增加了技术创新要求时效性的难度。

（3）经济全球化发展已从跨国贸易、跨国生产进入到跨国创新的新阶段。企业是社会的经济细胞，是跨国技术创新的主力军，企业家的创新视野必须立足于来自全球各个角落的创新竞争并思考风险防范。

（4）企业技术创新是有组织、有计划的活动，很多情况下表现为一定的规模，甚至大规模的活动，因此企业技术创新需要高投入，而且主要是靠企业自身的财力、人力、物力的投入，略有疏漏损失会很重。

综合上述几点，一个企业要在国际竞争中成为赢家，不创新就只能是"二等公民"或被淘汰出局。而要锐意创新发展成为赢家，则需要承受高风险压力。因此，降低创新风险，提升创新效益的创新捷径、方法和技巧成为世界上企业家共同追求的法宝，这些法宝对吸引和鼓励我国企业家投身和支持创新尤为重要。

二、对提升企业全员能力特别是研发人员能力的作用

创新能力是 21 世纪综合能力素质之首，是面对社会挑战的必备的基本能力，是企业核心竞争优势的源泉。每个人都有潜在的创新能力，都能够进行创新，创新能力是可以被激发出来的，是可通过训练提高的，通过创新教育可以使人具备很强的创新能力。

创新必须满足三个条件：具有创新的动机和愿望、基于科学知识和基于创新理论和方法。

首先，创新是产生于激情驱动下的自觉思维，创新思维是由于热爱、追求、奋斗和奉献所形成的精神境界并沉浸于那种环境里所产生的自觉思维。只有在强烈的创新意识引导下，人们才可能产生强烈的创新动机，树立创新目标，充分发挥创新潜力和聪明才智，释放创新激情。没有创新的主动性和积极性，创新就不可能发生。技术创新方法有意识、有目的地培养人们的创新意识，使人们拥有强烈的创新愿望，去追求创新，以创新为荣。

其次，创新能力的形成还有赖于深厚广博的知识底蕴，跨学科交叉是创新的

基础。技术创新方法既强调基于知识的创新，又强调跨学科领域背后的通用方法，没有知识，人们的正确观点就难以形成，分析问题就缺乏依据，也就不可能创造出新的事物。美国曾对 1131 位科学家的论文、成果、晋级等各方面进行分析调查，发现这些人才大多数是以博取胜，很少有仅仅精通一门的专才。因此，美国主张在加强基础专业学习的同时，提倡"百科全书式"的教育。我国教育（特别是高等教育）由于受前苏联严格区分专业的学科设置的影响，学生学得越来越专，越来越窄，对知识面的开拓产生了很不利的影响。当然，在强调知识面的同时，也要强调专业知识的深厚，培养既专精又通博的新型人才，这是培养创新思维和能力的基础。英国科学家 James Martin 曾说过，人类的科学知识在 19 世纪时每 50 年翻一番；到了 20 世纪 80 年代就达到每 3 年翻一番；到 21 世纪，则将几乎每 1 年就会翻一番。这是多么惊人的速度和变化。知识更新速度的加快已使个体的知识无法支持复杂的工作，而必须把个体的知识转换成公有的、有组织的、可共享的知识；必须使用 IT 系统来协助人们实现创新，也就是说创新必须基于知识。

最后，提高企业全员创新能力，特别是研发人员的创新能力，就必须要掌握现代创新理论和先进的创新方法，掌握有力的创新技术去进行创新，这就会大大提高创新的成功率和水平。世界上原存在 300 多种发明、创造和创新的技法，如著名的试错法、头脑风暴法、和田十二法等，它们帮助人们产生过发明和创新，但以上绝大多数创新的技法是抽象的、盲目和随机的、方向不明确的。应用这些技法进行的创新活动不一定能得到新的解决理念和方案，而可能最终产生发散的创新结果。这些技法一般要靠灵感和悟性，是个人的思维活动，不能加以控制。当然也难以用这些技法去量化地培养和增长其他人的创新能力，这些技法均不具备可操作性、可重复性和可培训性。划时代的发明问题解决理论 TRIZ 的出现为人们提供了一套全新的创新理论和技术，揭开了人类创新发明的新篇章。

TRIZ 理论与先进的计算机技术相结合的计算机辅助创新工具为培养创新能力、激发创新思维提供了先进的条件，也为拓展研发人员的创新能力提供了强有力的工具。可以说，创新思维、方法和工具由此得到了比较好的有机结合，使创新变成有规律可循的过程，从而使创新速度和效率大大提高。通过有计划的培训，使大批研发人员的创新能力迅速提高，通过大规模的宣传普及，使广大员工创新信心和意识大大提高。

思 考 题

开展技术创新培训和推广，在目前国际经济危机和国内经济增长方式转变与经济结构调整的形势下有何现实意义？

第十三章 结 束 语

第一节 技术创新方法国际比较的结论

TRIZ 理论和方法是现有技术创新的相关方法（包括几十种创造技法，如头脑风暴法、综摄法等；十几种产品设计方法，如公理化设计、质量功能展开、德语学派的系统化设计等；若干种管理创新方法，如六西格玛、全面质量管理等）中，相比较而言，最系统、最实用的创新方法。TRIZ 来源于人类的发明实践、服务于人类的发明实践，在各种方法中最重视技术规律及发明经验，系统性最强，发展前景最宽广。TRIZ 理论和方法体系的内容最丰富，最强调创新精神，最注重从大量发明成果中总结提炼创新构思经验，提供创新工具。

TRIZ 注重掌握技术学规律并与心理学规律紧密结合，TRIZ 既包含按照技术系统发展规律解决发明问题的方法体系，又包含提高人的创新思维能力的方法体系。TRIZ 不讨论纯粹的技术规律，也不讨论纯粹的心理学规律；TRIZ 不是专业科技书籍，不讲与创新思维问题无关的技术规律；TRIZ 不同于头脑风暴，不讲与技术规律无关的思维问题。

众多技术创新相关方法中，只有 TRIZ 有相应的商品化计算机软件辅助工具的支持（公理化设计也有相关的软件工具，但其内容及适用范围较窄）。TRIZ 和相应的计算机辅助创新软件在前苏联和欧、美、日、韩、以色列、中国台湾等国家和地区进行了较好的教育普及和成功的行业应用。目前，基于 TRIZ 研究其理论发展、适当吸收其他设计方法（如公理化设计、质量功能配置 QFD 等）并进行集成是产品概念设计和创新设计的研究和应用热点。

第二节 技术创新方法国际比较给我们的启示

TRIZ 理论和方法在世界各国的推广应用经验对中国推广以 TRIZ 为代表的技

术创新方法有十分现实的借鉴意义。

1. "十年树木，百年树人"，TRIZ 等技术创新方法的普及和推广要放在国家创新体系建设的大框架下，系统规划、统筹实施

TRIZ 诞生至今 60 余年的发展历程表明，从本质上它带给人的是思维方式的转变，以创新的精神和创新的思维去处理问题。从个体角度看，思维方式的转变不是轻而易举的事情，需要长期不懈的学习和实践。从群体乃至国家角度看，以俄罗斯为代表的东欧国家的整个教育体系（从幼儿园开始的学龄前教育到大学教育）对 TRIZ 教学和培训所做的探索实践以及取得的成果，说明创新思维和创新方法的培养和掌握是一项长期、艰巨的系统工程。

以英特尔为代表的欧美领先跨国企业将 TRIZ 作为企业创新文化和产品研发活动的助推器，进一步巩固自己在技术上的行业领先地位。以三星集团为代表的韩国企业在"技术引进→技术消化→技术创新"的发展过程中应用 TRIZ 等创新方法取得的成就，为所有有志在世界舞台占据一席之地的中国企业指明了方向。

2. 以 TRIZ 为代表的技术创新方法在中国的推广应用必须和中国的国情相结合

中国在成长为"创新型国家"的进程中，对于尚未成为世界顶尖企业的绝大多数中国企业来说，技术原始积累阶段不可逾越，即在绝大多数行业，我们还处于技术引进和消化吸收阶段，我们离游刃有余地自主创新还有很长的路要走，我们无法一步到位地、照猫画虎仿照三星或英特尔推广实施 TRIZ 的模式。我们要结合目前中国企业实际，探索如何应用 TRIZ 等先进的技术创新方法，帮助中国企业实现加速技术原始积累，快速跨越"技术引进→技术消化"的阶段，进而应用 TRIZ 等先进的技术创新方法、帮助中国企业构建技术体系和技术平台、形成技术品牌，实现自主创新。

3. 重视以技术创新方法、技术创新知识库、计算机辅助创新软件工具为代表的"技术创新软装备"建设

将"技术创新软装备"建设工作放在"国家技术创新工程总体实施方案"和国家创新体系建设的大框架下，系统规划、统筹实施。以组织保障建设、创新方法研究推广、创新知识库建设、创新软件应用为 4 条主线；以政府、研发型企业、技术创新高端研发信息化软件和咨询服务供应商 3 方为主；按照"面向研发、盘活存量、需求导向、政府引导、企业主体、知识引擎、软件助力、厂商服

务"的原则稳步协同实施。

第三节 未来我国技术创新方法的展望

TRIZ 是前苏联发明家协会主席阿奇舒勒提出来的关于创新的系统化和程序化方法,该理论和方法为我们提供了一种很有效的创新思维工具,把领域广泛、形式多样、问题复杂的创新问题转化成一种程式化的启发式计算方法。

一个国家要成为经济强国,首先必须是科技强国,要从根本上解决问题,就要注重创新习惯的培养,但这是一个长远的过程。目前,我国应该在政策上鼓励创新方法投资,如 TRIZ 创新方法,把一些创新理念设计成软件,从而大大节省创新时间。学习和推广 TRIZ 是当前提升企业创新能力的捷径,科技部已决定在黑龙江和四川两省进行试点,国内部分专家和单位也已展开研究,并取得了一定成果。

相对于传统的创新方法,TRIZ 具有鲜明的特点和优势,但也还存在如上所述的不少问题或者缺陷,在我国开始重视研究和应用推广 TRIZ 时,首先应该结合中国企业技术创新的实际来做更多的中国化思考,改进和完善 TRIZ 的基础理论和方法工具,从而真正提高企业的自主创新能力和国家的科技竞争力。具体说来,我们可以从以下几方面来努力。①基于 TRIZ 在中国的推广应用,深入进行相关的基础理论研究,特别是将 TRIZ 理论中国化的研究。②现在国际上已对超过 250 万份优秀的专利进行过系统化的研究,充实了 TRIZ 理论和方法应用的体系,但结合我国的实际,还应该对传统的 TRIZ 方法进行验证、对发明的参数进行补充调整和建立我们国家自己完善的专利库等。③加强 TRIZ 工具的研究和开发,我国的亿维讯公司开发出的计算机辅助创新设计平台(Pro/Innovator)和创新能力培训平台(CBT/TRIZ)是目前较成熟的应用工具,但在实际的推广应用中还需要不断地升级和更新。④科技部批准黑龙江省和四川省为"科技部技术创新方法试点省",这是黑龙江和四川科技发展的新机遇,我们应抓住这个难得的机遇,加强黑龙江和四川企业技术创新方法的推广应用平台建设,把这两个省建成国家 TRIZ 的研究实验基地和高水平的 TRIZ 人才培养基地。

TRIZ 的应用前景也必将随着企业用户的导向而发展,这主要体现在以下几点。

(1)企业在 TRIZ 理论发展中既充当用户,同时又是理论发展的创造者,因为 TRIZ 理论本身即来源于对创新实践的总结和发展,未来 TRIZ 理论的发展也将随着用户规模的扩大而更趋成熟。

（2）TRIZ 理论的进一步软件化将成为共识，开发出有针对性的、适合不同领域特点、满足特殊用途的系列化软件系统是扩大 TRIZ 理论影响范围的最有效办法。

（3）TRIZ 理论涵盖的范围将逐步扩大到信息技术、生命技术、社会科学等方面，这些领域的原理和方法也将逐步在 TRIZ 理论的实践和发展中被纳入到 TRIZ 理论中。

（4）TRIZ 理论与其他创新技术，如 QFD、六西格玛等的集成和协同，将成为企业未来创新能力发展最迫切的需要。

建设创新型国家迫切需要方法创新。自主创新，方法先行，创新方法是自主创新的根本之源，历史上后进赶超先进的经验表明，创新方法是科技跨越式发展的关键。研究创新方法，不仅意味着更容易进入科学研究的前沿并占领战略制高点，而且意味着向新的领域、新的方向开拓时占据了先机，具备了跨越式发展的竞争优势。谁掌握了创新方法，谁就会形成一定的创新能力，谁就能驾驭科技创新的原动力和把握科技发展的优先主导权。很多有抱负、有作为的企业把参与国际市场创新竞争的自信心建立在掌握和灵活运用先进创新方法和技巧的基础上，很多世界级的优秀企业使用先进的创新方法和技巧的系统知识培育"旗下"的研发团队，并考核他们学习和运用的成效。因此，加强对创新方法的研究与推广工作，就是从源头上促进我国的自主创新和创新型国家的建设。

思 考 题

TRIZ 理论在世界各国的推广应用经验对中国推广以 TRIZ 为代表的技术创新方法有哪些现实的借鉴意义？

参 考 文 献

奥住直明．2007．東芝におけるイノベーション活動紹介．http：//www. osaka-gu. ac. jp/php/na-
　　kagawa/TRIZ/jlinksref/JapanTRIZ-CB/3rdTRIZSymp07/Keynotes07/I07jAOkuzumi070723. pdf
　　［2009-7-20］．
本善．2001．富士ゼロックスにおけるTRIZ 推進活動と代表的適用事例．http：//www. osaka-
　　gu. ac. jp/php/nakagawa/TRIZ/jpapers/2002Papers/Kasuya0- TRIZPromotion. pdf ［2009-7-20］．
陈光．2009．中国大陆 TRIZ 研究与推广：现状与问题．管理观察，（04）：79 – 81．
陈劲．2005．创新政策：多国比较和发展框架．浙江大学出版社．
陈劲，胡建雄．2006．面向创新型国家的工程教育改革研究．北京：中国人民大学出版社．
陈劲，王飞绒．2005．创新政策多国比较和发展框架．浙江大学出版社．
陈一斌，陈和平．2008．TRIZ 理论在美国（上）．（01）．
陈一斌，陈和平．2008．TRIZ 理论在美国（下）．（02）．
陈运平，陈林心．2009．我国中部六省高校科技创新能力比较研究．科技进步与对策，（01）．
董廉．2008．自主创新体系中的政府行为．苏州市职业大学学报，（03）．
段小华，柳卸林．2002．俄罗斯的科技新体制与创新政策．调研报告，（84）：1 – 11．
福嶋洋次郎．2008．松下電器本社 R&D 部門におけるTRIZ 活動．http：//www. osaka-gu. ac. jp/
　　php/nakaga. wa/TRIZ/jlinksref/JapanTRIZ-CB/4thTRIZSymp08/4thTRIZSymp08Presentations/
　　I03jS- Fukushima. pdf ［2009-7-20］．
根里奇·阿奇舒勒．2008．40 条创新原理——实现技术创新的 TRIZ 诀窍．林岳，李海军，段
　　海波译．哈尔滨：黑龙江科学技术出版社．
郭晓琼．2009．俄罗斯创新型经济发展及政策评述．黑龙江社会科学，（02）．
何慧，李彦，李文强等．2009．系统化创新方法 SIT 及在工程中的应用．机械设计与制造，
　　（05）：78 – 80．
何俊，程军，冯鉴．2008．计算机辅助创新设计理论及工具开发的研究现状与展望．
　　（29 – 10）．
胡黎玮．2009．东亚后发国家创新能力比较及对中国的启示．王黎萤 科技管理研究，（07）．
胡明铭，徐姝．2009．产业创新系统研究综述．科技管理研究，（07）．
黄军英．2009．典型国家的创新促进机构及对我国的启示．科技管理研究，（05）．

汇编.2006. 增强自主创新能力建设创新型国家. 北京：人民出版社.

霍福广，陈建新.2004. 中美创新机制比较研究：兼论粤港澳地区完善创新机制的对策. 北京：人民出版社.

霍刚·吉吉斯.2006. 变化中的北欧国家创新体系. 北京：知识产权出版社.

金吾伦.2005. 中国国家创新系统面临着挑战. 中国科学院院刊，（06）.

李东.2006. 美国的国家创新体系. 全球科技经济瞭望，（03）.

李富清.2001. 韩国经济的复苏与国家创新体制建设的加强. 论文网.

李洁.2006. 美国国家创新体系：政策、管理与政府功能创新. 世界经济与政治论坛，（06）.

李卿.2009. 国家创新系统绩效综合评价研究. 科技创业月刊，（06）.

李毅等.2002. 美、日、欧企业技术创新机制的比较研究. 经济研究参考，（37）.

李远，张岳恒.2006. 政策导向与外向型经济发展. 北京：中国经济出版社.

廖明.2008. 改革与国家竞争力——中国与一些发展中国家之比较. 拉丁美洲研究，（05）.

林耕等.2006. 世界各国技术创新政策分析. 北京：中国经济出版社.

林艳，王宏起.2009. 企业应用 TRIZ 理论创新效果评价指标体系研究. 现代管理科学，（05）：95－96.

林岳等.2005. 计算机辅助创新设计技术在航空企业技术创新工程中的实施模式研究. 科技进步与对策，22（2）：92－94.

林岳，段海波.2005. 基于 TRIZ 和领域本体的计算机辅助创新设计平台框架. 机械设计与研究，21（2）

刘鸿恩，张列平.2000. TRIZ 问题解决的创造性理论与方法. 中国质量，（03）.

刘明晔，李振豪，蔡明忠.2006. 苏俄飚式火箭鱼雷发展之 TRIZ 应用个案实务探讨. 中华萃思学会学术暨实务研讨会论文集（光盘）. 台北：中华萃思学会.

刘文献.2009. 美国促进科技进步提升创新能力的启示与思考. 科技创业月刊，（04）.

刘彦辰.2008. 建立系统化创造理论乃大势所趋. 同济大学学报（社会科学版），（08）：23－27.

刘彦辰.2006. SAMSUNG 2006 年 SBMP 课程讲师培训讲义. 北京：中国三星本社.

刘永谋.2006. 自主创新与建设创新型国家导论. 北京：红旗出版社.

马俊如.2008. 2008 国家创新体系发展报告：国家创新体系研究. 北京：知识产权出版社.

牛占文等.1999. 发明创造的科学方法论——TRIZ. 中国机械工程，（01）.

平出高久.2003. 日产自动车におけるTRIZ 展開の現状. http：//www. osaka-gu. ac. jp/php/nakagawa/TRIZ/jpapers/2003Papers/Nissan031125. html ［2009-7-20］.

三原祐治.2001. TRIZの社内展開の方法. http：//www. osaka-gu. ac. jp/php/nakagawa/TRIZ/jforum/Mihara011024. pdf ［2009-7-20］.

单国旗.2009. 创新型科技人才资源开发战略的国内外比较研究. 特区经济，（01）.

上海财经大学产业经济研究中心.2007. 2007 中国产业发展报告——国际化与产业竞争力. 上海财经大学出版社.

孙双武.2007. 聚焦美国的科技创新. 北京英才苑网站.

孙仪政, 张辉鹏.1998. 国家创新系统国际比较. 中国科技论坛,（02）.

谭贤楚.2005. 对美国国家创新系统的分析与思考. 技术与创新管理,（02）.

檀润华.2002. 创新设计: TRIZ: 发明问题解决理论. 北京: 机械工业出版社.

檀润华等.2001. 发明问题解决理论: TRIZ 过程、工具及发展趋势. 机械设计,（07）.

田志康, 赵旭杰, 童恒庆.2008. 中国科技创新能力评价与比较. 中国软科学,（07）.

王春法.2003. 主要发达国家国家创新体系的历史演变与发展趋势. 北京: 经济科学出版社.

王海燕.2000. 国家创新系统的内涵及其运行绩效的评估. 中国科技论坛,（06）.

王杰烽.2007. 统一化结构创意思考方法于绿色创新的应用. http://ndltd. ncl. edu. tw/cgi-bin/ gs32/gsweb. cgi/login? o = dnclcdr&s = id = %22095NCKU5490062%22. &searchmode = basic.

王晓红.2006. 典型国家区域创新体系建设特点及值得借鉴的经验. 研究与发展管理,（06）.

王新明.2002. 以色列的科学技术政策. 北京理工大学,（3）.

徐克庄.2008.TRIZ 理论的研究应用概况（Ⅰ）. 杭州化工,（02）.

徐克庄.2008.TRIZ 理论的研究应用概况（Ⅱ）. 杭州化工,（03）.

徐克庄.2008.TRIZ 理论的研究应用科技创新的深入发展. 杭州科技,（4）.

徐曼.2004. 三星创新设计实验室的秘密. 中国经济周刊,（49）: 39.

杨玲, 孙玉涛.2009. 聚集还是分散: 中美创新活动区域分布比较. 刘凤朝. 科学研究, （07）.

叶继豪.2008.GoTRIZ 网站专利检索使用范例（安全气囊）. http: //140. 124. 75. 120/TRIZ-service/4_ triz_ case/triz_ case. aspx［2009-6-20］.

佚名, 2009 对美国国家创新体系演进的几点认识——突出特征、决策过程和创新战略动态. 调查研究报告, 129: 1–28.

佚名. 2005-11-28. 美国科技创新政策. 科技日报.

佚名.2005. 中兴通讯首家引入 TRIZ 体系. 数据通信,（8）: 103.

佚名.2009. 自主创新　方法先行——黑河省级技术创新方法试点市暨黑龙江省.TRIZ 基地成果概览 黑河学刊,（02）: 2~4.

尹继佐.2003. 世界城市与创新城市: 西方国家的理论与实践. 沪社科院.

尤里·萨拉马托夫.2006. 怎样成为发明家: 50 小时学创造. 王子羲等译. 北京理工大学出版社.

于建原, 李瑞强.2009. 从国际比较角度探析中国国家创新体系的创建经济社会体制比较, （01）.

俞崇武 黄晓蕾.2009. 创新方法: 中国企业的真实需求在哪里. 华东科技,（06）: 34–39.

远德玉.1994. 中日企业技术创新比较. 沈阳: 东北大学出版社.

詹正茂, 王裕雄, 孙颖.2009. 创新型国家建设报告（2009）. 北京: 社会科学文献出版社.

张建琛, 王小峰.2008. 发明问题解决理论——TRIZ 概念及其在自主创新中的应用. 厦门科技,（02）.

张旻翊．2004．TRIZ 理论之结晶、制造业信息化之需求——CAI 及其现状．CAD/CAM 与制造业信息化，（12）．

张声海．2000．国家创新体系与美国霸权．当代亚太，（10）．

张卫平．2007．创新方法 TRIZ 在德国的理论研究和应用．（12）．

张占斌．2006．国家战略：建设创新型国家．上海远东出版社．

张振荣，赵武，麻广林等．2007．创造性模板在机械产品设计中的应用．机械，（4）：33 – 36．

张志远，何川，张珣．2004．TRIZ 理论研究综述．重庆工商大学学报（自然科学版）（01）．

赵敏，史晓凌，段海波．2009．TRIZ 入门与实践．北京：科学出版社．

郑称德．2002．TRIZ 的产生及其理论体系——TRIZ：创造性问题解决理论（Ⅰ）．科技进步与对策，（01）．

郑称德．2002．现代 TRIZ 研究的发展——TRIZ：创造性问题解决理论（Ⅱ）．科技进步与对策，（02）．

中国科技发展战略研究小组．2006．中国科技发展研究报告（2005～2006）．北京：科学出版社．

中国科技发展战略研究小组．2008．中国科技发展研究报告（2006～2007）．北京：水利水电出版社．

中国科技发展战略研究小组．2009．中国科技发展研究报告（2008）．北京：科学出版社．

中国人民大学竞争力与评价研究中心研究组．中国国际竞争力发展报告：2003 区域竞争力发展主题研究．北京：中国人民大学出版社．

周道生，赵敬明，刘彦辰．2007．现代企业技术创新．广州：中山大学出版社．

周杰韩等．2002．一种创新性解决问题的方法——TRIZ 的研究与进展．制造业自动化，（08）．

周晓明，严文强．2009．浅议 TRIZ 理论对江苏科技创新的推动．江苏科技信息，（01）．

邹慧君，李瑞琴．2002．计算机辅助机械系统概念设计研究的进展．第 13 届全国机构学学术研讨会，（13）．

Cheong SeHo et al. 2008. TRIZ and innovation culture at Samsung Electro-Mechanics Company , The Fourth TRIZ Symposium in Japan.

Hyman D，Zhao M. 2009. Systems Engineering Perspective on Computer Aided Innovation. Proceedings of TRIZCON 2009，Altshuller Institute for TRIZ Studies.

Orloff M A. 2006. Inventive Thinking through TRIZ：A Practical Guide（Second Edition）. Berlin：Springer

Mazur G. 2004. Theory of Inventive Problem Solving（TRIZ）. http：//www. mazur. net/triz/［2009-7-26］.

Mann D. 2000. Case Studies in TRIZ：A Better Wrench. http：//www. triz- journal. com/archives/2000/07/a/index. htm［2009-7-10］.

Ellen Domb. 2008. Teaching TRIZ Does Not Equal Learning TRIZ. http：//www. triz- journal. com/archives/2008/12/05/ ［2009-7-22］

Ellen Domb. 1997. How to Help TRIZ Beginners Succeed. http：//www. triz- journal. com/archives/ 1997/04/a/index. html ［2009-7-22］

Hong Yunmei, Hyman D. 2008. TRIZ and Psychological Inertia. Proceedings of TRIZCON 2008, Altshuller Institute for TRIZ Studies.

Hyman D et al. 2007. Product Knowledge Management：the Role of the Synthesis of TRIZ and Ontology in R&D Process. Proceedings of TRIZCON 2007, Altshuller Institute for TRIZ Studies.

Valery Krasnoslobodtsev. 2006. Promotion and Application of TRIZ in High-Tech Companies：Lectures by a TRIZ Expert Who Guided Samsung Electronics, Korea. http：//www. osaka- gu. ac. jp/php/ .nakagawa/TRIZ/eTRIZ/epapers/e2006Papers/eKraevSeminar0608/eKraevSem-060828. html ［2009- 7-15］

Samsung Case Study. 2004. http：//data. vitusbering. dk/vbi/isi/InventionMachine _ Samsung. pdf ［2009-7-22］.

Jun Q, Shin D- L. 2006. TRIZ Propagation Strategies in SAMSUNG Electronics Co. http：// www. triz. co. kr/data/qcjun. pdf ［2009-6-20］.

Н. Л. МЕТОДОЛОГИЯ СОЗДАНИЯ ИНФРАСТРУКТУРЫ РЫНКА ИННОВАЦИЙ В РОССИИ.

Келле В. Ж. 2003. Инновационная система России：формирование и функционирование. – М. ：УРСС.

参考网站

北京亿维讯科技有限公司 www. iwint. com. cn

河北工业大学 TRIZ 研究中心 www. triz. com. cn

技术创新方法网 www. triz. gov. cn

教育部创造力教育中程发展计划（中国台湾）www. creativity. edu. tw

科技部 www. most. gov. cn

科技日报 www. stdaily. com

美国科技门户 www. science. gov

日本科学技术振兴机构 www. jst. go. jp

陕西创新方法网 www. sntriz. cn

中国创新方法网 www. innovationmethod. org. cn

中国青年创新网 www. cyce. org

中华萃思学会（中国台湾）www. triz. org. tw

Center for Product-Innovation GbR（德国）www. triz-online. de

CREAX（比利时）www. creax. com

GEN3 Partners（美国）www. GEN3Partners. com

Ideation International, Inc. （美国）www. ideationtriz. com

Ideation TRIZ Research Lab（美国）www. trizscientific. com

IKit Booklet SIT Method and Structure. 2008. http：//www. sitsite. com/app/SITtoGo. asp.

Insytec B. V（荷兰）www. insytec. com

International TRIZ Association（国际 TRIZ 协会）www. matriz. ru

Invention Machine Corp. （美国）www. invention-machine. com

MethoSys（瑞士）www. triz. ch

Modern TRIZ Academy（德国）www. modern-triz-academy. com

National Institute of Applied Science（法国）www. insa-strasbourg. fr/triz

PRIMA Performance Ltd. （加拿大）www. primaperformance. com

Samsung SAIT TRIZ Team（三星 SAIT TRIZ 组）www. trizkorea. com

SIT Ltd. （以色列）www. sitsite. com

Start2Think（以色列）www. start2think. com

Systematic Inventive Thinking Center（以色列）www. think-tech. co. il

Technical Innovation Center（美国）www. triz. org

The Altshuller Institute for TRIZ Studies（阿奇舒勒 TRIZ 研究院）www. aitriz. org

The European TRIZ Association（欧洲 TRIZ 协会）etria. net/portal/

The Korea TRIZ Association（韩国 TRIZ 协会）www. triz. or. kr

The TA Group（英国）www. thinking-approach. org

The TRIZ Group（美国）www. trizgroup. com

The TRIZ Journal（TRIZ 杂志）www. triz-journal. com

TriSolver Group（德国）www. trisolver. eu

TRIZ-Centrum（德国）www. triz-centrum. de

TRIZ Consulting（美国）www. trizconsulting. com

TRIZ Home Page in Japan（日本）www. osaka-gu. ac. jp/php/nakagawa/TRIZ/eTRIZ/

TRIZ Kompetenzzentrumösterreich（奥地利）www. trizzentrum. at

TRIZ XXI（西班牙）www. triz. es

www. trizland. com

Xtab（瑞典）www. xtab. se

《技术创新方法国际比较与案例研究》
编写组人员

（按姓氏笔画排序）

万　欣	于俊婷	王冠珠	石天华	田介花	史晓凌
许东双	孙晓琴	孙宪义	刘彦辰	安惠中	张付英
张巧显	张庆华	张武城	陈华荣	林　岳	姚　娜
段海波	黄　超	熊腾飞	潘晓东		